D. B. Elkonin

FUNDAÇÃO EDITORA DA UNESP

Presidente do Conselho Curador
Herman Jacobus Cornelis Voorwald

Diretor-Presidente
José Castilho Marques Neto

Editor-Executivo
Jézio Hernani Bomfim Gutierre

Conselho Editorial Acadêmico
Alberto Tsuyoshi Ikeda
Áureo Busetto
Célia Aparecida Ferreira Tolentino
Eda Maria Góes
Elisabete Maniglia
Elisabeth Criscuolo Urbinati
Ildeberto Muniz de Almeida
Maria de Lourdes Ortiz Gandini Baldan
Nilson Ghirardello
Vicente Pleitez

Editores-Assistentes
Anderson Nobara
Henrique Zanardi
Jorge Pereira Filho

LUCINÉIA MARIA LAZARETTI

D. B. ELKONIN
VIDA E OBRA
DE UM AUTOR DA PSICOLOGIA
HISTÓRICO-CULTURAL

© 2011 Editora UNESP

Direitos de publicação reservados à:
Fundação Editora da UNESP (FEU)

Praça da Sé, 108
01001-900 – São Paulo – SP
Tel.: (0xx11) 3242-7171
Fax: (0xx11) 3242-7172
www.editoraunesp.com.br
www.livraria.unesp.com.br
feu@editora.unesp.br

CIP – BRASIL. Catalogação na fonte
Sindicato Nacional dos Editores de Livros, RJ

L459d

Lazaretti, Lucinéia Maria
 D. B. Elkonin: vida e obra de um autor da psicologia histórico--cultural / Lucinéia Maria Lazaretti. São Paulo: Editora Unesp, 2011.

Inclui bibliografia
ISBN 978-85-393-0188-1

1. Elkonin, D. B. 1904-1984. (Daniil Borisovich). 2. Psicólogos – Biografia. I. Título.

11-7107
CDD: 921
CDU: 929.159.9

Este livro é publicado pelo projeto *Edição de Textos de Docentes e Pós-Graduados da UNESP* – Pró-Reitoria de Pós-Graduação da UNESP (PROPG) / Fundação Editora da UNESP (FEU)

Editora afiliada:

Asociación de Editoriales Universitarias de América Latina y el Caribe

Associação Brasileira de Editoras Universitárias

À Romilde, minha mãe,
exemplo de perseverança e inspiração.

A André, meu amado esposo,
pelo amor e cumplicidade de todos os momentos.

Sumário

Introdução 9

1 Daniil Borisovich Elkonin:
um olhar sobre um homem em seu tempo 17
2 Fundamentos teóricos e metodológicos
norteadores da obra de Elkonin 67
3 As investigações científicas de Elkonin:
das pesquisas experimentais às elaborações teóricas 123

Considerações finais: da fecunda e desafiadora
obra de Elkonin 255
Referências bibliográficas 261
Anexos 273

Introdução

Daniil Borisovich Elkonin[1] (1904-1984), psicólogo soviético, é conhecido no Brasil por seu livro *Psicologia do jogo*. Todavia, esse autor apresenta um legado de estudos sobre a dinâmica e as características dos períodos do desenvolvimento humano, que envolvem a atividade de comunicação emocional direta, atividade objetal manipulatória, atividade jogo de papéis, atividade de estudo, atividade de comunicação íntima pessoal e atividade profissional – de estudo. Além desses, há trabalhos sobre o processo de aquisição do conhecimento na educação escolar, o desenvolvimento do pensamento e da linguagem na criança pré-escolar e escolar, métodos de ensino e reflexões sobre o processo de aprendizagem da leitura e da escrita.

Elkonin viveu oito décadas. Nasceu durante o período pré-revolucionário; com o desenrolar da Revolução, começou a trabalhar ainda jovem e vivenciou as profundas transformações que estavam

---

1 Em decorrência de o idioma russo possuir um alfabeto distinto do nosso – o cirílico – podem ser encontradas outras formas de grafar o nome desse autor no alfabeto ocidental como: El'konin, Elconin, El'conin e Elkonin. Adotamos essa última grafia que é a mais comumente encontrada no Brasil. Porém, respeitar-se-á, nas referências bibliográficas, a grafia utilizada em cada edição quando aqui citadas.

ocorrendo no interior da sociedade soviética. Inspirado por Vigotski (1896-1934) e sua escola, Elkonin desenvolveu esses estudos no solo fértil da Revolução de Outubro de 1917 que primava pela construção de um *novo homem*, orientado pelos princípios de uma sociedade socialista. No esteio dessa luta para a superação da sociedade russa czarista, o marxismo foi referencial direcionador no alcance de um novo modo estrutural, em que as ciências humanas, em especial, a psicologia e a educação, orientaram e formaram a base epistemológica fundante da sociedade pretendida. Assim, para ler e compreender as obras dos autores que compuseram a Escola de Vigotski – cujos principais representantes são Davidov (1930-1998), Galperin (1902-1988), Leontiev (1903-1979), Luria (1902-1977), Zaporozhéts (1905-1981) – é preciso admitir que estas guardam o marxismo como norte filosófico e metodológico e que escrevem em defesa de uma sociedade de superação da burguesia e do czarismo, ou seja, em defesa do comunismo.

Os escritos desses autores chegaram ao Brasil a partir da década de 1980, por meio de alguns trabalhos traduzidos de Vigotski. Todavia, como polemizado por Duarte (1996, 2001), Tuleski (2002) e outros autores, essas traduções *limparam* o Vigotski *revolucionário marxista* e isso trouxe sérios agravantes no entendimento da obra desse autor e graves aproximações com outras abordagens. Alguns anos depois, outros trabalhos da Escola de Vigotski foram publicados no Brasil. No entanto, a inserção desses trabalhos ainda é tímida, haja vista que a grande maioria está em língua espanhola ou inglesa. Mais tímida ainda é a entrada de Elkonin no Brasil. Tendo somente um livro traduzido e publicado em nosso idioma, em 1998, a obra *Psicologia do jogo* é a única referência para aproximar-se de Elkonin. Essa ausência de mais obras traduzidas para o português dificulta o estudo de suas ideias pelos pesquisadores brasileiros. Prova disso está em levantamento realizado no qual constatamos um número reduzido de teses, dissertações e periódicos nacionais na área de psicologia e educação que citam o autor ou se embasam nele. Nesses trabalhos, a grande maioria cita Elkonin ao investigar a questão da brincadeira, ou seja, fica explícita somente a utilização da obra traduzida. Isso nos revela que, ao mesmo tempo que Elkonin vem ganhando espaço no cenário de estudos em psicologia e educação, especificamente no segmento infantil, também, demonstra a necessidade de conhecer e compreender o conjunto de seu trabalho atrelado às circunstâncias de sua época.

Nesse sentido, este estudo traz como fundamental a necessidade de compreender-se quais foram as condições que tornaram possível o desenvolvimento das ideias de Elkonin no esforço de apresentar a totalidade de sua produção teórica. Logo, é pertinente demonstrar os aportes iniciais dos estudos de Elkonin até seu encontro com Vigotski e quais as circunstâncias possíveis de continuidade dos pressupostos vigotskianos em suas pesquisas durante o acirramento stalinista e após a abertura política nos anos de 1960 a 1980.

Diante do exposto, preocupamo-nos em responder: Qual o trajeto biográfico de Elkonin? Que influências marcaram suas ideias? Qual sua relação com a Psicologia Histórico-Cultural? Qual o conjunto de sua obra?

Essas questões são contempladas neste livro, consolidadas da seguinte forma: no primeiro capítulo, intitulado "Daniil Borisovich Elkonin: um olhar sobre um homem em seu tempo", apresentamos a vida, a obra e em que princípios o autor desenvolve seu trabalho. Para isso, exploramos a constituição da Psicologia Histórico-Cultural atrelada ao contexto social e histórico; como Elkonin torna-se membro dessa Escola; o andamento de suas investigações; e os caminhos tomados em seus 80 anos de vida.

No segundo capítulo, cujo título é "Fundamentos teóricos e metodológicos norteadores da obra de Elkonin", discutimos sobre quais os principais aportes teóricos e metodológicos do pensamento de Elkonin e como esses aportes delimitaram seu caminho como pesquisador. Nesse esforço, analisamos a obra *Psicologia do jogo* como validação das hipóteses de Vigotski, ao afirmar que a brincadeira infantil é uma atividade historicamente datada e socialmente desenvolvida.

No capítulo intitulado "As investigações científicas de Elkonin: das pesquisas experimentais às elaborações teóricas", tratamos das elaborações teóricas e experimentais de Elkonin, abordando suas ideias em unidade. Para isso, apresentamos os textos coletados, buscando apontar, a partir da discussão da dinâmica e das características dos períodos do desenvolvimento humano, o tratamento dado pelo autor nas temáticas por ele contempladas.

Almejamos, com este estudo, apresentar um diálogo introdutório sobre Elkonin, como um exercício de reflexão para compreender esse autor e suas produções nas áreas da psicologia e da pedagogia infantis. Com isso, esperamos contribuir, mesmo que parcialmente, para a superação dessa lacuna sobre esse ilustre (des)conhecido no Brasil. Que a leitura deste trabalho fomente o interesse entre os pesquisadores na continuidade das reflexões aqui desenvolvidas, no intuito de aprofundar as ideias e possibilitar uma maior compreensão da obra desse autor.

Antes de prosseguir na leitura do livro, apresentamos a seguir uma cronologia dos principais dados biográficos e bibliográficos de Elkonin, a fim de proporcionar ao leitor uma aproximação breve ao autor em discussão.

Cronologia dos principais dados biográficos e bibliográficos de D. B. Elkonin

1904 – Daniil Borisovich Elkonin nasce em 29 de fevereiro em Peretshepino, uma pequena aldeia pertencente à província de Poltava, na Ucrânia.

1914 – Aos dez anos, é matriculado no seminário de Poltava para continuar seus estudos.

1917 – Ocorre a Revolução de Outubro.

1920 – Elkonin abandona o seminário em função da escassez de recursos da família.

1922 – Com a intenção de continuar seus estudos, Elkonin começa a trabalhar como ajudante de cursos políticos militares e, também, torna-se educador em uma colônia de reeducação de crianças e jovens órfãos e ex-delinquentes, em Poltava.

1924 – É enviado a Leningrado (atual São Petersburgo), ingressa no Curso de Psicologia, no Instituto Pedagógico de Herzen. Nesse mesmo ano, ocorre o encontro entre Vigotski, Leontiev e Luria.

1927 – Gradua-se em Psicologia e trabalha como assistente de laboratório do fisiólogo Ujtomski.

1929 – Desvincula-se do laboratório e inicia trabalhando como paidólogo e professor no ambulatório profilático da Estrada de Ferro *Outubro*. Nesse mesmo ano, torna-se docente na instituição em que havia se formado.

1931 – Conhece Vigotski e torna-se seu auxiliar. Período em que também começam as perseguições políticas e ideológicas de Stalin.

1932 – Elkonin expõe suas primeiras hipóteses sobre a brincadeira infantil, apoiado por Vigotski.

1933 – Vigotski ministra uma conferência sobre brincadeira infantil e esta se torna a pedra basilar dos estudos de Elkonin sobre o tema.

1934 – Vigotski falece. Elkonin conhece Leontiev e seu grupo e integra-se a eles.

1936 – É publicado o decreto *Sobre as deformações paidológicas no sistema dos Narkompros*, sendo proibido aos paidólogos de trabalharem e isso atingiu diretamente o trabalho e estudos de Elkonin. Desempregado, Elkonin, para garantir a sobrevivência de sua família, começa a pintar e a vender tapetes de parede.

1937 – Consegue um trabalho como professor de séries iniciais na mesma escola em que suas filhas estudavam. Inicia-se um período de estudos dedicados ao processo de ensino e aprendizagem da leitura e da escrita em idade escolar.

1938 – Divulga seus primeiros trabalhos sobre essa experiência como professor, produzindo livros para o ensino da leitura e da escrita, com instruções e orientações aos professores, para a escola soviética.

1941 – Inicia a Segunda Guerra Mundial e Elkonin inscreve-se na milícia popular como voluntário no Exército soviético.

1945 – Retorna da guerra condecorado com o título de tenente-coronel, porém recebe um duro golpe: sua esposa e suas duas filhas pereceram no Cerco de Leningrado. Mesmo com o fim da guerra, Elkonin não foi liberado do Exército e ali teve de permanecer, lecionando e organizando os princípios do Curso de Psicologia Militar Soviética.

1948 – Publica o texto *Questões psicológicas da brincadeira pré-escolar*.

1952 – Começa uma onda de repressões por parte de Stálin, e Elkonin entra na lista dos que estariam cometendo *supostos erros*.

1953 – Três de março seria a data de julgamento dos *supostos erros* cometidos por Elkonin, porém Stálin falece, e revogou-se essa data. Assume a secretaria geral do partido Nikita Kruschev. Inicia-se a era da *desestalinização*.

1955 – Escreve o texto *Questões sobre o desenvolvimento psíquico das crianças pré-escolares*, juntamente com Zaporozhéts.

1956 – Publica três textos na coletânea *Psicologia*: "O desenvolvimento psíquico da criança desde o nascimento até o ingresso na escola"; "Característica geral do desenvolvimento psíquico das crianças"; "Desenvolvimento psíquico dos escolares". Publica na revista *Voprosy Psychologii*: "Algumas questões da psicologia sobre a aprendizagem da alfabetização".

1958 – Elkonin dirige o Laboratório de Psicologia de Crianças em Idade Escolar, no Instituto Científico de Psicologia Geral e Educacional da URSS.

1959 – Por iniciativa de Elkonin, funda-se a Escola Experimental de Moscou Número 91.

1960 – Lança o livro *Psicologia infantil*.

1961 – Publica o artigo "Questões psicológicas da formação da atividade de estudo na idade escolar – séries iniciais".

1963 – Escreve o texto "Sobre a teoria da educação primária".

1964 – Organiza um livro, juntamente com o Zaporozhéts, intitulado *Psicologia das crianças pré-escolares*.

1965 – Escreve o artigo "Algumas características psicológicas da personalidade do adolescente", juntamente com Dragunova.

1966 – Publica o texto "Questões fundamentais da teoria sobre a brincadeira infantil".

1971 – O texto "Sobre o problema da periodização do desenvolvimento psíquico na infância" é publicado pela primeira vez.

1974 – Escreve o artigo "Psicologia do ensino do escolar nas séries iniciais".

1978 – Depois de 50 anos de pesquisas, conclui seus estudos sobre a brincadeira, publicando o livro *Psicologia do jogo*.

1981 – Expõe suas ideias sobre a Psicologia Histórico-Cultural em uma conferência intitulada *L. S. Vygotsky hoje*. A conferência foi publicada no mesmo ano.

1982 – Elkonin participa ativamente no trabalho de lançamento das *Obras escolhidas* de Vigotski, sendo um dos membros do conselho editorial. Nesse mesmo ano, é lançado o Tomo 1.

1984 – Organiza o Tomo 4 das *Obras escolhidas* de Vigotski, escrevendo os comentários e o epílogo dessa edição. Nesse mesmo ano, Elkonin falece no dia 4 de outubro.

1
DANIIL BORISOVICH ELKONIN: UM OLHAR SOBRE UM HOMEM EM SEU TEMPO

> *Para mim, D. B. Elkonin, como um cientista é a pessoa do caminho, pois sabe abrir portas onde ninguém mais as vê; sabe observar coisas onde nunca ninguém prestou atenção, e, que com o tempo [essas coisas] demonstram-se extraordinariamente importantes.*
>
> B. D. Elkonin

A epígrafe que abre este capítulo corresponde a uma homenagem dedicada a Elkonin no centenário de seu nascimento, realizada nos dias 2 e 3 de março de 2004 no Instituto Psicológico da Academia Russa de Educação, em Moscou. Elkonin não só foi um eminente psicólogo soviético, como também especialista nas áreas da pedagogia e psicologia infantis. Pertencente à geração pós-revolucionária dos psicólogos soviéticos, os quais compõem o esqueleto da escola universalmente conhecida de Vigotski, Elkonin costumava chamar-se, orgulhosamente, discípulo deste e companheiro de seus outros alunos e colegas. Abraçando profundamente as ideias dessa escola, Elkonin, durante muitas décadas, concretizava seus trabalhos experimentais e teóricos. Juntamente com Vigotski, Leontiev, Luria, Zaporozhéts, Davidov, Galperin e outros, Elkonin assumiu a tarefa de desenvolver pesquisas que resultaram em trabalhos que, na atualidade, vêm alcançando reconhecimento internacional. O conjunto da obra de Elkonin indica que a principal vertente de seu pensamento sempre foi relacionar suas produções teóricas com a prática da educação. Sendo essa uma das centrais preocupações de Elkonin – efetivar suas produções teóricas com a prática da educação –, seu trajeto biográfico e sua obra demonstram a validade dessa preocupação. Realizou pesquisas referentes à psicologia do desenvolvimento infantil, psicologia da brincadeira infantil, desenvolvimento da linguagem e do pensamento em crianças pré-escolares e escolares, atividade de estudo, periodização do desenvolvimento humano, sobretudo infantil e escolar, e ideias acerca da psicologia do adolescente. Essas pesquisas serviram de base para o estudo de como as séries iniciais deveriam elevar as capacidades e a formação de conhecimentos nos escolares. Também desenvolveu métodos para o ensino da leitura e da escrita.

Junto com o estudo aprofundado do trabalho teórico e conceitual dos problemas metodológicos referentes à infância, Elkonin dedicou-se às questões das aplicações na psicologia da aprendizagem, do ensino e da educação. Seus trabalhos somam mais de cem escritos publicados em diferentes livros, coletâneas e revistas científicas tanto na Rússia quanto em outros países. Podemos destacar como principais: *Psicologia infantil* (1960); *Psicologia do jogo* (1998); *Trabalhos psicológicos selecionados* (1989).[1]

Zinchenko (1994) e Venger (2004) declaram que Elkonin combinou em si o talento de cientista, que soube profundamente analisar os problemas científicos fundamentais, com a capacidade de investigador, e foi capaz de solucionar questões psicológicas que têm significado essencial para as práticas pedagógicas. Foi um notável orador, com firmeza em seus princípios e argumentos. Exerceu

---

1 Em 1960, foi publicada a 1ª edição do livro *Psicologia Infantil* e encontra-se na 4ª edição, no idioma russo, em 2007. *Psicologia do jogo* foi publicado pela primeira vez em 1978 no idioma russo; em 1980, na língua espanhola; e, em 1998, no português. Os *Trabalhos psicológicos selecionados* ou *Obras escolhidas* encontram-se somente no idioma russo.

grande influência na formação dos jovens psicólogos de sua geração. Acrescentam ainda que Elkonin possuía um espírito admirável e generoso de uma pessoa amante da vida, que soube, até os últimos dias, conservar uma grande mente de bondade. Na realidade, havia nele o caráter nobre de um verdadeiro cientista.

Após essa breve apresentação, discutiremos a seguir sobre a constituição da Psicologia Histórico-Cultural, encabeçada por Vigotski, ressaltando o contexto revolucionário que, de forma direta, influenciou o rumo tomado por essa Escola no desenrolar das ideias.

A herança revolucionária na constituição da psicologia histórico-cultural

> *Tivemos,*
> *sob a bandeira vermelha,*
> *anos de sacrifício,*
> *dias de fome.*
> *Mas,*
> *cada tomo de Marx,*
> *nós o abríamos como se fossem janelas,*
> *e, mesmo sem ler,*
> *saberíamos*
> *onde ficar,*
> *de que lado lutar*
>
> Maiakovski (1967)

Essa estrofe instiga-nos a compreender que espaço e tempo foram aqueles na Rússia pós-revolucionária, que tornaram possível o surgimento e o desenvolvimento de uma teoria psicológica, que, com os pés no marxismo, propôs-se "também" revolucionária. Frisamos o "também", observando que, no período revolucionário pelo qual a Rússia estava passando, todos os setores da sociedade "também" aspiraram esse ar revolucionário. Entretanto, para compreendermos esse momento, devemos recuar um pouco na história e tomar consciência do profundo movimento de iniciativa histórica da classe proletária na Rússia e posterior URSS.

O século XX entra em cena e traz em seu bojo uma sociedade que negava as antigas formas de vida, condenando a velha sociedade, a velha economia, os velhos sistemas políticos. A humanidade estava à espera de uma alternativa para dar a tão esperada virada.

Essa alternativa era conhecida em 1914. Os partidos socialistas, com o apoio das classes trabalhadoras em expansão de seus países, e inspirados pela crença na inevitabilidade histórica de sua vitória, representavam essa alternativa na maioria dos Estados da Europa. Aparentemente, só era preciso um sinal para os povos se levantarem, substituírem o capitalismo pelo socialismo, e com isso transformarem os sofrimentos sem sentido da guerra mundial em alguma coisa mais positiva: as sangrentas dores e convulsões do parto de um novo mundo. A Revolução Russa, ou mais precisamente, a Revolução Bolchevique de outubro de 1917, pretendeu dar ao mundo esse sinal. (Hobsbawm, 1995, p.62)

Entender como se processou o movimento da Revolução Russa nos leva a olhar o contexto que gestou esse movimento, ou seja, em que condição estava o Império Russo. Era um império que se mantinha pobre e camponês, lento e fraco no desenvolvimento de suas forças produtivas, ou seja, um império *atrasado* ou que *atrasou-se* em relação aos avanços advindos desde o século XVIII em toda a Europa (Aarão Reis Filho, 2003).

Esse desenvolvimento *desigual e combinado* eclode, no início do século XX, nas contradições entre o proletariado industrial, que é minoria, mas estrategicamente localizado, e um campesinato livre dos laços servis em que esteve amarrado durante o período czarista, mas que vivia precariamente e submetido à exploração dos latifundiários. Somando-se a esse quadro, os danosos resultados da Primeira Guerra Mundial contribuíram para aumentar ainda mais o descontentamento da população, empurrando a derrubada do poder czarista. Com isso, em 1915, os problemas que acometiam o governo czarista pareciam mais uma vez insuperáveis. Essa condição deu margem à Revolução de Outubro de 1917, "[...] que derrubou a monarquia russa e foi universalmente saudada por toda a opinião pública ocidental, com exceção dos mais empedernidos reacionários tradicionalistas" (Hobsbawm, 1995, p.64).

A Revolução Russa, que pretendeu dar um sinal de esperança aos oprimidos do mundo inteiro, abarca duas revoluções no ano de 1917, a saber: a de *Fevereiro* e a de *Outubro*. O resultado dessa Revolução foi a derrubada do poder czarista, colocando-se em seu lugar um regime socialista. O novo regime instaura-se, cumpriu-se a palavra de Lenin (1870-1924), *Todo poder aos sovietes*, mas os próprios revolucionários tinham consciência que as condições presentes na Rússia não possibilitariam, por si só, a virada socialista, o que se produziu foi uma *revolução burguesa*, com elementos da *revolução proletária*. Deutscher (1967, p.11) avalia que "[...] a Rússia realizou a última das grandes revoluções burguesas e a primeira revolução proletária na História da Europa. As duas revoluções mesclaram-se numa só".

A Revolução de Fevereiro só poderia criar condições que favorecessem o desenvolvimento das formas burguesas de sociedade: distribuiu as terras da aristocracia e criou uma ampla base potencial para o desenvolvimento de uma *nova burguesia rural*. Os camponeses, livres dos aluguéis e das dívidas e com a possibilidade do aumento de suas propriedades, queriam manter-se nelas e exigiram do governo tal segurança. Nessas circunstâncias, "[...] a *Rússia rural*, como disse Lenin, era o terreno para a proliferação do livre capitalismo" (Deutscher, 1967, p.13).

Entretanto o objetivo da Revolução de Outubro era a abolição da propriedade e, com essa defesa, foi garantida a revolução, tendo como principal elemento a classe trabalhadora urbana, que assegurou o poder nas mãos dos bolcheviques. A Revolução de Outubro, assim como ficou popularmente conhecida, sendo nominada de *proletária*, não era para proporcionar liberdade e socialismo somente à Rússia, e sim espalhar *a revolução mundial do proletariado*. Mas a revolução mundial não ocorreu e a Rússia viu-se comprometida ao isolamento empobrecido e atrasado (Hobsbawm, 1995).

Essa situação gestou uma explícita contradição, de um lado, a *Rússia rural* esforçava-se para adquirir mais propriedade, que, por outro lado, os trabalhadores industriais se empenhavam em destruir. Em meio a essas contradições, a Revolução não aboliu a luta de classes, nem a propriedade privada dos meios de produção, o que só agravou ainda mais a situação. Tuleski (2002, p.54) assinala que

> a luta de classes permanecia porque a relação burguesa de produzir não fora inteiramente *abolida*. Em cada unidade de produção os produtores inseriam-se no mesmo tipo de divisão do trabalho; mantendo-se a separação entre trabalho intelectual e manual, entre tarefas diretivas e executivas. [...] Pode-se dizer que as relações capitalistas foram apenas parcialmente transformadas, uma vez que as formas sob as quais estas se manifestavam continuavam a reproduzir-se, como: a moeda, o preço, o salário, o lucro etc. Tais formas não podiam ser abolidas por decreto.

Os interesses dos proletários e dos camponeses eram contraditórios e essa contradição foi engendrando guerras civis que se tornavam latentes. Essa situação mostrou as dificuldades no avanço para a construção da sociedade pretendida e "[...] descobriu-se que essas medidas a haviam levado para um lado muito distante do que Lenin tinha em mente [...]" (Hobsbawm, 1995, p.70).

Esse foi o cenário de duas décadas na Rússia e posterior União das Repúblicas Socialistas Soviéticas (URSS), ao longo dos anos de 1920 e 1930, em meio a várias tentativas à efetivação do novo regime, como o *Comunismo de Guerra* e a *Nova Política Econômica* (NEP), Lenin ainda acreditava na essência da doutrina marxista e que *sua iniciativa histórica* daria ao proletariado o papel histórico universal como criador da *sociedade socialista*. E esse crédito de Lenin sobre a doutrina marxista refletiu não só no plano político, mas também no científico.

A ciência ajudaria a enfrentar os problemas dessa nova sociedade, por se compreender que não havia experiências prontas para o desenvolvimento da sociedade socialista, até porque, "[...] nenhuma receita tática poderia dar vida à Revolução de Outubro se a Rússia não a levasse nas suas próprias entranhas. O partido revolucionário não pode desempenhar outro papel senão o de parteiro que se vê obrigado a recorrer à operação cesariana" (Trotski, 1967, p.138).

Todo esse processo revolucionário provocou uma *revolução* no plano da consciência social, originando movimentos transformadores na poesia, teatro, literatura, cinema, pintura, entre outros setores que estavam emergindo havia alguns anos, e encontraram, nesse momento, as condições propícias para seu desenvolvimento. Esses movimentos que eclodiram em todas as esferas da sociedade. Como bem nos lembra Tuleski (2002, p.69), "Sob o socialismo, dar-se-iam as condições objetivas para que a revolução técnico-científica seguisse uma orientação que respondesse aos interesses do homem e da sociedade". E isso compreende que "[...] somente o fomento acelerado da ciência e da técnica poderia cumprir as tarefas finais de progresso social que conduziriam à construção da sociedade comunista.

Nesse âmbito, Lenin afirmava a difusão do materialismo histórico e dialético como base para o desenvolvimento das ciências naturais e sociais. No campo das ciências humanas, os Congressos de Psiconeurologia, dos anos de 1923 e 1924, são considerados como ponto de virada ao desenvolvimento da psicologia marxista. Porém, as dificuldades teórico-metodológicas do materialismo histórico e dialético no campo da psicologia estenderam-se a vários psicólogos soviéticos: pela aplicação mecânica, reducionista e dogmatizada das teses do marxismo na psicologia; pelo próprio desconhecimento do materialismo histórico e dialético; e pela ausência de uma cultura metodológica para explicar os fenômenos psíquicos. Segundo Shuare (1990), corresponde a Vigotski o mérito de ser o primeiro psicólogo soviético a compreender e aplicar, verdadeiramente, as teses marxistas na psicologia, provocando, assim, uma verdadeira revolução nesse campo da ciência.

A década de 1920, nesse sentido, foi considerada como a *década de ouro*, pela abertura da ciência e por esta se colocar a serviço da construção da nova sociedade. A psicologia entra em cena e procura aliar essas novas possibilidades, baseando-se na doutrina marxista e não podemos olvidar que uma psicologia marxista, que não considera as relações entre os homens e os laços que prendem o homem à sociedade, os quais dão origem a seu comportamento, seria *pura abstração* (Tuleski, 2002).

Na tentativa de estabelecer os fundamentos de uma psicologia marxista, no II Congresso de Psiconeurologia em 1924, Vigotski explanou seu trabalho sobre *O método de investigação reflexológica e psicológica*, despertando a atenção de jovens pesquisadores, como Leontiev e Luria. Depois desse encontro, ambos decidiram que Vigotski deveria ser convidado a fazer parte do jovem corpo de assistentes do novo e reorganizado Instituto de Psicologia de Moscou. Naquele mesmo ano, Vigotski chega ao Instituto e une-se a Leontiev e Luria. Esse encontro marcou o início de um trabalho que continuou até a morte de Vigotski uma década mais tarde. "Reconhecendo as habilidades pouco comuns de Vigotskii, Leontiev e eu ficamos encantados quando se tornou possível incluí-lo em nosso grupo de trabalho, que chamávamos de *troika*" (Luria, 1988, p.22).

Com essa formação inicial, começou a ampliação da *troika*, à qual, posteriormente, juntaram-se Zaporozhéts, Moronova, Bojovich, Slavina e Levina. Nos anos de 1928 e 1929, houve a consolidação definitiva do grupo e, desde então, já era possível falar da existência de uma *escola de pensamento*, como bem destaca Golder (2004, p.22),

> Foi uma época muito produtiva do grupo, já fortalecido pela entrada dos mencionados cinco novos membros. Essa ampliação, além da posterior, com Galperin e Elkonin, constituiu, sem dúvida, o pilar da conformação, estruturação e projeção da teoria já traçada naquele quinquênio.

A consolidação de uma escola verdadeiramente baseada em uma diretriz teórico-metodológica marxista esteve consoantemente respaldada por condições concretas de solidificação de uma nova sociedade, proposta pela URSS sob direção de Lenin na época. Nos trabalhos desses psicólogos, havia o entrelaçamento da psicologia às necessidades sociais. Essas necessidades, postas no âmbito de resolução de tarefas práticas gestadas no interior da sociedade, retiram a psicologia até então centrada nos marcos acadêmicos tradicionais, e esta deixa de ser uma ciência mais ou menos *neutra* no sentido de suas investigações de laboratório e não basta mais apenas verificar seus esquemas explicativos em situações reais, *mas dar respostas a problemas de significado vital para a sociedade* (Shuare, 1990).

A primeira geração da Psicologia Histórico-Cultural ou Escola de Vigotski, composta pelos integrantes nominados anteriormente, viveu uma época que encabeçou profundas mudanças sociais, culturais, que iam marchando em sentido à construção de uma nova sociedade, de um novo homem, pensado no coletivo, no socialismo. Essa marcha era seguida pela "[...] extrema recessão, escassez de alimentos, choques entre grupos antagônicos e, sobretudo, de ameaça ao projeto coletivo, aos objetivos da própria Revolução e ao ideal da nova sociedade" (Tuleski, 2002, p.123). E isso implicou, por um lado, na marcha da revolução rumo a possibilidades de realização de um mundo novo, por outro, "[...] ardiam em sofrimento os protagonistas da antiga e da *nova história*: a abstração de uma nova vida e o alcance do *devir* se processavam com homens concretos, reais, em lutas aguerridas e sangrentas" (Barroco, 2007a, p.37, grifos originais).

Até aqui fizemos uma breve incursão pelo momento revolucionário que permitiu o surgimento de uma cultura científica tão peculiar, que carrega em seu seio uma tentativa de superação das relações burguesas entre os homens, colocando em seu lugar as relações socialistas, de modo a transformá-la em uma sociedade socialista.

Elkonin: o difícil começo, mas *feliz*!

Em meio à peculiar situação do surgimento da Psicologia Histórico-Cultural, observamos que essa Escola só foi possível pelo trabalho coletivo realizado entre os pesquisadores, com a intenção de atingirem um objetivo comum: compreender o homem e o desenvolvimento de seu psiquismo à luz do materialismo histórico e dialético.

Dentre esses pesquisadores, Elkonin é um dos que se destaca, por ser quem, durante toda a sua vida, procurou manter vivo o pensamento dessa Escola. Venger (2004) menciona que "[...] nos últimos anos de sua vida, Daniil Borisovich declarava-se, muitas vezes, *o último dos moicanos*. Pois todos aqueles com quem constantemente era citado nas referências bibliográficas, não estavam mais presentes": Luria, Leontiev, Zaporozhéts, Bojovich e outros. Foi esse grupo de cientistas – os alunos diretos de L. S. Vigotski – que, por mais de meio século, "[...] desenvolveram e divulgaram as ideias do mestre. Graças aos seus trabalhos, a teoria histórico-cultural do desenvolvimento do psiquismo, inaugurada por L. S. Vigotski, tem sido enriquecida com inúmeras novas noções e direções" (Venger, 2004, p.103).

Elkonin nasceu em 29 de fevereiro de 1904, em uma pequena aldeia chamada Peretshepino, na província de Poltava, Ucrânia. Ao longo de sua vida, testemunhou e participou de acontecimentos e mudanças políticas, econômicas, sociais e culturais, que marcaram diretamente sua trajetória científica.

No período de 1914 a 1920, Elkonin estudou no seminário de Poltava, abandonando-o em função da escassez de recursos da família. Com o intuito de continuar seus estudos, em 1922, ingressou como ajudante dos cursos políticos militares, sendo também educador, durante dois anos, em uma colônia de reeducação de crianças e jovens órfãos e ex-delinquentes. É importante ressaltar que Anton Makarenko (1888-1939) foi diretor de uma colônia de reeducação de crianças e jovens órfãos e ex-delinquentes que, após a Revolução de Outubro, debateu-se no sentido de construir um método geral de educação comunista e em sua experiência na *Colônia Gorki* centrou a atividade pedagógica na *educação da coletividade*. No período, entre 1920 a 1928, a experiência de construção da coletividade da Colônia Gorki, deu-se em três locais. Em um desses foi Poltava (1920-1923), mesmo período em que Elkonin também trabalhava como educador em alguma instituição nessa mesma província. Não temos dados suficientes para confirmar se foi nessa colônia que Elkonin também trabalhou. Apenas queremos registrar que o trabalho nessas instituições, após a Revolução de Outubro, seguiam no sentido da construção da coletividade, posta a serviço do ideal de sociedade comunista.

Mediante ao trabalho desenvolvido nessa instituição, em 1924, o serviço de Narkompros – Comissariado do Povo para a Instrução Pública – enviou Elkonin para continuar seus estudos na Faculdade de Psicologia do Instituto de Educação Social, posteriormente reorganizado e unido ao Instituto Estatal de Pedagogia Herzen, em Leningrado.

Zinchenko (1994) relata que o começo da vida científica de Elkonin foi muito difícil, reportando as imensas dificuldades que havia nesse período graças às mudanças que estavam ocorrendo, pois com a solidificação da sociedade coletiva, os interesses coletivos estavam acima dos individuais. É possível supor que toda essa geração foi inspirada pela energia da mudança revolucionária.

Estando em Leningrado, Elkonin gradua-se em Psicologia, no Instituto Pedagógico Herzen. Assim que terminou o curso, em 1927, foi atraído para a fisiologia, tornando-se assistente de laboratório de A. A. Ujtomski (1875-1942) na mesma instituição. Pouco provável, de acordo com Zinchenko (1994, p.44), que o jovem Elkonin percebesse que A. A. Ujtomski fosse um grande fisiólogo materialista da Academia de Ciências da URSS. Quando entrou no laboratório, Elkonin conheceu "[...] um homem idoso, de capuz, com a barba cerrada, quem o aceitou como assistente". O primeiro trabalho realizado por Elkonin foi investigar os choques elétricos na inervação do músculo espinhal permanente. "A princípio, o jovem assistente deveria conduzir as experiências com quinhentas rãs, então, ler mais de 1.000 páginas de um texto e finalmente escrever um artigo de algumas páginas". Esse trabalho rendeu-lhe uma publicação, em 1929, na revista inglesa *Nova reflexologia e fisiologia do sistema nervoso*, intitulado "Ação local da corrente elétrica contínua na inervação espinhal do músculo". Esse artigo repercutiu no meio acadêmico, considerando Elkonin como um grande fisiólogo *"Como é mostrado na investigação clássica do fisiólogo russo D. B. Elkonin"* (Zinchenko, 1994, p.44, grifos originais).

O fisiólogo Ujtomski exerceu grande influência na vida científica de Elkonin e os trabalhos desenvolvidos junto dele lhe serviram de base para os estudos posteriores. Portanto, "[...] os historiadores da psicologia ainda terão que descobrir qual a influência do período anterior dos estudos de D. B. Elkonin com A. A. Ujtomski, para compor sua biografia científica" (Zinchenko, 1994, p.44).

Desvinculando-se da fisiologia em 1929, Elkonin trabalhou como paidólogo[2] e professor no ambulatório profilático da Estrada de Ferro *Outubro*. No período de 1929 a 1937, Elkonin atuou como docente na instituição em que havia se formado, em Leningrado, na área da paidologia. Em 1932, foi diretor adjunto dos trabalhos científicos do Instituto Teórico-Prático de Paidologia de Leningrado. O interesse pela paidologia, somado a suas experiências anteriores com crianças, aproximaram Elkonin de Vigotski, em Leningrado, quando este vinha com frequência ao Instituto realizar conferências e dirigir os cursos de pós-graduação nos anos de 1931 e 1932. Essa aproximação e esse período determinaram a esfera de interesses de Elkonin: a psicologia e a pedagogia infantis. Golder (2006, p.91) informa que essa estreita colaboração está documentada pelo intercâmbio de cartas entre ambos os cientistas: a leitura dessas cartas "[...] permite apreciar a incidência deste [Vigotski] na formação intelectual de Elkonin". Nesse período, Elkonin (1998, p.3) começou a trabalhar com Vigotski, sendo seu auxiliar, estudando os problemas da brincadeira no desenvolvimento infantil.

Em fins de 1932, expus as minhas conjeturas aos estudantes e numa conferência no Instituto Pedagógico Herzen de Leningrado. Os meus critérios foram alvo de uma crítica bastante dura; o único que apoiou minhas teses fundamentais foi Liev Semiónovitch Vigotski.

---

2 Estudo da criança em toda a sua complexidade, tomando os pontos de vista da sociologia, da genética, da psicologia, da fisiologia e da pedagogia (B. D. Elkonin, 2007).

Nessa época, Elkonin estava dedicado a estudar, com muito empenho, a brincadeira infantil, tema que também interessava a Vigotski. A conferência ministrada por Vigotski, em 1933, no Instituto Pedagógico de Herzen em Leningrado, intitulada *O papel da brincadeira no desenvolvimento psíquico da criança* e traduzida para o inglês em 2002, apresenta-se como pedra basilar do arcabouço teórico de Elkonin. "Foi nas ideias expressas por Vigotski nessa conferência que apoiei minhas pesquisas posteriores sobre a psicologia do jogo" (Elkonin, 1998, p.4).

Da mesma forma pela qual Vigotski, com seus apontamentos, influenciou Elkonin no início de suas pesquisas e no desenrolar de outras por mais de 50 anos, acreditamos que o pensamento de Vigotski também influenciou, decisivamente, os outros integrantes do grupo.

L.S. Vigotski deu somente os primeiros passos, os passos mais difíceis na nova orientação, deixando para os futuros pesquisadores uma série de interessantes hipóteses, e possivelmente o mais importante, o histórico e o sistêmico na investigação dos problemas da psicologia, conforme os princípios que estão estruturados em quase todas as suas investigações teóricas e experimentais. (Elkonin, 1996, p.387)

Os primeiros trabalhos realizados por Elkonin sobre a brincadeira, na direção de Vigotski, iniciaram-se quando este ainda era vivo. Essa relação entre Elkonin e Vigotski durou pouco mais de quatro anos, por conta da morte prematura de Vigotski em 1934. Foi nesse período da perda do líder que Elkonin conheceu Leontiev, o qual passou a ser o seu novo companheiro de trabalho. "Eu conheci Leontiev muito antes que acontecesse nosso encontro pessoal. Nas conferências científicas, eu o visualizava em meio a um grupo, com Vigotski e Luria. Neste grupo, exteriormente, ele se diferencia por sua altura e por seus óculos redondos". Elkonin expõe que escutava as intervenções de Leontiev nessas conferências. Também tinha lido seu livro *Desenvolvimento da memória*. Mas o encontro pessoal, na realidade, ocorreu no Instituto de Defectologia, por ocasião do funeral de Vigotski em junho de 1934.

Rodeado de pessoas que não conhecia, encontrava-me tão comovido e levado por meus sentimentos pessoais que não consegui observar nada nem ninguém. Na verdade, não consigo me lembrar em que momento aconteceu nosso encontro, mas foi lá, nessa ocasião. No dia seguinte fui à sua casa. Ele me conhecia, provavelmente a partir dos relatos de Vigotski. (Elkonin, 2004b, p.77)

Após esse encontro, Elkonin volta a encontrar-se com Leontiev dois anos após esse fato na cidade de Karkhov. Nessa ocasião, Elkonin fora convidado, na qualidade de debatedor, à defesa da tese de Komenko. Como de costume, depois da defesa exitosa, o grupo acomodou-se no apartamento de Leontiev e Lebedinski, onde realizaram a comemoração. Elkonin (2004b, p.78) relata esse momento: "Falou-se muito, cantou-se, dançou-se e, de repente, senti que me encontrava em meio ao Grupo de Karkhov, livre e tranquilo, e em grande medida devido à deferência e amizade que me outorgaram, especialmente Leontiev e Zaporozhéts".

Elkonin menciona que sua afinidade com Leontiev e Zaporozhéts tornou-se muito próxima, talvez pelos três pertencerem à Escola de Vigotski: "Recordo que, sobre muitos temas, pensávamos quase em uníssono; pode ser também porque éramos da mesma idade, relativamente jovens, por volta dos 30 anos" (Elkonin, 2004b, p.78).

No outono de 1938, Leontiev dirigia-se a Leningrado (atual São Petersburgo) com frequência para ministrar aulas no Instituto de Pedagogia Krupskaia, instituto em que Elkonin também ministrava aulas de psicologia infantil. Em suas vindas a Leningrado, Leontiev ocupava um quarto no mesmo prédio em que Elkonin também morava, o que lhes oportunizou se encontrarem diariamente. "Leontiev passava os dias de folga em meu apartamento, com minha família, almoçava, descansava. Nesse período, ficamos muito íntimos" (ibidem, p.80). Foi nessa época que surgiu a pesquisa conjunta sobre a gênese da atividade lúdica, centrada em crianças da primeira infância.

Há passagens de recordações desse período tanto no texto das lembranças de Elkonin quanto do filho de Leontiev, A. A. Leontiev. Elkonin discorre sobre o verão de 1939, em Kratovo, perto de Moscou, onde vivia Leontiev e sua família em uma casa de campo. Nessa época, Leontiev estava preparando sua tese de doutorado, com dedicação de várias horas por dia. "Depois dessas 12 intensas horas, fazíamos nosso passeio cotidiano, perambulando pela região com as calças arregaçadas e com bastões de madeira" (ibidem).

Observamos nesses textos, as lembranças tanto de Elkonin e Leontiev quanto as de A. A. Leontiev relembrando dessa relação, do carinho e da admiração que pairava entre eles. "Afamadas pela forma amorosa e amigável (eu diria até – meiga) eram as relações que uniram por toda a vida D. B. Elkonin a A. N. Leontiev, assim como a toda a família de Leontiev" (A. A. Leontiev, 2004, p.124). Dessa relação, há recordações impressas que demonstram esse sentimento amigável de ambas as famílias.

Essas afirmações encontram testemunhos impressos – cartas publicadas de Daniil Borisovich à família de Leontiev e especialmente suas memórias sobre A. N. Leontiev. Mesmo assim, recordo-me perfeitamente de Daniil Borisovich em nossa casa, em nossa família. Sem ele não acontecia nenhuma festa familiar – ainda mais a comemoração anual (ou melhor, a cada quatro anos!) do dia do casamento de Aleksey Nikoláevich e Margarita Petrovna, que ocorreu no dia de Cassiano (29 de fevereiro), coincidindo com o aniversário de Daniil Borisovich.

Outra dessas lembranças, também narrada por A. A. Leontiev, refere-se a uma visita de Elkonin à família de Leontiev no verão de 1939: "Certa vez, na casa de campo, chegou Daniil Borisovich, com sua mulher Tsilia – T. P. Nemanova e suas duas filhas [Natasha e Gália]. Minhas recordações delas são vagas, mas Daniil Borisovich, com sua maneira brilhante de comunicação e sua voz de contrabaixo, ficou em minha memória da infância [...]" (A. A. Leontiev, 2004, p.124).

Essas visitas não eram somente para encontros familiares. Havia nos encontros e nessas cartas discussões de ideias sobre o desenrolar das pesquisas que se firmavam nesse período: "O 'jogo' que propões parece-me excelente, e não é fácil esquecê-lo. É por isso que os temas que ficaram pendentes depois de teu informe ainda estão vigentes, ainda são lembrados e a gente gostaria, ainda que com atraso, de colocá-los para o futuro" (Leontiev apud Elkonin, 2004b, p.78).

Discorremos a respeito de alguns fatos sobre a vida de Elkonin, que, como ele próprio mencionava, era difícil, mas *feliz!* (Zinchenko, 1994). Esses fatos, correlacionados com as condições da vivência societária, abrem-nos a possibilidade de melhor compreender tanto o desenrolar de sua vida quanto o desenvolvimento de seus trabalhos. Como vimos até agora, as décadas de 1920 e início da de 1930 foram marcadas pelo ingresso de Elkonin na Escola de Vigotski e o início de suas primeiras pesquisas em relação à brincadeira infantil. Veremos, a seguir, o quanto sua pesquisa e até mesmo sua vida tomaram rumos muito distantes do que ele havia planejado.

A *longa noite de terror stalinista*: implicações às pesquisas de Elkonin

A partir da década de 1930, com a morte de Lenin e com ascensão de Stálin ao poder, a luta mundial de solidificação do socialismo reduz-se à URSS. Há um intenso redirecionamento, causando uma imensa distância entre o que se propunha nos anos antecedentes com Lenin e o que se torna, no limite, a realidade soviética durante *a longa noite do terror stalinista*.

Ao assumir o poder, Stálin presidiu com *mãos de ferro* a URSS, partindo em uma caminhada rumo à industrialização a qualquer custo. Essa corrida desembocou em vários *planos quinquenais* para a economia, que estavam "[...] mais perto de uma operação militar do que de um empreendimento econômico". Esses planos quinquenais, interpretados como instrumentos grosseiros, substituíram a NEP em 1928, impostos à custa de sangue, esforços, lágrimas e suor ao povo. Com seus objetivos traçados, que era instaurar a coletivização do campo e a industrialização acelerada, Stálin buscou o crescimento da URSS a qualquer preço, ou seja, o preço estabelecido para tal empreendimento caía sobre a população. A curto prazo, investiu na industrialização pesada, que estabelecia "[...] deliberadamente metas irrealistas que encorajam esforços sobre-humanos" (Hobsbawm, 1995, p.371-2).

Com essas metas, a URSS atingiu seu apogeu, transformando-se em uma grande economia industrial, assegurando o mínimo de social para a população, que vivia num sistema considerado de *privilégio*, já que dispunha de comida, roupa, habitação e tudo que subsidiava sua sobrevivência. Inclusive ofereceu, *generosamente*, educação: "a transformação de um país em grande parte analfabeto na moderna URSS foi, por quaisquer padrões, um efeito impressionante". Se até o início da década de 1920, estimava-se que 8 milhões de pessoas frequentavam escolas de todos os níveis, em 1938, o ensino se estendeu para 31,5 milhões (ibidem, p.373; Ferreira, 2000).

Entretanto, não foi de fadas que viveu o campo, já que a agricultura e aqueles que dela viviam não estavam inclusos nessas políticas e a industrialização se apoiava nas costas do campesinato explorado. Vale considerar que os camponeses representavam a maioria da população e, em lugar da NEP, veio a coletivização agrícola, que forçou milhões de pessoas a abandonarem suas terras e se fixarem nas fazendas coletivas, tornando-se assalariados do Estado. Outros milhões tentaram lutar contra a repressão e a "[...] morte e o degredo em regiões distantes e inóspitas selaram seus destinos" (Deutscher apud Ferreira, 2000, p.86). A política stalinista resultou no assolamento da grande fome de 1932.

Como resultado desse processo, não há como negar que, em meio às atrocidades e inflexibilidade política, a URSS atingiu sucesso em vários níveis da economia e transformou-se em uma grande potência industrial por quase meio século.

Em contrapartida, as transformações impostas por Stálin, *pelo terror e medo*, estavam muito distantes das idealizadas por Lenin. Stálin dirigiu o sistema soviético, durante praticamente três décadas com punho *de ferro* e

> De fato, Stalin havia, de certo modo, assentado seu trono sobre um vulcão sacudido por profundas erupções periódicas, sobre a lava incandescida, no centro mesmo da conflagração e das nuvens de fumo da revolução russa. A cada ronco do vulcão, os espectadores imaginavam que, quando a fumaça dissipasse, Stálin teria desaparecido sem deixar sinal. Mas cada vez, Stálin continuava lá em seu antigo lugar, indene, mais majestoso, mais temível do que antes, enquanto a seus pés jaziam os cadáveres mutilados dos seus inimigos, e também dos seus amigos. Dir-se-ia um semideus, senhor do Vulcão. (Deutscher, 1956, p.12)

Ao lado dessas transformações, outras foram ocorrendo a partir de meados dos anos 1930. A mais inusitada talvez tenha sido a aura de glória e admiração cega que envolveu a figura de Stálin, visto como *guia genial de todos os povos, o grande líder do proletariado, quarto clássico do marxismo* e outros. Essa propaganda foi sendo popularizada, aqueles que o criticavam acabaram sendo marginalizados ou silenciados e, aos poucos, foram sendo eliminados seus adversários. Ao mesmo tempo, injetava-se o ar que fazia os militantes bolchevistas respirarem, defendendo a *construção do socialismo* em um só país. Destarte, o partido de Stálin "[...] dirigiu a política do regime por métodos que, após a morte de Lenin, tornaram-se cada vez mais claramente ditatoriais, e cada vez menos dependentes de sua base proletária". Esses métodos que de início eram usados com cautela, aos poucos, "[...] foram sendo aperfeiçoados num vasto sistema de expurgos e campos de concentração. Se as metas podem ser consideradas socialistas, os meios usados para alcançá-las eram, com frequência, a própria negação do socialismo" (Carr, 1981, p.169).

A prática política de Stálin, nas mãos de *autoridades competentes*, vinculou-se a um sistema de ideias, como resultado da adaptação do pensamento socialista revolucionário às condições particulares da URSS. Essa adaptação pode ser explicada não como aquela realizada por Lenin, que procurava por meio da teoria atender às necessidades de compreensão da realidade concreta, mas uma adaptação efetuada pela aristocracia stalinista que usava a teoria revolucionária como meio para justificar a sua prática política. Por essa senda, "[...] a teoria não foi utilizada para esclarecer e orientar a política, mas para legitimá-la. Numa palavra: a teoria foi empregada como apologia, degradou-se em propaganda" (Netto, 1981, p.63).

Por suposto, abre-se aí, curiosamente, a conquista apogística de Stálin. Essa conquista não aconteceu naturalmente, mas cultivada, dia após dia, logo após a morte de Lenin. Stálin foi glorificado como "Stálin é o Lenin de hoje". Essa célebre frase se tornou um ritual de jornais, da propaganda e dos discursos. Essa campanha publicitária foi um dos aportes que contribuiu para tornar Stálin um deus personificado na figura de um dirigente. Há, no entanto, outras vertentes que podem também justificar essa personificação. Netto (1981, p.60), por exemplo, afirma que esse fenômeno foi gerando o que ficou conhecido como *culto à personalidade* e não se pode afirmar que foi iniciativa própria de Stálin, mas empreendida nos segmentos burocratizados do partido. Ao cultuar Stálin, esses segmentos garantiam-se a si mesmos. Portanto, acrescenta o autor, a hierarquia da autocracia stalinista assegurava-se da seguinte maneira: "[...] não uma pirâmide com Stálin no topo e o partido na base, mas uma pirâmide formada, da base ao topo, por Stálins de tamanhos diferentes". E tal *culto* foi tomando um rumo cada vez mais exagerado.

Esses exageros foram levados a todos os campos da sociedade, ou seja, político, social, econômico e, sobretudo, nas ciências humanas e sociais, o que incluía a psicologia. Predominou, nesse período, uma visão mecanicista, reducionista e dogmatizada em função da *leitura marxista* que Stálin acreditava ser coerente, o que resultou "na castração do conteúdo verdadeiramente dialético do materialismo" (Shuare, 1990, p.87).

Na literatura, por exemplo, essa realidade não foi diferente, houve, de forma implícita, atitudes reificadas de *culto à personali-*

dade, em que sobressaía a criação de obras de cunho naturalista, em que não escapavam, no limite, da descrição mecânica da superfície da realidade. A arte, nas mãos de Jdanov (1896-1948), o *teórico stalinista para as questões culturais*, foi utilizada como uma forma de pedagogia. A psicologia assumiu características idênticas, ou melhor, todas as ciências e âmbitos culturais se posicionaram de modo semelhante. Segundo Shuare (ibidem, p.86) "[...] na época stalinista, esta relação se converteu em uma dependência direta e total, alcançando dimensões tais que permitem falar da deformação da ciência nas mãos da ideologia".

Em face dessa realidade, os escritores e os intelectuais tiveram de tomar como realidade aquilo que a demagógica propaganda oficial disseminava ser a realidade. Coutinho (1967, p.210-1) situa e caracteriza esse processo com riqueza de detalhes.

> Com o desenvolvimento do stalinismo, novas formas de alienação tiveram surgimento na realidade soviética. [...] basta-nos observar que estas alienações se concentram na completa fragmentação da nascente comunidade democrático-revolucionária, com a consequente desaparição das massas como sujeito da história e sua substituição pela burocracia dirigente. As formas populares de democracia, vigentes no período leninista, são substituídas pelo terror burocrático que apagava mecanicamente qualquer divergência em nome da unanimidade totalitária. Impedidas de participar historicamente como força independente e criadora, as massas involuem para novas formas de passividade conformista, de alienação em face da vida pública e da história. A alternativa para esta passividade era uma ação não menos conformista, já que fundada apenas na execução mecânica e burocrática das palavras de ordem emanadas "de cima". Esta separação entre o povo e a direção, entre a teoria e a *práxis*, dá lugar a uma ideologia oscilando entre mecanicismo fatalista e voluntarismo subjetivista, ou seja, a uma ideologia que estabelece a separação entre sujeito e objeto da ação humana. A esta oscilação ideológica entre falsos polos do mecanicismo e do voluntarismo (que se convertem frequentemente um no outro), corresponde na criação artística

o surgimento de obras esquemáticas, ou naturalistas ou românticas, ou ainda, no melhor dos casos, a uma justaposição desorgânica destas duas tendências antirrealistas. Enquanto o realismo autêntico capta o homem como unidade de subjetividade e de objetividade, como *práxis* individual e histórica, o naturalismo e o romantismo só podem captá-lo unilateralmente, de um modo fragmentário: ou como mera objetividade reificada ou como subjetividade hipostasiada desligada do real. Assim, ao lado de obras que apresentavam em relato jornalístico da construção do socialismo (sem apreender nenhum dos seus momentos problemáticos essenciais), vemos o surgimento no romance soviético de obras nas quais a perspectiva subjetiva do autor – que era quase sempre idêntica às vazias palavras de ordem e às afirmações mentirosas da propaganda oficial – transformava-se idealisticamente em realidade imediata e efetiva. O escritor se transformava em um burocrata ("um engenheiro de almas", segundo o modelo proclamado por Stálin), perdendo a visão global e a fidelidade que caracterizavam o grande realista.

Houve, nesse período, *um radical e completo rebaixamento do nível estético*, conforme observado por Coutinho (1967), em um grau de realidade *intensamente alienada*. Esse rebaixamento radical e vulgar esteve consonante com a doutrina adotada por Stálin, que reduziu e adulterou o pensamento de Marx, Engels e Lenin – *um pensamento radicalmente crítico e polêmico* – a seu favor, institucionalizando o marxismo como oficial e único, chamando-o de *marxismo-leninismo*. A transformação em doutrina oficial do Partido Comunista acarretou no *dogmatismo stalinista*.

Esse entendimento marxista-leninista pode assim ser ilustrado, como bem nos apresenta Garaudy (1967, p.5): "O todo era sintetizado em vinte páginas fulgurantes que continham, segundo se acreditava, toda a sabedoria filosófica. Depois do *aprenda latim e grego sem esforço*, era a filosofia posta ao alcance de todos em três lições". E o reducionismo ia além: "A ontologia: os três princípios do materialismo. A lógica: as quatro leis da dialética. A filosofia da história: as cinco etapas da luta de classes".

Essa degradação do marxismo, esvaziado e reduzido a uma série de sofismas, foi destinada a justificar todas as decisões de Stálin e seus caprichos. Isso acometeu a ciência, a arte e seus efeitos foram devastadores. O dogmatismo de Stálin é interpretado como um conjunto inquestionável de matrizes condicionantes do pensamento marxista: a dialética, a práxis social e a história são excluídos de sua análise. Shuare (1990, p.96) sintetiza essa questão ao afirmar que, nesse período "[...] no lugar de argumentos, acusações; no lugar de ciência, ideologia e partidarismo; no lugar da crítica construtiva, eliminação; ausência total de cultura metodológica e filosófica". Convém esclarecer que o pensamento marxista, representado por Marx, Engels e Lenin, é subsídio para entendermos o presente à maneira marxista, desvendando-o tal como ele é na realidade e formulando critérios de conduta, de ação, de criação e de pesquisa a partir da realidade concreta conhecida e não a partir de uma esquemática *citatológica,* ou colocando a ciência, por exemplo, como arma ideológica para servir as exigências propagandísticas formuladas à *moda stalinista* (Lukács, 1967).

A trajetória aqui percorrida demonstrou como os acontecimentos no cenário político e econômico determinaram, em grande parte, os enfoques científicos em todas as áreas especialmente no âmbito da psicologia.

Nesse período, a psicologia e as outras ciências estavam "[...] firmemente enraizadas na vida social, planejavam resolver (ou pelos menos contribuir a resolver) os problemas que surgem na construção da nova sociedade, a encará-los criativamente" (Shuare, 1990, p.99). A Escola de Vigotski estava disposta a contribuir nessa construção. Entretanto, não era disso que o regime de Stálin precisava. Seu regime necessitava de simplificação, controle, esquematização etc. Nesse sentido, passou a predominar a prática da indução de testes e escalas de medição, tendo como figura mestre, nesse processo, estudos pavlovianos no que concerne à reflexologia. Assim, as pesquisas desenvolvidas por Vigotski e Luria não se enquadravam dentro desse regime dogmático imposto por Stálin. Ambos sofreram duras críticas e perseguições. Com isso, as críticas atribuídas a Vigotski e a Luria se estenderam a Leontiev e a Elkonin, e o grupo sofreu retaliações pelo Partido Comunista, e os obrigou a redirecionarem seus estudos e/ou tomarem rumos clandestinos para a realização destes ou até mesmo se afastarem, temporariamente, de suas investigações. Em meio a essa *onda de retaliações*, o dogmatismo stalinista mostrou-se como a "única maneira de pensar, crer e se comportar; qualquer outra manifestação de ideias era condenada e criminalizada" (Ferreira, 2000, p.104).

Na época, os únicos congressos no campo da psicologia eram sobre Pavlov, denominados de *Sessões Pavlovianas*, que foram, na realidade, três congressos de cunho stalinista nos finais dos anos 1940. Elkonin (2004b, p.83) relata que, para o grupo de Karkhov conseguir participar desses congressos que estavam ocorrendo na época, organizaram um artigo, no qual tiveram de *driblar* o *comando stalinista*.

> Depois das "sessões pavlovianas", ficou a impressão de que se estava colocando em juízo o *status* da psicologia como ciência. Isso acontecia a partir dos rígidos e agressivos ataques provenientes dos fisiologistas. Leontiev, então, decidiu publicar um artigo sobre a natureza reflexa do psiquismo, chamando para trabalhar com ele Galperin, Zaporozhéts, Luria e eu. Durante semanas trabalhamos juntos no apartamento de Zaporozhéts.

Como vimos no item anterior sobre o início da vida acadêmica de Elkonin, podemos observar agora, com mais especificidade, o quanto o desenrolar dos anos 1930 foram extremamente fechados e de *drible* para a continuidade das pesquisas. Foi praticamente nesse contexto de estreiteza teórica que Vigotski e Elkonin se conheceram e firmaram seus laços. Quando parte do grupo se transferiu à Academia de Psiconeurologia da Ucrânia, em Karkhov, por conta das duras repressões, Vigotski dedicou-se ao desenvolvimento de atividades em Leningrado, aprofundando seu vínculo com Elkonin, já que este era oriundo dessa cidade (Golder, 2004).

Nessa época, a Escola de Vigotski já tinha em cada um de seus membros uma especialidade assumida:

Leontiev (Psicologia geral, teoria da atividade, personalidade, sentido pessoal); Luria (Neuropsicologia, processos psicológicos superiores, cérebro e psiquismo); Galperin (Teoria da formação da atividade mental por etapas); Elkonin (Psicologia do jogo); Zaporojets (Periodização no psiquismo humano, psicologia evolutiva); Bojovich (Psicologia da personalidade, em especial do adolescente); Morozova (Metodologia e fundamentos da educação especial); etc. (Golder, 2004, p.22)

Com as críticas sofridas, as obras de Vigotski foram proibidas a partir de 1936, bem como, nesse mesmo ano, a paidologia como ciência da psicologia e pedagogia infantil se torna proibida. As obras de Vigotski só foram reeditadas vinte anos depois.

Naquela situação de dirigismo, Vygotski não era um homem cômodo. Era um marxista convencido e profundo, mas esse podia ser, de certo ponto de vista, um de seus aspectos mais "perigosos". A recusa sempre do "método das citações", com os quais muitos psicólogos soviéticos começavam justificando sua ortodoxia: depois de duas ou três citações de Marx, Engels, Lenin ou Stálin, passavam a resolver seu tema, que geralmente não tinha nada a ver com as próprias citações. Na realidade, essa era uma manifestação da incipiente tendência a converter a ciência em escolástica, o pensamento vivo em expressão temerosa e submetida, a dialética em estrutura petrificada. Em seus últimos anos (especialmente os dois anteriores a sua morte), a situação de Vygotski – e também a de outros psicólogos dialéticos – era delicada. Morreu antes de ver o avanço incontestável dos novos poderes e também a destruição de muitas de suas ilusões: mas pôde ver, ao final de sua curta vida, como se anunciavam tempos difíceis para a psicologia. (Rivière, 1985, p.67)

Embora Elkonin tenha trabalhado junto a Vigotski pouco mais de quatro anos, por causa de sua morte prematura em 1934, manteve contato com outros pesquisadores dessa linha, como Leontiev, Galperin, Davidov, Zaporozhéts e outros, com os quais desenvolveu pesquisas e trabalhos intimamente ligados com a diretriz histórico-cultural.

Toda a década de 1930, quando se firmaram os laços de Elkonin com a Escola de Vigotski, segundo o orientando e colega de trabalho de Elkonin, Davidov (apud Shuare 1990), foram anos muito difíceis tanto para o país quanto para o desenvolvimento da psicologia. Venger (2004, p.104) expõe que a psicologia soviética desenvolveu-se em condições diferenciadas e adversas. A partir dessa década, eram característicos: "um isolamento quase que completo das correntes científicas ocidentais; e, uma ameaça constante de sanções punitivas, comprometendo de forma aguda tanto o volume dos problemas estudados quanto as possibilidades de abordagem da resolução".

Uma dessas sanções punitivas foi o decreto sobre a paidologia, intitulado *Sobre as deformações paidológicas no Sistema dos Narkompros*,[3] publicado em 4 de julho de 1936, pelo Comitê Central do Partido Comunista da URSS, no qual, como desabafa Davidov, essa "[...] disposição do partido acerca da paidologia foi, ao meu juízo, muito prejudicial para o desenvolvimento da psicologia infantil" (apud Shuare, 1990, p.236). A paidologia, que havia sido difundida na Rússia anos antes da Revolução de Outubro, desenvolveu-se muito intensamente depois de 1917. Foram criadas muitas instituições paidológicas sob a égide do Comissariado do Povo para a Instrução Pública. Como assinala Shuare (ibidem, p.98), embasada em Petrovski, "[...] nessa época quem estudava a criança (psicólogos, fisiólogos, médicos, pedagogos etc.) era considerado

---

3 Comissariado do Povo para a Instrução Pública, cuja sigla era Narkompros ou Cipi, mesma comissão que, no início da Revolução de Outubro, possibilitou que Elkonin viesse a Leningrado continuar os estudos. Porém essa Comissão, a partir da entrada de Stalin ao poder, começa a se *ajustar* aos novos ditames, e toda a reforma da educação da primeira década da *Revolução* recebeu severas críticas e começaram os *ajustes* contra os *desvios*, em uma dessas críticas se evidenciou aos dirigentes sobre os falseamentos paidológicos dos sistemas do *Comissariado do Povo para a Educação* (Barroco, 2007b).

paidólogo". No entanto, na paidologia, no intuito de ser uma ciência integral que procurou reunir e sistematizar os conhecimentos sobre o desenvolvimento da criança, foram se estruturando tendências antipsicológicas, biologizantes e de um socialismo vulgar que deu lugar a justas críticas referidas.

Essas tendências foram alvo de críticas nos finais dos anos 1920 e início dos anos 1930. No entanto, paulatinamente, com as pesquisas que estavam se desenrolando na época, houve possibilidades de superação das referidas críticas. Davidov (apud Shuare, 1990, p.237) afirma que a psicologia infantil, nos anos 1930, oferecia material fundamental para a psicologia geral. Com isso, o autor "[...] não imagina uma psicologia geral que não se apoie na psicologia do desenvolvimento", em que esta predominantemente se ocupa do período infantil.

Mesmo assim, com os *ajustes* justificados pelos *desvios*, o decreto sobre as deformações paidológicas qualificava os paidólogos como pseudocientistas e se aboliu a paidologia.

Essa disposição foi um grande golpe, na medida em que, na Rússia, proibiram-se os paidólogos de trabalharem, em especial, na área da prática escolar. Isso se refletiu como um freio no desenvolvimento da psicologia infantil, visto que a psicologia se torna uma ciência de gabinete e a paidologia, personificada na prática, não teve mais espaço e as instituições que se dedicavam a este trabalho foram fechadas. Essa decisão afetou de maneira imediata Elkonin, que sofreu seriamente nesse período: foi despedido de seu trabalho (na ocasião ele ocupava a posição de diretor do Instituto de Paidologia de Leningrado) e, ao mesmo tempo, foi-lhe privado o grau de candidato a doutor, com a tese intitulada *Psicologia infantil*. Elkonin perdeu, por muito tempo, a possibilidade de ocupar-se de sua atividade profissional. Venger (2004, p.106) relembra que Elkonin recordava-se desse período com orgulho, "[...] pois nesta situação difícil, [Elkonin] não se desesperou, nem caiu em melancolia, mas sim aprendeu a obter o mínimo para sua sobrevivência [e de sua família] pintando e vendendo tapetes de parede no mercado".

Algum tempo depois, Elkonin manifestou seu interesse ao Secretário do Comitê Regional do Partido de Leningrado, A. A. Jdanov, em ser professor das séries iniciais. Indagado se havia mudado de convicções, afirmou: "[...] não sou acostumado a mudar de opiniões em 24 horas", o que interferiu para não se estabelecer como professor. Posteriormente, consegue atuar em classes iniciais na escola onde estudavam suas filhas, visto que o diretor da escola conhecia-o bem e resolveu *correr o risco* (B. D. Elkonin, 2007, p.3).

Nessa escola, Elkonin dedicou-se ao trabalho com as crianças das primeiras séries. O período de 1937 a 1941 foi muito rico para suas investigações científico-pedagógicas. Partindo de sua experiência prática como professor, começou a desenvolver um estudo sobre o processo da aprendizagem da leitura e da escrita nas crianças em idade escolar. Seu trabalho teve como consequência um excelente e inesperado resultado: nos anos de 1938 a 1940, Elkonin produziu livros para o ensino da leitura e cartilhas para as regiões do Extremo Norte, com instruções e orientações aos professores. Essa experiência tornou-o amplamente conhecido na escola soviética e rendeu-lhe, anos mais tarde, a publicação de vários trabalhos, entre os principais, destacam-se: *Questões psicológicas da formação da atividade de estudo na idade escolar* em 1961; *Investigação psicológica da aprendizagem dos conhecimentos na escola primária* em 1961; *Análise experimental do ensino primário para a leitura* em 1962; *As possibilidades intelectuais dos escolares nas séries iniciais e o conteúdo de ensino* em 1966; *A relação do ensino e o desenvolvimento psíquico* em 1969; *Problemas psicológicos em relação ao ensino pelo novo currículo* em 1971; *Psicologia do ensino escolar nas séries iniciais* em 1974; *Como ensinar as crianças a ler* em 1976. Durante esse período, todo o seu interesse de vida pelos problemas da psicologia do jogo teve de ser adiado até melhores tempos (Zinchenko, 1994).

Em 1941, ainda trabalhando como professor de escola primária, Elkonin preparou sua segunda tese de candidato a doutor, sobre o desenvolvimento da linguagem oral e escrita nos escolares. A defesa da tese foi às vésperas da Segunda Guerra Mundial. Zinchenko (ibidem) relata que durou até meia-noite e, mais uma vez foi-lhe negado o título. Precisamos lembrar, como já exposto, que esse era um período em que as retaliações e reprovações eram comuns, visto que esses trabalhos, muitas vezes, não seguiam a diretriz imposta por Stálin.

Com o início da guerra, Elkonin participou ativamente como voluntário no Exército soviético, inscrevendo-se na milícia popular em julho de 1941. Ele participou na defesa e liberação de Leningrado e, ao término da guerra, foi condecorado tenente-coronel. Nesse período, Elkonin, no *front* do Cerco de Leningrado, sempre recebia cartas do grupo de Karkhov. Como discorre Elkonin, em uma das cartas, Leontiev (apud Elkonin, 2004b, p.81) envia palavras de *sonhador* e *romântico*.

> Eu sonho que, daqui algum tempo, estaremos todos juntos, que vamos recompor nossa ciência na Ucrânia, sobre uma nova base e uma maior hierarquização. Lá vai estar o centro fundamental de nossa ciência! Tu me dirás que isso é uma insolência; não: é só uma consequência. [...]. Nós todos estamos bem, todos te enviam muitas saudações cordiais, os melhores desejos. Meu caro militar: aguardo com impaciência o momento em que possamos nos dar um abraço. Assim penso aqui em Moscou. Assim não me desligarei de ti, nem mesmo um passo, até o fim dos dias. Tens alguma ideia dos perigos que te aguardam na retaguarda? Cuida-te...

Elkonin ficava impressionado com a capacidade de Leontiev em expressar-se de tal modo, ante toda aquela situação real do momento. Muitas coisas, segundo Elkonin, pareciam irreais, por conta de toda aquela realidade bélica que os cercava. E dentre tantos planos durante esse período, só foi possível organizar uma Seção de Psicologia Infantil no Instituto de Psicologia, na Academia das Ciências Pedagógicas da URSS.

Retornando da guerra, Elkonin teve de sobreviver a um duro golpe: sua esposa e suas duas filhas haviam perecido no Cerco de Leningrado. A. A. Leontiev relata como seu pai Leontiev tentou, por meio de telegrama, consolar Elkonin sobre o destino de sua esposa Nemanova e suas filhas Natasha e Gália. Em umas das cartas, datada em outubro de 1943, há uma frase de agonia, em que Elkonin desabafa: "Você é a pessoa mais querida que me restou (com exceção da minha mãe)!" (Elkonin apud A. A. Leontiev, 2004, p.124).

Nesse período, Elkonin morou na casa de Leontiev por uma longa temporada, enquanto a guerra ainda se prolongava. Na ocasião, o Instituto Pedagógico Militar, sob a jurisdição do Exército Vermelho, havia convidado Leontiev, Zaporozhéts, Bojovich e Elkonin para ministrar aulas, que, incentivados por essa oportunidade, trabalharam juntos durante um ano. Após esse período, Elkonin permaneceu nessa instituição e os demais colegas passaram a ocupar cargos em outras, trabalhando como professores de psicologia. Ali também organizou os princípios do curso de psicologia militar soviético, elaborações no campo de psicologia militar e continuou desenvolvendo suas ideias em psicologia infantil.

Com o fim da guerra, Elkonin, embora almejasse, não foi licenciado. Ao contrário, teve de continuar a lecionar no referido Instituto. Entretanto, em 1952, iniciou-se uma onda de repressões cujo foco era a luta contra o cosmopolitismo, um recurso ideológico do Estado contra os cosmopolitas sem raízes, que tinha por objetivo acusar intelectuais judeus notáveis e supressão da cultura judaica. Os que se encaixavam como cosmopolitas sem raízes entravam na lista negra de Stálin. Diante dessa situação, no dia 5 de março de 1953, o comitê científico do mesmo organizou uma reunião dedicada à análise e à discussão dos supostos erros de caráter cosmopolita, cometidos pelo tenente-coronel Elkonin. Porém, com a morte de Stálin, a reunião foi adiada e logo revogada. Por causa desse fato, o tenente-coronel Elkonin foi licenciado.

Observamos, no decorrer dessa exposição, que, por um lado, os trabalhos de Elkonin iam se desenvolvendo vagarosamente, em função dos rumos que foram tomando sua vida, e, por outro lado, as dificuldades para desenvolver ativamente esses trabalhos, que ficaram durante muito tempo engavetados.

O *degelo* e a sistematização dos trabalhos de Elkonin

A morte de Stálin em março de 1953 marca o início de uma nova era: *a era do degelo* e da *desestalinização*. Nikita Kruschev (1894-1971) assume a secretaria geral do partido e inicia-se um discreto, mas real, processo de mudanças no país: a polícia política é reformulada, abrem-se os portões das prisões políticas, os campos de trabalhos forçados começam a ser encerrados e ocorrem as primeiras reabilitações. Kruschev apresenta, em uma sessão extraordinária e secreta do Congresso do Partido Comunista da URSS, em 24 de fevereiro de 1956, uma crítica ao *culto à personalidade*: o semideus virara demônio (Aarão Reis Filho, 2003). Na interpretação de Kruschev, a crítica aos métodos de Stálin revela erros, crimes e falsificações históricas cometidos pelo *guia do proletariado* e, ainda, reforça que os *desvios* e as *deformações* tiveram sua origem no *culto à personalidade* (Netto, 1981).

Quaisquer que tenham sido os erros em seguida cometidos por Nikita Kruschev e mesmo sua tendência para voltar a erros cuja origem e mortais consequências ele próprio revelara, é um mérito sem precedentes o ter um dia, diante do mundo inteiro, posto em discussão fundamental uma concepção e métodos que levaram um regime socialista a se privar da riqueza única constituída pela iniciativa histórica pessoal de milhões de cidadãos e de militantes, derramando o sangue deles, violando as regras da democracia no Partido e no Estado e até mesmo servindo-se da teoria dogmatizada como ideologia de justificação para esse crime contra o socialismo. (Garaudy, 1967, p.8)

Entre o período de 1964 até 1985, data do início da *Perestroika*, transcorreu um período que, até hoje, é objeto de vivas controvérsias. Em 1964, Kruschev é deposto e substituído por Leonid Brejnev (1906-1982), que voltou a enfatizar a burocracia e a repressão aos dissidentes. O período, de aproximadamente duas décadas, em que Brejnev ficou no poder foi chamado pelos historiadores de *era da estagnação* ou até mesmo retrocesso, "[...] essencialmente porque o regime parara de tentar fazer qualquer coisa séria em relação a uma economia em visível declínio" (Hobsbawm, 1995, p.458). Com a morte de Brejnev em 1982 e a sucessão de dois outros dirigentes, I. Andropov (1914-1984) e N. Tchernenko (1911-1985), em seus curtos períodos, não mais que um ano cada um, que "[...] pareciam mais esperar a morte do que governar" (Aarão Reis Filho, 2003, p.134), assume Gorbatchov em 1985, que lançou em sua campanha a transformação do socialismo soviético com os *slogans*: Perestroika e Glasnost. Com essa alternativa, iniciou-se um processo de descentralização estrutural, com a renovação dos quadros dirigentes, do partido, do Exército, das forças de segurança; reformas na legislação eleitoral, na administração popular, na economia e na política externa do país (Hobsbawm, 1995).

Podemos resumir esse período, pós-Stalin, como um período de passagem de uma [...] economia de penúria a uma economia mais desenvolvida, de uma sociedade que sai do terror, ou dele quer sair, para ascender a uma maior racionalidade em seus meios de ação. Uma e outra tomam consciência, em favor da desestalinização, das contradições internas de que estão cheias, daí as hesitações, os progressos desiguais, os avanços e os recuos. (Chambre, 1967, p.61)

O efeito do *degelo* e da desestalinização, no campo das ciências, aconteceu de forma lenta, mas progressiva. Na psicologia, calcada ainda na teoria pavloviana, esse processo foi se reestruturando e o *gelo derretendo*.

A segunda metade dos anos 1950 caracteriza-se por uma série de novas possibilidades para a ciência psicológica: em 1955, depois de 20 anos enclausurada, a revista *Voprosy Psychologi*, retorna a seu espaço para divulgar os trabalhos no campo da psicologia de forma mais livre. É importante lembrar que essa revista ainda existe e é responsável pela continuidade da divulgação das ideias desenvolvidas desde aquela época até os dias de hoje. Muitos trabalhos dos integrantes da Escola de Vigotski e do próprio Vigotski foram divulgados nessa revista e continuam sendo. Elkonin já compôs o conselho editorial dessa revista e, atualmente, seu filho Boris faz parte do conselho. Também aconteceu uma série de divulgações dos trabalhos dessa Escola, como, por exemplo, a publicação dos primeiros trabalhos de Vigotski.

Nos primeiros anos de 1960, ocorreu uma reunião na Academia das Ciências Pedagógicas para discutir sobre *os problemas filosóficos da fisiologia da atividade nervosa superior e a psicologia*. Talvez esse tenha sido um dos acontecimentos importantes do país nessa área, no qual se reuniram mais de 1.000 cientistas, entre eles 200 diretores de institutos de investigação e ensino superior e representantes de mais de 40 cidades. Nessa reunião, apresentaram-se os novos caminhos para a pesquisa, enfatizando a importância das novas concepções na fisiologia, bem como a valiosa contribuição do enfoque Histórico--Cultural de Vigotski para a psicologia. Para firmar tal credibilidade, Leontiev, Elkonin, Davidov, Galperin e Talizina expuseram os resultados que haviam alcançado, durante os anos anteriores, no campo da Teoria da Atividade, sobre o problema da formação das ações mentais, entre outras questões. Entretanto, acreditamos que o ponto mais importante dessa sessão foi esses autores assinalarem

> que a superação do enfoque naturalista e biologizante na psicologia, a afirmação da natureza histórico-cultural do psiquismo humano permitiu compreender os processos psíquicos superiores como resultado das diversas formas de permanente interação do homem com a realidade circundante, interação que tem lugar na apropriação das conquistas das gerações anteriores encarnadas nos objetos e fenômenos humanos objetivos. (Shuare, 1990, p.169)

Com esse direcionamento possibilitado pelo afrouxamento da censura, os anos 1960 e 1970 foram décadas em que a psicologia se fortaleceu novamente no plano acadêmico e de ensino e novas conquistas estavam sendo alcançadas: em 1966, fundou-se a Faculdade de Psicologia da Universidade de Moscou, o mesmo ocorrendo na Universidade de Leningrado; em 1972, criou-se o Instituto de

Psicologia pertencente à Academia das Ciências Pedagógicas da URSS; e, durante esses anos, muitas outras faculdades e sessões de psicologia foram abertas em diversas universidades. A partir dessas mudanças, foram empreendidas, novamente, investigações teóricas e experimentais em larga escala e novas ideias e novas orientações formuladas. Essas conquistas traçaram um verdadeiro marco no desenvolvimento da psicologia soviética, e muitos desses pesquisadores continuaram as ideias de Vigotski (Shuare, 1990).

Como se vê, o *degelo* na psicologia possibilitou sua abertura e a retomada de trabalhos que ficaram, praticamente durante três décadas, *engavetados* e/ou tomaram outros rumos. Para Elkonin, esse foi um período de intenso trabalho, no qual teve a possibilidade de organizar e publicar seus estudos realizados durante o período do *comunismo de caserna*.

A aplicação pedagógica na Escola Experimental

Da experiência acumulada como professor de séries iniciais, como já exposto, de 1937 a 1960, Elkonin organizou suas investigações e publicou algumas dessas reflexões: *Desenvolvimento psíquico dos escolares* (1969c); *URSS – psicologia da leitura* (1973); *Sobre a teoria da educação primária* (1999b); *Sobre a estrutura da atividade do conhecimento* (1999c); *os problemas da formação de conhecimentos e capacidades nos escolares e os Novos métodos de ensino na escola*, escrito em parceria com Zaporozhéts e Galperin (1987). A seguir, apresentaremos alguns aspectos dessas investigações.

Com base em sua experiência anterior e nas reflexões advindas desse período, a partir 1958, Elkonin dirigiu o Laboratório de Psicologia de Crianças em Idade Escolar, no Instituto Científico de Psicologia Geral e Educacional da URSS da Academia das Ciências Pedagógicas, juntamente com Davidov, com o objetivo de desenvolver uma pesquisa sobre o estudo psicológico da atividade de ensino em crianças em idade escolar. Essa pesquisa resultou no trabalho, hoje conhecido como *Teoria da atividade de estudo*, ou sistema *Elkonin-Davidov*, cuja base se finca em concepções da Psicologia Histórico-Cultural. As conclusões desse trabalho foram escritas em meados de 1960, mas publicado somente em 1989, em seus *Trabalhos psicológicos selecionados*.

Enquanto liderava esse laboratório e com o início da pesquisa, foi criada no ano seguinte, em 1959, por sua iniciativa, a Escola Experimental de Moscou número 91. O laboratório que Elkonin comandou encontra-se em funcionamento até hoje (Hakkarainen; Veresov, 1999).

> Ao final dos anos de 1950, D. B. Elkonin criou uma escola secundária experimental (Escola de Moscou Número 91), onde, baseando-se nas representações teóricas sobre a correlação entre ensino e desenvolvimento, iniciou a elaboração do sistema do desenvolvimento do ensino, atualmente conhecido como *sistema de Elkonin e Davidov*. (Venger, 2004, p.106)

Convém expor que o *sistema de Elkonin e Davidov* é, atualmente, norteador do Centro Metodológico de Desenvolvimento do Ensino na Academia de Formação Profissional em Moscou, Rússia. Com iniciativas de inúmeros pesquisadores de várias áreas, aprofundam-se os estudos com o intuito de desenvolver o *sistema de Elkonin e Davidov* e sua aplicabilidade teórica e prática.

Sobre o período relatado anteriormente, das primeiras experiências de trabalho na escola experimental, Elkonin descreve, em seus diários científicos, sobre a organização das classes experimentais. "Estou consumido pelos assuntos da organização administrativa. Na viagem à Tula e Kalinin para a organização das classes experimentais, os trabalhos da preparação dos materiais para os dois laboratórios ocupam muito tempo" (2004a, p.12). Suas preocupações centravam-se em tornar possível o funcionamento dessas escolas, que, além das condições teórico-experimentais, necessitavam de condições materiais para um bom desempenho do trabalho.

> As últimas semanas, basicamente em 20 de agosto, foram conturbadas. Entretanto nunca antes estive tão transtornado para o começo do ano letivo. Em primeiro lugar, o acompanhamento dos

equipamentos do laboratório: não foram construídos os departamentos, não foram transportadas as teleinstalações – em geral nós não estamos equipados; em segundo lugar, o leitor não está a tempo disponível, e está demorando o começo de sua verificação; em terceiro lugar, tem a agitação com os adolescentes – não está claro a pergunta do dirigente da classe; em quarto lugar, (minoria), a parte evidente é que não se espera com uma série de compromissos pequenos (o recibo das mercadorias, os equipamentos e etc.). Até aqui, temos conseguido conduzir bem com uma série de medidas, que permitem começar o ano. Obviamente estamos sufocados. Pessoas faltando. Na realidade, a quantidade de trabalho este ano subiu pelo menos três vezes, em Tula e Kalinin, nós temos três classes (excluindo a V), a comprovação da cartilha nas novas classes, e para nós isso não basta. (Elkonin, 2004a, p.15)

Todas as premissas do desenvolvimento dessas classes experimentais estiveram alicerçadas na Teoria da Atividade de Leontiev, em que Elkonin concretizou as investigações da atividade de estudo. Para Davidov, houve avanços significativos no aspecto do desenvolvimento da psicologia, destacando, entre os outros psicólogos da corrente histórico-cultural (Leontiev, Luria, Zaporozhéts, Galperin etc.), Elkonin. Na opinião de Davidov, Elkonin teve algumas possibilidades de aplicar suas ideias na prática pedagógica e isso foi essencial para o desenvolvimento da psicologia, notadamente quando psicólogos como Elkonin "[...] foram iniciadores dos prolongados experimentos de formação para solucionar os problemas do ensino" (apud Shuare, 1990, p.239).

Para solucionar esses problemas do ensino, primeiro, El'konin (1999c, p.84) analisa como a criança se desenvolve, afirmando que "a mente da criança desenvolve-se com a aprendizagem. Tudo que uma criança adquire durante o curso de seu desenvolvimento psíquico lhe é dado na forma 'ideal' e dentro do contexto de uma realidade social, que é a fonte do desenvolvimento".

Considerando essa premissa, El'konin (ibidem) parte da compreensão de que a aprendizagem é ativa, portanto, aprender tem aspectos específicos em cada período do desenvolvimento e esses aspectos estão determinados por dois fatores correlacionados: "o conteúdo do material a ser ensinado e a atividade na qual o processo de aprendizagem é uma parte".

Com base no pressuposto de que a entrada da criança na escola, ou seja, a transição ao ensino formal marca uma mudança fundamental no conteúdo e no processo de aprendizagem, Elkonin e seus colaboradores do laboratório de psicologia buscaram entender como acontece a atividade de estudo no início da idade escolar e desta com o desenvolvimento psíquico nessa idade. Nessa pesquisa, observou que se tomavam processos do desenvolvimento psíquico da criança, de sua personalidade, como a memória, a percepção, dentre outros, como independentes ou sem nenhuma relação com a atividade de estudo, como se esta não promovesse o desenvolvimento daqueles processos por meio dos conteúdos e dos planos de ensino. Identificaram que o trabalho observado era puramente funcional.

Nos estudos de Vigotski, observamos que o desenvolvimento da voluntariedade da memória e do pensamento deve ser a estrutura fundamental do desenvolvimento intelectual nas crianças das séries iniciais. Neste sentido, El'konin (1999c, p.86) questiona-se: "Mas de onde esta voluntariedade vem se não de ensinar diretamente às crianças?".

Diante desse questionamento, El'konin (ibidem) expõe qual é o papel da escola nesse processo:

> A escola, que é projetada para transmitir o conhecimento de uma natureza específica e em áreas específicas, é uma forma historicamente evoluída da organização da atividade escolar. A escola tornou-se possível porque como uma criança desenvolve-se, surge a necessidade para a atividade de estudo, que é uma forma específica de ligação da criança à sociedade em que vive. Mas a história da escola revela também os exemplos em que sua finalidade não era organizar a atividade de estudo das crianças, mas ensinar habilidades concretas e particulares para tratar dos problemas práticos

mais complicados da vida. Nossa escola moderna deve conseguir a forma social mais eficaz para a organização da atividade escolar. Entretanto, para conseguir esta finalidade, é necessário saber sua natureza e as leis da formação da atividade de ensino.

Por essa senda, o aspecto fundamental da atividade de ensino é marcado por um período específico no desenvolvimento mental da criança, um período situado em uma nova idade escolar. Mas somente essa premissa não garante que a atividade de estudo surja de modo espontâneo: "A atividade de estudo é formada no processo da instrução formal sob a orientação de um professor. Seu desenvolvimento é uma tarefa extremamente importante da instrução formal" (ibidem).

Seguindo esse raciocínio, as pesquisas desenvolvidas no Laboratório de Psicologia de Jovens Estudantes do Instituto Científico de Psicologia Geral e Educacional da Academia das Ciências Pedagógicas começaram a estudar a atividade de estudo nos anos de escola 1959-1960, considerando as premissas teóricas já desenvolvidas na psicologia infantil. Para organizar essa pesquisa, a primeira questão que El'konin (1999c, p.87) ressalta é que o desenvolvimento da atividade de estudo é um processo muito demorado, por ter de reestruturar todo o trabalho escolar. Isso significa que a atividade de estudo "[...] não pode ser desenvolvida exclusivamente em lições aritméticas, nem pode ser desenvolvida unicamente nas lições na língua nativa". Há que se considerar o processo no todo, em todos os conteúdos principais.

Isto levantou a questão de criar uma escola especial em que seria possível, experimentalmente, estabelecer o processo de desenvolvimento da atividade de estudo do momento real em que uma criança entra na primeira classe. A escola N°. 91 de Moscou transformou-se nesta escola (D. B. El'konin, 1960). Os colaboradores em nosso laboratório, sob minha direção, começaram a desenvolver o plano de ensino experimental para a matemática, a língua russa, e para o trabalho em classes primárias, e a desenvolver métodos apropriados para ensinar os alunos novos a usarem estes planos. Nós estudamos não somente o processo de aprendizagem nestes assuntos e sua efetividade, mas também (que não era menos importante para nós) quais novas possibilidades surgem no desenvolvimento da atividade de estudo quando os processos de ensino da sala de aula são modificados consequentemente.

A experiência realizada pela equipe de Elkonin comprovou a necessidade urgente da reorganização radical dos métodos e dos planos de ensino, revelando que as capacidades cognitivas das crianças eram muito maiores do que se estava desenvolvendo na escola soviética. Os pontos mais relevantes dessas experiências são: revelar ao aluno o objetivo do conteúdo, a finalidade de qualquer tarefa de ensino e o conteúdo deve ser a modalidade da ação. Compreende-se como modalidade de ação os meios mentais e operacionais utilizados pela criança para resolver alguma tarefa. Quando a criança escuta a explicação do professor ou observa-o em sua demonstração em algum conteúdo, e a ação da criança será apenas seguir tal demonstração, esse processo de aprendizagem é puramente externo e aparente. Não houve uma apropriação do conteúdo, e sim apenas execução da tarefa no plano externo. Para que haja o desenvolvimento intelectual da criança, por meio da assimilação do conteúdo, é necessário a reprodução e repetição dessa ação, não vista de forma mecânica, mas que exija, em cada ação com o conteúdo, operações cada vez mais complexas, ou seja, produza *esforços mentais* (Elkonin, 1969c, p.91).

A importância da educação formal para o desenvolvimento mental envolve muito mais do que o conteúdo "material" que é apreendido. Este é meramente o aspecto quantitativo do desenvolvimento intelectual: a acumulação do conhecimento. As técnicas do pensamento, do mais concreto ao mais geral, são apreendidas pela criança somente quando ela domina o conteúdo. Entretanto o desenvolvimento intelectual é mais do que apenas acumulação quantitativa nova e sempre mais operações intelectuais complicadas. Todos estes processos assumem uma nova qualidade durante a educação formal. Estas qualidades incluem governabilidade, voluntariedade, e subordinação ao conteúdo executando as operações. Esta qualidade não vem sendo uma derivação direta do conteúdo "material" que está sendo aprendido, mas é determinado pela composição objetiva da atividade dentro do processo de onde a aprendizagem ocorre e, em particular, pela eficiência do fato de que uma ação é sujeita aos controles e às verificações específicas porque está sendo executada.

Enfim, a experiência realizada por Elkonin e seus colaboradores tinha por objetivo revelar o quanto os planos de ensino e os métodos de ensino estavam defasados nas décadas de 1950 e 1960 na escola soviética. Portanto, uma das preocupações da escola contemporânea para Elkonin é pensar sobre como avançar realmente para o desenvolvimento das capacidades cognitivas das crianças. Nessa experiência também, e como resultado, houve a elaboração de planos de ensino experimentais para a sistematização dos conteúdos, mas o autor reforça que o objetivo deles era mostrar as possibilidades reais para uma reorganização da educação escolar e transformar o conteúdo do material curricular. "Uma mudança no conteúdo do material curricular requer uma revisão dos fundamentos teóricos da aprendizagem também" (ibidem, p.83).

Embora essa experiência tenha sido fruto de reflexões advindas desde 1930, no peculiar sistema de ensino da URSS, em um período, como vimos, com uma história bem específica, demonstra a necessidade de se pensar em um sistema de ensino que leve em consideração a relação do desenvolvimento psíquico com a atividade de ensino, que se revela nos conteúdos de aprendizagem.

Esse trabalho de Elkonin esteve fundamentalmente entrelaçado com suas investigações teórico-metodológicas realizadas no período stalinista e que foram, mais tarde, sistematizadas e publicadas em revistas e coletâneas na URSS, e alguns desses trabalhos foram traduzidos para as línguas espanhola e inglesa, por diversas editoras. A seguir, apresentaremos a continuidade da vida científica de Elkonin, que revela a pertinência de seus trabalhos.

O trabalho de Elkonin e os rumos da Psicologia Histórico-Cultural nos decênios de 1960 a 1980

O característico dos decênios de 1960 a 1980 é a retomada dos estudos teóricos e experimentais de Elkonin. No tempo de *caserna*, os trabalhos práticos, na linha da qual o autor participava, não eram permitidos. Com o começo do *degelo* e sua posição nos laboratórios de psicologia, esse psicólogo foi "[...] um dos primeiros cientistas nacionais a recuperar na psicologia sua significação prática, pois até então sua existência concretizava-se apenas no papel, nas introduções às inúmeras dissertações e teses" (Venger, 2004, p.106).

Golder (2006, p.92) afirma que foi por iniciativa de Elkonin que houve a criação de várias escolas experimentais, onde eram investigados os problemas da psicologia pedagógica e do desenvolvimento. Também foi Elkonin quem "projetou a criação de um centro da infância que incluía ensino pré-escolar, escolar, elementar e escolar média em uma mesma unidade".

Em 1960, Elkonin defende, finalmente, sua tese de doutoramento, que desenvolveu durante o período em que esteve envolvido no Exército. Foi editada em livro, intitulada *Psicologia infantil* (desenvolvimento da criança desde o nascimento até os sete anos).

> Em 20 de dezembro, foi lançado o meu livro sobre "psicologia infantil". Como ele é? Para mim é difícil julgar. Para mim, o livro representa, em certa medida, uma etapa percorrida. Pois, nele encontram-se reunidos resultados do que já foi feito. É parte do passado, mas de olho no futuro. [...] Este é um resultado totalmente bom em 1960. (Elkonin, 2004a, p.9)

Atualmente, esse livro, segundo dados levantados por nossa pesquisa, ainda se encontra apenas no idioma russo, tendo sua quarta edição em 2007. O filho de Elkonin, que escreve o prefácio do livro, avalia-o, afirmando que "este livro foi publicado há 40 anos atrás, mas não deixa de ser atual e pertinente. É uma tentativa rara para os nossos dias, nos quais realmente um livro autoral reúne todo o campo da psicologia infantil sob o foco de uma posição teórica" (B. D. Elkonin, 2007, p.5).

Elkonin (2007, p.7) dedica o livro à memória de seu professor Vigotski e expõe que o livro é uma tentativa de socializar os materiais acumulados sobre o desenvolvimento psíquico da criança desde o nascimento até o seu ingresso na escola.

> Tive a sorte de iniciar meu trabalho docente e de investigação científica sob a direção do notável psicólogo soviético L.S. Vigotski. Tentei desenvolver algumas de suas ideias: do desenvolvimento histórico do psiquismo, do papel principal do ensino e da educação na formação psíquica da criança, dentre outras. Depois da morte de L.S. Vigotski, por mais de 25 anos, meus companheiros de trabalho no campo da psicologia infantil têm sido A. N. Leontiev, A. V. Zaporozhéts, P. Ya. Galperin e L. I. Bojovich. Na comunicação e no trabalho colaborativo, formaram-se opiniões apresentadas neste livro.

Em 1963, conduzia o Laboratório de Psicologia dos Adolescentes, no Instituto de Psicologia, Academia das Ciências Pedagógicas da URSS, em conjunto com T. V. Dragunova, no qual esboçaram a teoria do período da adolescência. No artigo "Excertos do diário científico (1960-1962)" encontram-se algumas ideias e hipóteses desses estudos, nele Elkonin expõe o extenso e grandioso trabalho despertado pelos adolescentes. Cita suas discussões da pesquisa de desenvolvimento e as características com a classe experimental com aproximadamente 30 adolescentes. "Foi muito interessante, teórica e praticamente!" (2004a, p.12). Desse trabalho de investigação com os adolescentes, foi publicado um livro de 360 páginas, em 1967, em russo, intitulado *As características do período da adolescência*.

Em 1964, Elkonin e Zaporozhéts organizaram um livro intitulado *Psicologia das crianças pré-escolares*. Esse livro conta com vários artigos sobre a temática e apresenta dois artigos de Elkonin: "Desenvolvimento da Linguagem" e "Desenvolvimento do Pensamento", este último escrito juntamente com Zaporozhéts e

Zinchenko. Em 1971, essa coletânea foi traduzida para o inglês pela editora MIT Press.

Depois de 50 anos de estudo, foi publicado o livro *Psicologia do jogo*. Nele, reúnem-se estudos que somam investigações teóricas e experimentais, sem sequência cronológica. Essa demora justifica-se, porque embora o início das pesquisas se desse nos anos de 1930, muitas vezes, foram estancadas pelo próprio rumo que tomou a vida de Elkonin. Em "Excertos do Diário Científico (1960-1962)", já expressava sua preocupação em retomar essas pesquisas.

> Em relação ao passado, há ainda um dever não cumprido. É em relação à *brincadeira*. Faz-se necessário *cumprir* este dever obrigatoriamente o mais rápido possível. De outro modo, o passado apoderar-se-á do futuro, e eu não cumprirei com este dever. Isto será péssimo. [...] Ainda a brincadeira é de fato essencial. (Elkonin, 2004a, p.9, grifos nossos)

Destarte, nesse diário, há fragmentos de ideias sobre a brincadeira que precisavam ser definidas, e também nele se encontram, como Elkonin delineia, suas ideias sobre essa atividade, pautadas em seus esboços sobre a Teoria da Periodização: "Dentro de cada fase anterior, são preparados a transição [à consequência], e [seu] conteúdo". Por exemplo: "Como na objetal manipulatória é preparada a transição para a brincadeira, isto está mais ou menos claro (adulto como modelo). Assim, dentro da brincadeira, está preparada a transição para a atividade de estudo – é claro também mais ou menos (a atividade social significativa e valorizada)" (ibidem, p.14).

Todas essas ideias, em particular a da brincadeira, foram sistematizadas somente anos mais tarde, tendo como resultado a primeira publicação no idioma russo em 1978 e, no Brasil, em 1998. Nesse livro, reúnem-se dados teóricos e experimentais desenvolvidos, durante muitos anos, não somente por Elkonin, como por seus colegas também. No decorrer do prefácio, Elkonin pontua que as contribuições dos primeiros dados teóricos e experimentais sobre a brincadeira foram de um grupo de psicólogos que trabalharam com ele em Leningrado, dos quais cita: Frádkina, Vartchavskaia, Guerchenon, Konnokova, e outros trabalhos que vieram a integrar seus estudos, como de Lukóv e Slavina.

É claro que a teoria psicológica do jogo infantil, desde os trabalhos de Vigotski até os nossos dias, foi elaborada em íntima relação com as pesquisas sobre problemas de psicologia geral e sobre a teoria do desenvolvimento psicológico da criança. As pesquisas teóricas e experimentais de Leontiev, sobretudo, e de Zaporozhéts e Galperin passaram a constituir parte orgânica das pesquisas sobre a psicologia do jogo. (Elkonin, 1998, p.7)

É interessante destacar, nesse mesmo prefácio, as cartas escritas por Vigotski e Leontiev a respeito da brincadeira infantil. Pelas cartas de Vigotski, escrita em abril de 1933, e de Leontiev, escrita em junho de 1936, fica evidenciado como ambos apresentam suas contribuições a Elkonin a fim de compor com maior rigor as pesquisas. Podemos dizer que as pesquisas de Elkonin (ibidem, p.8), concretizadas no livro *Psicologia do jogo*, resultaram de um trabalho coletivo, que proporcionou novos encaminhamentos sobre essa atividade.

Uma peculiaridade muito importante das pesquisas da psicologia do jogo infantil, realizadas pelos seguidores de Vigotski, foi que não estiveram dirigidas por uma só vontade e uma única mente, nem por um único centro organizador, e, por isso, não tiveram uma continuidade lógica que permitisse a resolução dos problemas um após outro no campo inexplorado do jogo infantil. Apesar de tudo, foi um trabalho coletivo, que tinha como norte os princípios teóricos traçados por Vigotski e para o qual cada um de nós deu sua contribuição.

Elkonin (ibidem) menciona que seu interesse pela psicologia da brincadeira infantil foi despertado no início da década de 1930, em virtude da observação das brincadeiras de suas duas filhas e também em vista das conferências que já proferia nesse período. Suas conjeturas de análise foram baseadas tanto nesses dados, como na conferência ministrada por Vigotski no Instituto Pedagógico Herzen, em 1933. Linaza, psicólogo espanhol e discípulo de Elkonin, apresenta a seguinte intervenção dessa conferência em relação à obra de Elkonin, no prólogo do livro *Psicologia do jogo*.

> Há menos de um ano, nas Primeiras Jornadas Internacionais sobre Psicologia e Educação, organizadas em Madri por Pablo Del Rio, aludíamos à importância do recém-traduzido artigo de Vigotski (1979) sobre "O papel do jogo no desenvolvimento cognitivo". Esse artigo tardou mais de 30 anos para ser publicado em russo e mais de 40 até a sua versão em espanhol, período de tempo suficiente para nos fazer pensar que o seu valor seria meramente histórico. A obra de Elkonin é a melhor prova contrária a tal suposição. A vitalidade da teoria do grande psicólogo russo pode ser avaliada pela grande quantidade de trabalhos experimentais que inspirou. Boa parte desse material era de impossível acesso ao leitor desconhecedor do idioma russo. Elkonin apresenta-nos a teoria de Vigotski tal como veio sendo desenvolvida pela escola soviética ao longo de mais de meio século. (Linaza apud Elkonin, 1998, p.xi)

Há uma ressalva de Elkonin lamentando que muitos dados levantados, seus apontamentos, as observações de suas filhas foram perdidos durante o Cerco de Leningrado, na Segunda Guerra Mundial. "Consciente da natureza limitada dos trabalhos sobre psicologia do jogo infantil, e, além disso, ocupado nestes últimos anos com outros problemas da psicologia infantil, tardei muito em decidir escrever este livro". O livro foi publicado graças à "insistência de meus colegas, em primeiro lugar, de Galperin, Zaporozhéts e Leontiev" (Elkonin, 1998, p.9).

Esse livro apresenta-se como empreendimento de longa data e resultante do trabalho coletivo. Os três primeiros capítulos contêm uma fundamentação teórica, neles, o principal objetivo de Elkonin (ibidem) era: explanar sobre a origem histórica da brincadeira infantil; encontrar o fundo social da brincadeira, entendendo-a como atividade principal das crianças pequenas; a relação entre simbolismo, objeto, palavra e a ação no jogo; analisar criticamente as teorias do brincar já existentes. Na segunda parte do livro, como dividido por Elkonin, constam os dados experimentais sobre o surgimento da brincadeira durante a evolução individual da criança; o desenvolvimento das estruturas básicas da atividade lúdica e as mudanças nesse processo; a importância da brincadeira para o desenvolvimento psíquico.

Nesses capítulos, utilizaram-se dados das pesquisas experimentais realizadas com base nas ideias formuladas há mais de 40 anos pelo notável psicólogo soviético Vigotski. Os dados experimentais desses capítulos foram sendo reunidos antes de nossa concepção de jogo tomar corpo definitivamente. Eles constituíram-se na base sobre a qual se formaram os nossos critérios teóricos. (ibidem, p.10)

Em 1979, Elkonin conduziu o Laboratório de Psicologia de Crianças Pré-Escolares no Instituto de Psicologia, na Academia das Ciências Pedagógicas da URSS. Sistematizou esses trabalhos em cada laboratório, desenvolvia-os junto com seus alunos e, paralelamente, com os trabalhos de investigação científica, Elkonin continuou a explorar a psicologia da criança na Universidade Estatal de Moscou.

Inserido nessas pesquisas, Elkonin desenvolveu a *Teoria da periodização do desenvolvimento psíquico das crianças*, teoria essa que já vinha sendo sistematizada no decorrer do desenvolvimento de suas pesquisas. Ele acreditava que a idade e as características da idade são resultados do movimento histórico e social de cada geração mediada pela relação com a sociedade na qual se encontra inserida, sendo possível fornecer somente as características mais gerais de cada período. Além dos alcances científicos, Elkonin também encontrou êxito na vida pessoal. Recebeu amor e aconchego na nova família que construiu no decorrer desses anos, na qual teve um filho chamado Boris Daniilosovich Elkonin, que atualmente é psicólogo e contribui para a propagação das ideias de seu pai.

Elkonin também viu crescer seu neto: "Era agradável ver como a felicidade radiava em seus olhos quando ele falava sobre o seu neto. Suas observações do pequeno Andrei (agora estudante de psicologia) conduziram à base das composições excelentes sobre a gênese da ação objetal" (Zinchenko, 1994, p.46).

Em seus últimos anos de vida, Elkonin declarava-se, com tristeza, como sendo *o último dos moicanos*, tendo em vista, que já não se encontrava com vida quase toda a primeira geração da Escola de Vigotski: essa geração de psicólogos, "[...] aproximadamente durante um século da nossa sofrida história, não só manteve uma força de criação e ação como também a ampliou, contando apenas com eles mesmos. Isto lhes custou caro, mas eles conseguiram" (B. D. Elkonin, 2007, p.2).

Esta equipe trabalhou junto, estreitamente, como coorte. As trocas de ideias eram normas da vida do grupo. Daniil Borisovich dizia com frequência: "Isto é necessário mostrar a Sacha. Melhor se aconselhar com o Pêtia" (em cada momento precisava de um tempo para perceber que estávamos falando de A. V. Zaporozhéts e P. Ya. Galperin). Com a perda de seus companheiros de luta, D. B. Elkonin sentia-se responsável pela continuação da causa comum. Claro que muitas expectativas foram colocadas a nós, a terceira geração de vigotskianos, mas receio que nos tornamos representantes de menor envergadura que nossos professores e com certeza menos iluminados. (Venger, 2004, p.104)

Elkonin estava apreensivo pela situação da educação escolar e com o desenvolvimento da psicologia, sentindo que se desenvolvia um declínio do profissionalismo e percebia essas mudanças com amargura. Com a abertura da *cortina de ferro* e a busca por recuperar os *anos perdidos* na URSS, houve uma ampla inserção de várias correntes e estudos na psicologia, sem levar em consideração as bases que regiam cada um destes. Esse conjunto de correntes, sem o estudo aprofundado de cada qual, contribuiu para que os jovens estudantes russos não compreendessem as diferenças basilares em cada uma dessas correntes, em especial, qual era o fundamento que constituiu e regia a Psicologia Histórico-Cultural e a que esta se propõe (ibidem).

Perante essa situação, Elkonin, em uma conferência intitulada *L. S. Vygotsky Hoje*, referente ao evento comemorativo: *Os trabalhos científicos de L. S. Vygotsky e a Psicologia Contemporânea* realizada em 1981, em Moscou, expressou sua ideia principal: *Avante Vigotski*. "Estas palavras eram para ele uma chamada à reflexão produtiva dos fundamentos do desenvolvimento da Teoria Histórico-Cultural em seus próprios trabalhos" (B. D. Elkonin, 2001, p.9). Nesse evento, Elkonin inseriu um conceito de *Psicologia não clássica*, que, "[...] aos finais do século XX, passou a caracterizar a recente geração de psicólogos que se envolviam na herança vigotskiana". Essa chamada conclamava "[...] os ares [que] rareavam-se na psicologia – e não somente na psicologia" (Golder, 2006, p.92).

Essa *volta* aos fundamentos da Psicologia Histórico-Cultural envolveu outros psicólogos soviéticos, nos finais dos anos 1970 e início dos anos 1980, os quais se debatiam com uma questão: era necessário superar os princípios da psicologia clássica e introduzir os fundamentos da psicologia não clássica. Davidov (apud Shuare, 1990) afirma que Elkonin apresentou sublimemente a psicologia não clássica como uma psicologia pertencente aos estudos de Vigotski. Segundo o filho de Elkonin, B. D. Elkonin (2001), seu pai esteve imerso em uma busca para encontrar a unidade da teoria vigotskiana e expôs esse pensamento na reunião do Conselho da Ciência do Instituto de Pesquisa Científica do Desenvolvimento Anormal na ocasião do quinquagésimo aniversário da morte de Vigotski.

Não é a primeira vez que eu falo de Lev Semenovich Vygotsky, e eu devo dizer, que, cada vez que eu apresento algum dado de seus trabalhos ou Vygotsky mesmo, sempre experimento uma determinada instigação, especialmente porque eu trabalhei lado a lado com ele, [...] nos últimos anos de sua vida. Eu o conheci muito bem, e de certo modo nos tornamos amigos como se pudesse chamar a relação entre o professor e o aluno numa amizade. Mas a leitura e releitura dos trabalhos de Lev Semenovich sempre dão um sentimento de que há algo neles que eu não compreendi inteiramente. Eu tenho me esforçado sempre para encontrar e formular claramente a ideia central que o guiou muito do começo de suas atividades científicas até o final. (Elkonin apud B. D. Elkonin, 2001, p.9-10)

Nessa passagem, Elkonin expressa sua preocupação em preservar vivo o pensamento de Vigotski, tentando encontrar o fio norteador dessa psicologia denominada como *não clássica*. Segundo Zinchenko (2004), nesse projeto de encontrar o fundamento inicial de Vigotski, Elkonin aprofundou seu estudo na *Psicologia da arte* (1998). Segundo Davidov (apud Shuare, 1990) e B. D. Elkonin (2001), Elkonin identificou, nos primeiros trabalhos de Vigotski, a ideia central que o direcionou em todos os seus trabalhos.

Ao recuperar a herança vigotskiana nos últimos decênios do século XX, introduzindo o conceito de *Psicologia não clássica*, demonstra uma atitude corajosa e com grandes possibilidades de avanços nas investigações advindas da nova geração de psicólogos. Assim sendo, "o desafio dos psicólogos modernos consiste, em minha visão, avaliar adequadamente e entender nossa herança no desenvolvimento da psicologia não clássica e, apoiando-se nesta herança, avançar para investigações mais intensivamente" (Elkonin apud Venger, 2004, p.109).

Como podemos observar, Elkonin, até os últimos anos de sua vida, lutou para que a Psicologia Histórico-Cultural fosse estudada e, sobretudo, entendida na base de quem a iniciou: Vigotski. Zinchenko (2004, p.33), em homenagem a Elkonin, diz: *o grandioso é visto a distância*, e assim, acrescenta a sua gratidão, já que "ele teve a coragem de viver muito (I. V. Goethe). Ele é o único dos discípulos diretos de L. S. Vigotski que viu ser publicado os seis tomos de 'Obras Escolhidas' e pôde lançar um olhar retrospectivo comprometido com seu mestre".

A coragem de Elkonin se revelava na forma de expressar-se, pela qual sempre demonstrou independência em suas opiniões.

Essas suas características o fizeram ocupar um lugar especial entre os discípulos de Vigotski, e o que também o distinguia era seu temperamento científico e apaixonado, a necessidade e a vontade de compartilhar suas ideias. Durante toda a sua vida, tentou unir organicamente, desenvolver mediante os resultados das investigações experimentais, elaborar e confirmar os princípios norteadores da Psicologia Histórico-Cultural e da Teoria da Atividade. Para ele, qualquer forma de atividade, como a comunicação, a brincadeira, o estudo e o trabalho são mediados pelo princípio histórico e cultural (Zinchenko, 1994; 2004).

Após oito vívidas décadas, Daniil Borisovich Elkonin morreu no dia 4 de outubro de 1984. Para seus amigos, ele foi uma pessoa brilhante, ativa e emocional. "Quando Daniil Borisovich faleceu – cinco anos depois da morte do pai – eu tive uma sensação de enorme perda pessoal". Essas palavras de A. A. Leontiev (2004, p.125) expressam a relação com Elkonin, embora afirme que também mantinha relações amistosas com outros integrantes da Escola de Vigotski. "Mas Daniil Borisovich foi – como pessoa e como cientista – muito próximo". Prova disso, ele escreveu sobre isso em um recente livro, relatando da seguinte forma: "para mim seus pensamentos são especialmente orgânicos [...] eles se apropriam de mim como que naturalmente. Provavelmente, se não tivesse sido aluno de A. N. Leontiev, me tornaria então aluno de Elkonin. Aliás, acredito que eu o fui, e assim permaneço".

Depois de sobreviver a muitos golpes pesados, Elkonin sempre encontrou força no trabalho científico. Foi um dos mais brilhantes discípulos de Vigotski. "Sua devoção à ciência, a firmeza de princípios, as conquistas científicas e seu talento como pedagogo exerceram enorme influência sobre muitas gerações de psicólogos. Ele vive na memória e nas atitudes daqueles que o conheciam e amavam" (Zinchenko, 1994, p.47).

A Psicologia Histórico-Cultural, após a morte de Elkonin, o último psicólogo da primeira geração, mantém-se com os esforços da terceira geração, *os netos científicos de Vigotski*. Muitos dessa terceira geração são filhos e netos dos discípulos diretos de Vigotski, ou seja, da primeira geração. Eles buscam, por um lado, recuperar a *conjuntura histórica* deixada pelos antecedentes, para, por outro lado, repensar o papel do homem e da psicologia na atual conjuntura social. A Psicologia Histórico-Cultural na Rússia de hoje tem a abertura política e teórica em potencial para poder responder às novas tarefas "[...] de uma envergadura e transcendência desconhecidas até o momento, pelo avanço que a sociedade lhe apresenta" (Shuare, 1990, p.299).

Essa abertura política e teórica na Rússia possibilitou à Psicologia Histórico-Cultural sair de seus muros e avançar para outros países. No Brasil, por exemplo, a Escola de Vigotski vem se tornando conhecida desde a década de 1980, cuja referência principal está calcada em Vigotski, e posteriormente, pouco a pouco, foram encontrando espaço alguns trabalhos de Luria e Leontiev. Em relação à Elkonin, levando em consideração o volume e o conteúdo de dissertações e teses encontradas, podemos afirmar que é praticamente desconhecido, tendo em vista que um dos únicos trabalhos citados desse autor, e traduzido em português, é *Psicologia do jogo*.

2
FUNDAMENTOS TEÓRICOS E METODOLÓGICOS NORTEADORES DA OBRA DE ELKONIN

> [...] *honestamente eu, tanto na psicologia infantil, pedagógica, quanto na psicologia geral, permaneço um homem militar. Pois, não posso tolerar falta de compromisso, não posso tolerar a vulgaridade na ciência, não posso tolerar qualquer experiência de vida, não posso tolerar a falta de fundamento e o ilógico, não posso tolerar nada que seja trazido à ciência, além de sua própria lógica interna.*
>
> D. B. Elkonin (apud B. D. Elkonin, 2007)

Empenhamo-nos, agora, em explicitar como Elkonin tece seus estudos a partir do legado deixado por Vigotski. Admitimos com isso que o pensamento de Elkonin esteve consoante com os preceitos da Psicologia Histórico-Cultural, trabalhando, especialmente, com algumas premissas deixadas por Vigotski. Pautados nesse entendimento, reputamos que: Elkonin apoia-se nos fundamentos teóricos e metodológicos da Psicologia Histórico-Cultural e aprofunda algumas temáticas deixadas por Vigotski, buscando a validação dessas hipóteses. Para comprovar essa ideia, encaminhamos nossos esforços contextualizando o enfoque dado por Elkonin à Psicologia Histórico-Cultural e mostrando como a *Psicologia do jogo* expressa os pressupostos de Vigotski. Para isso, retomamos algumas conceituações e análises do referencial adotado por Vigotski, a fim ilustrar o pensamento investigativo de Elkonin.

A validação das hipóteses de Vigotski nas pesquisas de Elkonin

O trecho apresentado como epígrafe no início deste capítulo foi resultante da última reunião de comemoração do 80º aniversário de Elkonin e foi transcrita por B. D. Elkonin (2007). Ao lê-la, percebemos Elkonin conclamando para a necessidade de rigor e de radicalidade na investigação científica, que, de imediato, a olhos menos avisados, funde-se com o militarismo que ele mesmo expõe. Esse militarismo deve ser entendido como a necessidade da luta que caminhava no sentido de concretizar na sociedade, de modo geral, os ideais revolucionários marxistas. A Revolução Russa expressava essa luta. O objetivo era manter o alvo: o movimento mundial. *"Considero, pois, que a luta dos soviéticos não seria, a princípio, por um país, por uma sociedade, mas pela condição humana. Penso que é justamente essa clareza que expõe o caos dos dias atuais, quando a luta é de cada uma das minorias por um lugar ao sol"* (Lenin apud Barroco, 2007b, p.61, grifos originais). Como exposto anteriormente, esses ideais revolucionários marxistas abrangiam toda a sociedade, inclusive, a ciência.

Desse modo, a leitura atenta aos trabalhos de Elkonin revela-nos o quanto ele esteve preocupado com o que entendia ser a verdadeira ciência e, para ser coerente com isso, manteve-se fiel às raízes da Psicologia Histórico-Cultural. Nos últimos anos de sua vida, numa época já de dissolução da União Soviética, dá ênfase ao pensamento vigotskiano que o guiou durante todos os seus estudos, buscando encontrar qual seria o fio norteador da teoria psicológica da Escola de Vigotski. Conforme Shuare (1990, p.85), Elkonin

> disse que este [Vigotski] foi o criador da psicologia não clássica, a ciência dedicada a estudar como, a partir do mundo objetivo da

arte, dos instrumentos de trabalho, da indústria, se cria e surge o mundo subjetivo do indivíduo. É uma psicologia não clássica porque pretende estudar não unicamente a psique, e sim conhecê--la para poder dominá-la, transformá-la. Há múltiplas indicações na obra de Vigotski referidas à psicologia como ciência que deve atender ao domínio de seus objetos de estudo: disso declaram tanto o enfoque geral ao que faz menção Elkonin, como as manifestações concretas relacionadas com a formação dos processos psíquicos da ontogenia, na defectologia, na patologia, na arte, no ensino e na educação. A isso corresponde também o método genético-experimental e o conceito de zona de desenvolvimento próximo.

Essa *volta* aos trabalhos de Vigotski, para destacar o fio norteador, talvez esteja consoante com a angústia vivida por Elkonin, que pode ser visualizada em dois sentidos: primeiro, por ser um dos últimos psicólogos vivo da primeira geração de Vigotski e, segundo, ao observar que a abertura às diferentes psicologias clássicas do Ocidente, por um lado, demonstrava novos olhares ao fenômeno psíquico, mas, por outro, freava os avanços da psicologia soviética. Elkonin refletia com amargura esses novos encaminhamentos e, ao olhar para essa situação, colocava-se como militar, depositando na ciência o papel do rigor e do compromisso na condução das investigações que, durante oito décadas, ele e demais estudiosos se propuseram a cumprir.

Ler Vigotski, nesse sentido, especialmente em seus últimos trabalhos, era para Elkonin ter a "impressão que o esqueleto interno destas obras está profundamente escondido atrás do Mont Blanc, de fatos concretos obtidos em distintas investigações, mas difícil de reunir em algo completo". Por conseguinte, era necessário "restabelecer a lógica interna de sua vida como um pesquisador, como um cientista, determinando quando e como foi formulado o esqueleto completo de sua abordagem à psique humana" (Elkonin apud Zinchenko, 2004, p.23).

Recuperar esse *esqueleto* completo era um trabalho realmente difícil de ser assegurado com êxito na opinião de Zinchenko (2004), mas isso não eximiu Elkonin de se dedicar a essa dispendiosa tarefa. Notamos seu esforço em se debruçar para encontrar a raiz, a essência e o sentido que nortearam os trabalhos dessa escola, baseando-se, sobretudo, no pensamento de Vigotski. Para isso, Elkonin inseriu um conceito que ele acreditava reunir essa essência: a *psicologia não clássica*.

A psicologia clássica reúne os trabalhos de psicólogos ocidentais, quando estes estudam o desenvolvimento humano justificado pelo meio biológico e natural; a psicologia não clássica estuda o desenvolvimento pela via da compreensão histórico-social. Portanto, o estudo do homem, da criança, ocorre pela via objetiva e concreta.

Elkonin parte do seguinte pressuposto ao estudar o desenvolvimento infantil: ele não situa, no interior da própria criança, a origem desse desenvolvimento como fazem os psicólogos clássicos, mas vai procurá-la no meio em que a criança vive. A criança vive em um mundo de objetos humanos, da cultura humana. Tudo que está ao nosso redor pertence às mãos humanas, à cultura histórica. E como todos os objetos são humanos, a maneira de lidar com essas ferramentas também tem uma característica humana. A maneira de fazer uma ação está fixada pela cultura, e o modo de se formá-la, reproduzi-la e sermos por ela também formados é algo que vem se processando ao longo da história humana. Não podemos olvidar que essa compreensão do desenvolvimento humano e, de modo específico, da criança, conta com a base do método do materialismo histórico-dialético.

Para chegar a essa compreensão abrangente, que põe em estreita relação, ou em condicionalidade, o homem e o mundo objetivo, própria da psicologia não clássica, Elkonin retoma e aprofunda-se na leitura dos primeiros trabalhos de seu professor Vigotski.

Lev Semenovich alcançou o significado psicológico profundo: como ele desenvolveu uma aproximação à análise dos trabalhos de arte, criou ao mesmo tempo os fundamentos para, eu devo dizer, uma psicologia não clássica completamente nova, que na essência consiste no seguinte: nas formas principais daquelas estruturas da consciência humana são conservadas os sentimentos e o pensamento que existem objetivamente externo a cada indivíduo; existem na sociedade humana na forma de trabalhos de arte; ou, em algumas outras criações materiais dos povos, por exemplo, estas formas existiam antes das estruturas individuais ou subjetivas do sentimento e do pensamento [...]. Eu chamo isso de uma aproximação não clássica da psicologia [...]. (Elkonin apud B. D. Elkonin, 2001, p.10)

Segundo a análise de Elkonin já nesses primeiros trabalhos, Vigotski havia formulado a ideia central da Psicologia Histórico--Cultural: compreender que o desenvolvimento do psiquismo humano é social. Para Vigotski (1998b, p.2), o objetivo de seu estudo, que está contido na *Psicologia da arte*, "[...] foi justamente rever a psicologia tradicional da arte e tentar indicar um novo campo de pesquisa para a psicologia objetiva (pós-revolucionária); levantar o problema, oferecer o método e o princípio psicológico básico de explicação". Davidov (apud Shuare, 1990, p.240) analisa essas proposições, afirmando que é possível supor que a psicologia deveria se orientar por essa definição: "[...] a essência verdadeira da atividade, da consciência e da personalidade se encontram na esfera das possibilidades, na esfera do caráter ideal que, todavia, deve fazer-se na realidade".

O bojo da análise de Elkonin consiste no seguinte: Vigotski, em *Psicologia da Arte*, apontou os fundamentos de uma psicologia não clássica. A essência dessa psicologia pode ser explicada pelo próprio Elkonin: "as formas primárias das formações afetivas-cognitivas da consciência humana existem objetivamente fora de cada indivíduo, existem na sociedade humana na forma de obras de arte ou quaisquer outras criações materiais das pessoas, isto é, estas formas são anteriores às formações individuais ou subjetivas" (Elkonin apud Zinchenko, 2004, p.23).

Fica evidente no exposto o que Elkonin retoma: *a arte é o social em nós*. Mesmo que a ação da arte seja realizada por um indivíduo em especial, isso não significa que suas raízes, na essência, sejam individuais. Essa premissa nos remete à compreensão de que o afeto e os sentimentos são sociais, "[...] materializados e fixados nos objetos externos da arte, que tornaram-se ferramentas sociais" (Elkonin apud Zinchenko, 2004, p.23). Na análise de Vigotski, reconhecendo a *arte como técnica social do sentimento*, subentende-se uma compreensão materialista das emoções humanas que emergem ao se ler uma obra.

Barroco (2007a, p.32) afirma que Vigotski, ao recorrer à arte como meio de argumento de seu pensamento, não a configura como, simplesmente, um estilo ou uma metodologia de escrita, e sim, "[...] demonstra que, além de teórico marcante da Psicologia, foi um estudioso da Arte, fazendo diferentes elaborações em períodos pré e pós-Revolução de Outubro de 1917, na Rússia e na antiga União Soviética".

Por essa senda, quando Vigotski desenvolveu os problemas da Psicologia da Arte, entende Elkonin que ele elaborou ao mesmo tempo a concepção geral das investigações na psicologia objetiva. A partir dessa concepção, Vigotski pode ser considerado como o fundador da psicologia não clássica: "psicologia que representa uma ciência de como a partir do mundo objetivo da arte, do mundo das ferramentas de produção, do mundo de toda a indústria nasce e surge um mundo subjetivo da pessoa individual" (Elkonin apud Zinchenko, 2004, p.23). Isso quer dizer que ocorre um processo de interiorização dos meios culturais, sociais e linguísticos que a criança incorpora em seu processo de desenvolvimento. Essa é uma forma não clássica da psicologia que se diferencia da forma clássica.

Essa compreensão está calcada na análise do trajeto teórico de Vigotski no campo da arte, que sofreu a influência do filósofo Spinoza (1632-1677) nesse período e do cineasta russo Eisenstein (1898-1948). Nesse percurso, Elkonin observa a direção dos estudos de Vigotski sobre a consciência humana a partir desse legado da arte, explicando que a consciência humana, atrelada ao mundo objetivo por meio da cultura, faz que a criança penetre nesse mundo objetivo real e se aproprie dele. Para o autor, o desenvolvimento da linguagem é uma forma peculiar de se ingressar nesse mundo. Nesse sentido,

Elkonin também investigou a relação do adulto com a criança por meio da linguagem, o papel significativo do adulto nesse processo de apropriação da linguagem e o quanto a criança deve aprender ativamente a língua da qual faz parte, até para fazer da comunicação uma forma de vida ativa em sua realidade concreta.

Diante do exposto, podemos compreender que, para Elkonin, a essência da psicologia não clássica encontra-se no fundamento de que a primeira forma de existência da consciência humana existe fora do indivíduo, de maneira objetiva, existindo, assim, na sociedade humana na forma de arte, de objetos materiais que concretizem a educação da consciência individual para o plano subjetivo.

Discutimos, brevemente, até aqui, algumas posições da psicologia não clássica, que encontra seu fundamento no pensamento vigotskiano. Elkonin retoma esse pensamento a fim de explicar-nos alguns pressupostos que ele defende como sendo a essência da psicologia não clássica. Para ilustrar como esses pressupostos também se encontram no próprio pensamento de Elkonin, apresentamos, a seguir, algumas dessas posições que se encontram em outros trabalhos de Vigotski, como, por exemplo, os que abordam o desenvolvimento das funções psicológicas superiores (FPS) e como Elkonin se apropria dessas posições e apresenta sua leitura para seu objeto de estudo.

Vygotski (1995) inaugura a discussão sobre a *história do desenvolvimento das FPS* avaliando que as teorias que já se propuseram a desvendar esse campo não conseguiram explicar, com suficiente clareza, as diferenças entre os processos orgânicos e culturais, sendo que prevaleceram os estudos eminentemente orgânicos, investigando a criança e o desenvolvimento de sua conduta de forma *naturalmente dada*. Reitera que o estudo das FPS permite compreender e explicar corretamente a totalidade das facetas da personalidade da criança. Outro ponto a considerar sobre essas facetas é que ela têm sua origem atrelada ao desenvolvimento histórico da humanidade.

Para elucidar essa questão, Vigotski (apud Almeida, 2004, p.38-9) procurou compreender como ocorre esse desenvolvimento na filogênese e na ontogênese.

Em relação à genética, elas [as FPS] se diferem de modo que, no plano da filogênese, originam-se não como produto da evolução biológica, mas como desenvolvimento histórico do comportamento, e no plano da ontogênese, elas também têm sua história social especial. Com relação à estrutura, sua singularidade vem do fato que existe, como distinção da estrutura reativa direta dos processos elementares, elas são construídas baseadas no uso de estímulos-meios (signos) e, por isso, têm um caráter indireto (mediado). Finalmente, em relação à função, são caracterizadas pelo fato de desempenharem uma função nova e essencialmente diferente das funções elementares; executando uma adaptação organizada à uma situação com indivíduo controlando previamente seu comportamento.

Essa passagem esclarece a diferenciação entre as funções elementares ou primitivas, dadas ao nascer, ou seja, "[...] se trata de um todo psicológico natural, determinado fundamentalmente pelas peculiaridades biológicas da psique", e as funções superiores, que são tipicamente humanas, "representadas por uma forma de conduta geneticamente mais complexa e superior", que se desenvolvem pela apropriação dos conhecimentos historicamente acumulados, ou seja, pelo desenvolvimento cultural. Discutir a relação entre ambas as funções é compreender que, na perspectiva do pensamento dialético, devemos considerar esse processo como um *todo* e, portanto, "[...] não se origina mecanicamente pela soma de partes isoladas, e sim possui suas propriedades e qualidades peculiares, específicas, que não podem deduzir-se da simples agrupação de qualidades particulares" (Vygotski, 1995, p.121).

Vê-se que a estrutura do desenvolvimento psíquico perpassa por dois polos: primitivos e superiores. As transformações que ocorrem nesses dois polos não são lineares, e sim sempre transformações cruciais e por saltos; portanto, o desenvolvimento é sempre *revolucionário*. Esses dois polos aparecem duas vezes no desenvolvimento psíquico da criança, porém não vistos de forma separada, uma vez que se mesclam no processo do desenvolvimento do comportamento: o desenvolvimento do comportamento biológico e o histórico, ou o natural e o cultural.

Ambos os planos de desenvolvimento – o natural e cultural – coincidem e se amalgamam um com outro. As mudanças que acontecem em ambos planos se intercomunicam e constituem na realidade um processo único de formação biológico-social da personalidade da criança. Na medida em que o desenvolvimento orgânico se produz em um meio cultural, passa a ser um processo biológico historicamente condicionado. Ao mesmo tempo, o desenvolvimento cultural adquire um caráter muito peculiar que se produz simultaneamente e conjuntamente com o processo de maturação orgânica e considerando que seu portador é o cambiante organismo infantil em vias de crescimento e maturação. (ibidem, p.36)

A criança, em seus primeiros meses, já se relaciona com o meio circundante, ou seja, sua forma de comunicação com a realidade se faz pelo uso de signos e ferramentas. Vygotski (ibidem, p.82) conceitua como signos os *estímulos artificiais* introduzidos pelo e para o homem na situação psicológica, a fim de utilizar como meio de domínio da conduta: "A criação e o emprego de estímulos artificiais, na qualidade de meios auxiliares para dominar as reações próprias, precisamente, é a base daquela nova forma de determinar o comportamento que diferencia a conduta superior da elementar". Outra mudança fundamental nesse processo de relação com o meio circundante, que modifica a criança por completo, destaca-se pelo desenvolvimento dos *órgãos artificiais* – as ferramentas – que a eleva a um patamar superior àquela da mera adaptação biológica seguida das leis naturais. O domínio dos órgãos artificiais pela criança possibilita a esta o domínio desse meio circundante e sobre si mesma.

Nesse sentido, o emprego dos signos, na qualidade de meios auxiliares para a solução de alguma tarefa psicológica planejada pelo homem, traz consigo as relações com o uso de ferramentas na atividade do homem e ambos têm uma função mediadora na atividade humana. Embora o emprego dos signos e o uso de ferramentas estejam subordinados na atividade mediadora, isso não significa que desempenhem o mesmo papel, ao contrário, há diferenças essenciais entre eles. É como se a ferramenta fosse orientada ao exterior e o signo orientado ao interior.

Por meio da ferramenta, o homem influi sobre o objeto de sua atividade, a ferramenta está dirigida para fora: deve provocar algumas mudanças no objeto. É o meio da atividade exterior do homem, orientado a modificar a natureza. O signo não modifica nada no objeto da operação psicológica: é o meio de que se vale o homem para influir psicologicamente, em sua própria conduta e na dos demais; é um meio para sua atividade interior, dirigida a dominar o próprio ser humano: o signo está orientado para dentro. (Vygotski, 1995, p.94)

Significa dizer que cada etapa no domínio da natureza corresponde ao mesmo tempo no domínio da própria conduta, que está diretamente relacionado à transformação da natureza pelo homem e a si próprio.

Elkonin em seus últimos trabalhos, voltados para a questão da psicologia não clássica, propôs-se a defender esse fundamento vigotskiano sobre os signos e as ferramentas e a transformação do homem nesse processo, discutindo e aprofundando como ocorre a mediação pelo signo na atividade conjunta. O autor reconhecia a contribuição genuína de Vigotski sobre essa temática e acrescentou que, para compreender e avaliar a formulação e o desenvolvimento "[...] dos problemas associados com o papel dos sistemas do signo e do símbolo na gênese da consciência humana e com a definição do conteúdo e funcionamento das operações com os signos nestes processos", era preciso perceber o que a psicologia envolve (Elkonin apud B. D. Elkonin, 2001, p.10).

Para elucidar essa questão, Elkonin (apud B. D. Elkonin, 2001, p.10) perguntou-se como e por que a "[...] cultura se torna ativa, como ela se torna meio para dar forma ao comportamento e, desse modo, meio para superar as formas naturais do comportamento".

Na mesma direção, Vygotski (1995, p.34) teoriza que "[...] a cultura origina formas especiais de conduta, modifica a atividade das funções psíquicas, edifica novos níveis no sistema do comportamento humano no desenvolvimento". Baseando-se nesse preceito vigotskiano, Elkonin busca compreender como esse processo ocorre por meio da introdução do signo e da ferramenta. A compreensão de que o *signo* é sempre introduzido por outra pessoa, ou seja, a criança começa a regular e organizar seu comportamento por meio da introdução do signo pelo adulto. Vygotski (ibidem) define que o signo, primeiramente, é um meio de comunicação e, posteriormente, passa a ser um meio de conduta da personalidade. Esse entendimento está abalizado no estudo da história do desenvolvimento cultural. Isso quer dizer que o emprego dos signos no sistema geral do comportamento transcorreu, inicialmente, externo, por ser social. "Encontra-se nisso a essência de toda a operação com signo: o significado do signo encontra-se na função da outra pessoa; é a introdução de uma outra pessoa na organização do comportamento de uma pessoa" (Elkonin apud B. D. Elkonin, 2001, p.11).

Fica evidente que a introdução do signo no comportamento da criança, por exemplo, é sempre mediado por outra pessoa – *é a presença ativa do outro no seu comportamento*. A linguagem, por exemplo, é um dos signos de influência de um homem sobre o outro (Vygotski, 1995). A intenção de Elkonin, ao retomar a questão do signo e da ferramenta de Vigotski, era compreender como a *presença do outro* pode interferir na organização do comportamento. Por isso, ao perscrutar as relações da criança com o adulto, e como as ações deste último podem organizar o comportamento da criança, Elkonin denomina essa relação de *atividade conjunta*. Ilustremos esse conceito. O aspecto operacional e prático de uma ação com algum objeto ou ferramenta não pode ser apreendido pela adaptação direta dos movimentos às propriedades da ferramenta, mas por meio da "[...] inclusão da ferramenta no planejamento de uma ação (modelo) e de seu desenvolvimento por meio da orientação às propriedades específicas do objeto ou da ferramenta". Isso quer dizer que esse processo de formação do modelo de uma ação deve ser um processo de apropriação, no qual a criança incorpore o *sentido das relações*, que tenderá a seguir esse modelo, de uma ação mostrada à criança pelo adulto. *É a incorporação pela criança da ação planejada do adulto em sua própria ação* (ibidem, p.12).

A atividade conjunta é mediada pelo uso de ferramentas e da linguagem, como meios de ação sobre a realidade. Essas duas formas culturais de comportamento – o emprego de ferramentas e a linguagem –, para Vygotski (1995), situam-se no centro da pré-história do desenvolvimento cultural e encontram-se nas raízes genéticas do desenvolvimento infantil.

Esse processo de desenvolvimento, a partir do momento da superação dos reflexos condicionados, reconfigura as funções psicológicas elementares para características das funções superiores, por meio dessas ações externas, mediadas e intencionais. Essa ação sobre a realidade, por meio da atividade conjunta, complexifica-se pela mediação do adulto na atividade da criança. Essa relação atua de peculiar maneira e, ao mesmo tempo, no sistema nervoso, no aparato biológico, que também se reestrutura pela apropriação dessas novas ações que se internalizam em forma de conhecimento – que anteriormente eram exclusivamente externos.

> Assim, L.S. Vigotski formula a lei fundamental das funções psicológicas superiores humanas, a lei sob cada função superior, na realidade, psicológica humana existe originariamente na forma externa, interpsíquica, e somente então, em um processo especial de interiorização, converte-se em intrapsique individual. (Elkonin apud Zinchenko, 2004, p.23)

A formulação vigotskiana de que toda função psíquica foi externa, por ser social, antes de interna significa uma relação social de pelo menos duas pessoas: "[...] o meio de influência sobre si mesmo, é inicialmente o meio de influência sobre outros" (Vygotski, 1995, p.150). É o que Elkonin chama de atividade conjunta, anteriormente explanada. Essa atividade conjunta influi sobremaneira no desenvolvimento das FPS, haja vista que esse desenvolvimento "[...]

aparece em cena duas vezes, em dois planos: primeiro, no plano social e depois no plano psicológico; em princípio entre os homens como categoria interpsíquica e logo no interior da criança como categoria intrapsíquica" (ibidem). A dinâmica do movimento entre esses dois planos é denominada de *internalização*. Esse processo de internalização consiste em uma série de transformações: primeiro, uma "[...] *operação que inicialmente representa uma atividade externa se reconstrói e começa a realizar-se internamente*". Logo, um *processo interpessoal transformado em outro intrapessoal*, e com isso a "[...] *transformação de um processo interpessoal em um processo intrapessoal é resultado de uma prolongada série de sucessos evolutivos*" (Vygotski, 1979, p.93-4, grifos originais).

A internalização é possível por meio da apropriação de signos, que permitem ao homem "[...] criar modelos mentais (ideias) dos objetos da realidade, atuando com eles, e a partir deles, no planejamento e coordenação da própria atividade" (Arce; Martins, 2007, p.43). Assim sendo, nesse processo, a mediação do signo e da ferramenta por meio da atividade conjunta é o traço distintivo no desenvolvimento das FPS.

Um ponto a ser destacado acerca do desenvolvimento das FPS é que, nesse processo, não há uma anulação das funções psicológicas elementares, bem como as funções psicológicas internas não aniquilam as externas. O que deve ser considerado é que as funções elementares continuam a existir de forma subordinada e sob o domínio das superiores, em função das diferenças estruturais qualitativas, "[...] que na dialética chamam habitualmente de *superação*. Os processos e as leis inferiores, elementares, que as governam são categorias superadas" (Vygotski, 1995, p.117).

Discutimos, de modo conciso até aqui, alguns conceitos do pensamento vigotskiano, retomados por Elkonin a fim de apontar alguns pressupostos que ele defende como sendo a essência da psicologia não clássica. Esse percurso realizado também teve o propósito de ilustrar ao leitor como o próprio pensamento de Elkonin fundamenta-se nas teses vigotskianas. Cumpre agora apresentar as bases dessa corrente psicológica que foram apropriadas no processo de investigação de Elkonin. Segundo B. D. Elkonin (2007), há três princípios que sintetizam o pensamento e o método de Elkonin: 1) o método histórico; 2) a atividade; 3) a relação criança-adulto. Para compreender como esses três princípios estão diluídos no modo de análise de Elkonin, analisaremos como este empreendeu sua pesquisa sobre a brincadeira infantil.

Porém, antes de passarmos adiante, convém esclarecer o que entendemos por brincadeira e jogo. O estudo sobre os jogos e brincadeiras na infância é objeto de pesquisa de muitos autores brasileiros, nas mais diferentes vertentes (Vasconcelos, 2001, 2006; Kishimoto, 2002a; Vieira; Martins, 2005). Entretanto, diferenciar brincadeira e jogo não é uma tarefa fácil. Alguns pesquisadores vêm se debruçando sobre isso (Huizinga, 2005; Kishimoto, 2002b). Essa tarefa torna-se ainda mais dificultosa quando tomamos os termos de outro idioma e observamos que não há uma diferenciação clara e a tradução não se ateve a isso também. Essa afirmativa se remete à terminologia usada por Elkonin e à tradução do livro *Psicologia do jogo* (1998): jogo protagonizado e jogo de papéis são as duas formas que se encontram no livro, embora prevaleça a primeira opção. Esses termos foram traduzidos primeiramente do russo para o espanhol, e deste para o português. Diretamente do russo, esse termo é *Rolevoii Igri* que literalmente traduzido significa *Jogo de Papéis*. Ousamos afirmar que o estudo de Elkonin, na verdade, pauta-se sobre *a psicologia da brincadeira*. A palavra *Igra* pode ser jogo, brincadeira, brincar, similar com a palavra *play* no inglês. Ao ler Leontiev (1988b), encontramos algumas diferenciações que acreditamos ser coerentes com os pressupostos de Elkonin: brincadeira é caracterizada por seu alvo residir no próprio processo e não no resultado da ação. Uma criança que brinca com cubos de madeira, seu objetivo não é construir uma estrutura, mas em *fazer*, isto é, no conteúdo da própria ação. No jogo, o alvo se encontra no resultado da ação e, portanto, sempre são dotados de regras explícitas, determinadas e já estabelecidas historicamente na sociedade. Diante disso, quando se tratar da atividade lúdica desenvolvida com as crianças de zero a seis anos, em que fica claro que o objetivo é o processo e seu conteúdo, adotaremos o termo *brincadeira*. Quando se tratar de alguma atividade que envolve resultado e competição, adotaremos *jogo*. Entretanto, em relação ao termo *jogo protagonizado*, tal como aparece no livro, é uma atividade peculiar de reprodução dos papéis sociais nas brincadeiras das crianças, em que contém regras implícitas, determinadas pela sociedade. Também, com base nos estudos de Elkonin (1998), essa é uma atividade em que seu objetivo se encontra no processo e no conteúdo, logo, é uma brincadeira. Quando tratarmos dessa brincadeira específica, adotaremos a tradução literal do russo: *jogo de papéis*. Porém, quando tratarmos de citações diretas, manteremos o original.

Psicologia do jogo: os pressupostos de Vigotski em ação

> *Na brincadeira, a criança chora, como um paciente, mas, alegra-se como participante.*
>
> Vygotsky (2002)

A obra *Psicologia do jogo* é resultado de mais de meio século de investigações teóricas e experimentais de Elkonin e reúne uma coletânea de trabalhos produzidos pelo autor no decorrer de sua carreira científica. No Brasil, essa é sua única obra traduzida, conforme já informado anteriormente.

O livro traceja em suas páginas como se procederam os estudos sobre a brincadeira infantil, do interesse inicial de Elkonin ao observar como suas filhas brincavam e das teses lançadas por Vigotski na conferência ministrada no Instituto Pedagógico de Herzen, em Leningrado, intitulada *O papel da brincadeira no desenvolvimento psíquico da criança* em 1933. Dessas duas vias fundamentais principiadas, os estudos foram ganhando forma e contaram com inúmeras contribuições dos psicólogos Leontiev, Lukov, Fradkina, Slavina e outros.

A procura pela validação das hipóteses lançadas por Vigotski sobre a brincadeira infantil foi iniciada por Elkonin quando Vigotski ainda era vivo, com o desenvolvimento de inúmeras situações experimentais. Infelizmente, a maioria dos dados levantados perdeu-se durante a Segunda Guerra Mundial. Elkonin expõe ainda que, após a morte de Vigotski em 1934, conheceu, com profundidade, o trabalho que o grupo de Leontiev vinha desenvolvendo na matriz de Vigotski. Aliado a esse grupo, de quem recebeu vários aportes, também começou a apresentar suas primeiras teses sobre a brincadeira.

A partir de 1936, o trabalho de pesquisa de Elkonin esteve estreitamente vinculado ao grupo de Leontiev, quanto ao aspecto ideológico e em relação ao aspecto de organização, na cátedra de psicologia do Instituto Pedagógico de Krúpskaia, em que ambos trabalhavam juntos. Durante o período de 1937 a 1941, os estudos experimentais e teóricos do grupo começaram a apresentar alguns resultados: Lukov expõe sua pesquisa experimental *Sobre a compreensão da fala pela criança no processo de jogo*, em 1937; Fradkina estudou a *Psicologia do jogo na primeira infância: raízes genéticas do jogo de papéis*, em 1946. O primeiro texto divulgado na imprensa sobre todas essas pesquisas foi sintetizado no artigo de Leontiev, "Os princípios psicológicos da brincadeira pré-escolar", de 1944, nele se esboça brevemente o enfoque dado ao problema da brincadeira e uma síntese dos dados obtidos até então pelo grupo.

Por conta do início da Segunda Guerra Mundial, as pesquisas nesse âmbito foram interrompidas e, depois do período de guerra, em 1945, foram retomadas, particularmente no Instituto de Psicologia. Essa retomada foi dada sob a direção de Leontiev e Zaporozhéts, com a concretização de uma série de importantes pesquisas experimentais realizadas por Slavina em 1948, Manuilenko em 1955, Neverovitch em 1948, Tcherkov em 1949 e Boguslavskaia em 1955. Elkonin, durante todo esse período, pouco colaborou com essas pesquisas por estar servindo ao Exército e não ter sido liberado após o término da guerra. Sua contribuição limitou-se a uma publicação intitulada: *Questões psicológicas da brincadeira na idade pré-escolar* em 1948; e um trabalho apresentado na Conferência Nacional sobre a Educação Pré-escolar: *A brincadeira e o desenvolvimento psíquico da criança em idade pré-escolar* em 1949. Somente em 1953, Elkonin (1998, p.7) retoma seu trabalho teórico e experimental, tendo por objetivos:

> em primeiro lugar, elucidar a origem histórica do jogo infantil; em segundo, descobrir o fundo social do jogo como principal tipo de atividade das crianças pequenas; em terceiro, o problema do simbolismo e a relação entre o objeto, a palavra e a ação no jogo; e, por último, expor questões teóricas gerais e realizar uma análise crítica das teorias do jogo existente.

Elkonin expõe que, no livro, não há uma relação direta entre a pesquisa e a exposição de seus resultados: "Está escrito em ordem inversa à seguida pela pesquisa". Outro ponto importante das pesquisas realizadas pelos seguidores de Vigotski foi não contar com a direção de uma só mente ou uma só vontade e nem por um único centro organizador, desse modo, não foi desenvolvida por uma continuidade lógica de resolução de um problema seguido de outro. Foi, na realidade, "[...] um trabalho coletivo, que tinha como norte os princípios teóricos traçados por Vigotski e para o qual cada um de nós deu sua contribuição" (ibidem, p.8-9).

O resultado desse trabalho coletivo se reflete na obra publicada pela primeira vez em russo em 1978, e que merece uma breve apresentação, antes de iniciarmos a discussão dos principais pontos suscitados sobre a teoria da brincadeira infantil. Para tanto, precisamos entender que a obra trata, fundamentalmente, de como as crianças entendem e reconstroem as atividades e as relações dos adultos. Para atingir esse objetivo geral e os específicos apresentados anteriormente, Elkonin divide seu livro em seis capítulos. No primeiro capítulo, "O objeto das pesquisas é a forma da atividade lúdica das crianças", o autor problematiza a palavra jogo e suas muitas acepções em diferentes povos e tempos. Em função da multiplicidade de conceitos, muitos autores acreditavam ser impossível obter "[...] uma definição e uma delimitação exatas do jogo na vasta esfera de atividades do homem e dos animais". Para compreender a essência psicológica do jogo, o autor fundamentou-se em sua investigação no referencial teórico e metodológico do materialismo histórico e dialético. Com base nessa conjetura, o autor desenvolveu suas hipóteses acerca da historicidade do jogo de papéis, já que essa atividade é uma forma peculiar da criança relacionar-se com a esfera da atividade humana e as relações com os demais da realidade circundante.

No segundo capítulo, intitulado "Acerca da origem histórica do jogo protagonizado", o autor discute sobre como, historicamente, o jogo de papéis foi aparecendo nas relações das crianças, em decorrência de seu afastamento da vida coletiva da sociedade na qual fazia parte, ou seja, do mundo do trabalho. Esse afastamento deu-se pelas mudanças nas relações de trabalho da sociedade primitiva à moderna, com as primeiras formas de industrialização. O trajeto da pesquisa evidencia o quanto essa atividade é fruto de uma construção histórica, que alterou as condições sociais concretas das relações entre os adultos e as crianças. Essa premissa rompe com a questão da natureza instintiva e biologizante dessa atividade.

Ao analisar sobre a origem histórica do jogo de papéis, o autor debate, no terceiro capítulo, "Teoria do jogo", sobre as tendências que, até então, prevaleceram e como as diferentes concepções discutiam o jogo e sua função no desenvolvimento psíquico da criança. Evidencia como os psicólogos de diferentes épocas analisaram essa questão, revelando ainda o quanto alguns autores trouxeram contribuições a um campo que era praticamente inexplorado. Entretanto, a grande parte desses estudiosos e psicólogos interpretou o jogo da mesma maneira: naturalista e biologizante. Esse estudo abarcou: Groos (1861-1946), Stern (1871-1938), Claparède (1873-1940), Freud (1856-1939), Bühler (1879-1963), Piaget (1896-1980), Chateau (1908), Klein (1882-1960), Koffka (1886-1941), Lewin (1890-1947) e outros. A fim de ratificar a necessidade de superação dessas tendências, o autor aponta como foram se consolidando os estudos soviéticos acerca da temática, iniciados por Vigotski.

O quarto capítulo "Origem do jogo na ontogenia", com base nos experimentos realizados por Elkonin e seus colegas, discute como ocorre a evolução da atividade lúdica até os três anos. Nele, o autor discute os primeiros anos de vida da criança e a importância do desenvolvimento dos movimentos, das ações e da comunicação. Aponta que esse desenvolvimento ocorre de especial maneira com a atividade conjunta da criança com os adultos. Reforça o quanto o adulto, nesse processo, altera o nível de desenvolvimento da criança. É interessante destacar que uma série de observações apresentadas pelo autor refere-se ao desenvolvimento das ações de seu neto Andrei, de dois anos e seis meses. Venger (2004) aponta que Elkonin relatava com fascínio as primeiras ações independentes de seu neto e, embora houvesse um fundo sentimental de avô, essas considerações apresentam o caráter específico da atividade conjunta entre a criança e o adulto no processo de formação do psiquismo infantil. Posteriormente, o resultado dessas observações serviu de base para o artigo "Notas sobre o desenvolvimento das ações objetais na primeira infância" em 1978. Retomando o fio deste parágrafo, as descrições apresentadas por Elkonin sobre seu neto revestem-se de importância por clarear que "o processo de aprendizagem das ações com objetos, ou seja, com coisas que têm certa importância social, estritamente determinada, transcorre na criança somente na atividade conjunta com os adultos" (Elkonin, 1998, p.220).

Seguindo essa linha de raciocínio, o autor aponta que, mesmo não sendo a atividade dominante o jogo de papéis nesse período, e sim a atividade de comunicação emocional direta e, posteriormente, objetal manipulatória, as relações com as pessoas e ações objetais travadas formam, na primeira infância, a base para o surgimento da situação lúdica. Assim, o quinto capítulo, "O desenvolvimento do jogo na idade pré-escolar", discute, com a maior concentração de páginas, como ocorre a evolução do jogo de papéis a partir da formação da base na primeira infância até o surgimento da tendência ao ingresso na escola, pela mudança de motivos na atividade do jogo de papéis. Uma das questões interessantes desse capítulo é que todas as argumentações do autor sobre a temática são justificadas por engenhosos experimentos com crianças em diferentes situações.

A finalização do livro se dá no sexto capítulo "O jogo e o desenvolvimento psíquico", no qual o autor ressalta a importância da brincadeira na evolução das motivações e necessidades, na superação do egocentrismo cognitivo, na evolução das ações mentais e na evolução da conduta arbitrada. Ao destacar esses pontos, a intenção do autor foi discutir o quanto é necessário ter em mente essas questões e colocá-las no estudo para o sistema educacional, em especial na educação infantil.

Após este breve resumo da obra, convém apresentar as diversas tendências que enfatizaram a problemática da brincadeira, tendo em vista que Elkonin parte do já alcançado sobre essa temática, estabelecendo seu posicionamento e, ao mesmo tempo, evidenciando seu encaminhamento dado à temática.

A superação das tendências naturalistas à compreensão histórica e social do jogo

É importante destacar que o aprofundamento nas tendências teóricas sobre a brincadeira foi uma proposição, inicialmente, dada por Vigotski à Elkonin em uma carta: "Na sua conferência,[1] prestei atenção ao parágrafo sobre Groos. Há que criticá-lo por seu *naturalismo*: a sua teoria é extremamente naturalista" (Vigotski apud Elkonin, 1998, p.4). Dessa maneira, em seu estudo sobre as tendências teóricas, Elkonin partiu da sugestão de Vigotski; entretanto, avançou no exame de muitas outras tendências que até então vigoravam.

Elkonin (1998), em seu livro, dedica-se a compreender a brincadeira infantil. Teoriza que, até o século XIX, o interesse dos psicólogos, pedagogos e filósofos não foi a brincadeira como objeto de investigação psicológica propriamente dita, limitavam-se apenas às descrições de como procede essa atividade nos homens e nos animais. Um dos primeiros psicólogos a realizar uma investigação

---

[1] Elkonin (1998) expôs, no fim de 1932 em uma conferência, as ideias latentes de suas pesquisas, que, por sinal, foram alvo de crítica bastante dura; somente Vigotski apoiou suas teses. Nessa época, Elkonin começava a trilhar seus estudos com Vigotski, trabalhando como auxiliar.

psicológica foi o filósofo e psicólogo alemão Groos. Entretanto, antes dele, Colozza, em seu livro *Os jogos infantis, sua importância psicológica e pedagógica*, em 1909, tentou sistematizar algumas ideias mediante dados recolhidos sobre as brincadeiras em suas observações. Para esse autor, a brincadeira da criança é definida como tempo remanescente, necessário para gastar o excesso de energia. Descreve também a dinâmica do jogo dos filhotes de gatos domésticos, em que suas ações frente aos objetos são consideradas jogos preparatórios para a futura caça.

Na mesma direção, Groos apoia-se nessas hipóteses para fundamentar sua teoria da brincadeira, que ficou conhecida como *teoria do exercício*. Suas teses defendem que todo o ser vivo já nasce com predisposições hereditárias que influem em seu comportamento e, nos animais superiores, há uma ânsia impulsiva de atividade que se manifesta no período de crescimento. Todo ser vivo superior tem infância, período que tem por finalidade possibilitar a aquisição das adaptações necessárias à vida, e a brincadeira é a forma com que esse ser manifesta seu impulso interno, suas inclinações, sem nenhum fim exterior. Na opinião de Elkonin (1998, p.87-8),

> Groos faz a simples constatação de que o jogo possuía o caráter de exercício prévio, e nisso vê o seu sentido biológico; as suas demonstrações dessa tese fundamental reduzem-se a analogias entre as formas lúdicas de conduta dos cães e as respectivas formas de atividade séria dos animais adultos. Quando Groos vê um gatinho brincando com um novelo de lã, classifica esse jogo entre os "de caça", que considera exercícios prévios somente porque os movimentos do gatinho recordam os do gato adulto quando caça um rato. Não se pergunta que forma de conduta é essa nem qual é o seu mecanismo psicológico mas, pelo contrário, que sentido biológico tem essa conduta tão "pouco séria". A resposta a essa pergunta prova alguma coisa? Creio que não. Neste caso, a crítica põe a perder a demonstração por analogia.

Nessa passagem, o autor demonstra claramente que não compartilha da forma como Groos compreende a questão da brincadeira. Em contrapartida, Elkonin considera acertada a premissa inicial de Groos de que "[...] em certa fase do desenvolvimento filogenético dos animais, a experimentação genérica, fixada rigidamente em formas hereditárias de diferentes tipos de comportamento, resulta insuficiente para a adaptação às condições complicadas de existência" (ibidem, p.88). Elkonin complementa que é necessária essa experimentação individual que se forma no decorrer da vida do indivíduo. Groos ainda considera que a formação da experimentação e a adaptação não surgem diretamente das reações inatas, por isso, a brincadeira é a atividade em que ocorre essa formação necessária e que, por meio dessas reações, vão se formando os hábitos adquiridos e as novas reações.

Em seguida, Elkonin reporta-se a essas premissas considerando que, em primeiro lugar, embora a experimentação individual provenha da genérica, esta não repete pura e simplesmente e nem se adapta de acordo com as relações estabelecidas, e sim altera-se de acordo com as condições do meio ambiente. Outro ponto divergente é que Groos faz uma análise progressiva da brincadeira, começando pelos animais, no sentido biológico, sem comparar a conduta lúdica com a utilitária e estendendo diretamente ao homem. Portanto, sem compreender a verdadeira natureza da brincadeira. Assim, o problema da psicologia, em especial da brincadeira infantil, traz em seu bojo a defesa metodológica denominada de *evolucionismo positivista*, polemizado por Elkonin. Essa metodologia consiste no seguinte: não é considerada a diferença de condições de vida existente entre o homem e os animais, como as condições sociais e naturais, "o aparecimento do trabalho, das leis e dos mecanismos da adaptação, concretamente o mecanismo de aquisição da experiência individual, apesar de todas estas diferenças o enfoque não muda por razão de princípio" (ibidem, p.89).

O que se constata é que o fundamento metodológico de Groos é puramente naturalista. Quanto à brincadeira, este deduz que ela é importante para o desenvolvimento, mas não compreende o porquê, designando apenas como necessária, já que enfoca essa atividade como exercício prévio de surgimento de predisposições internas.

Um dos seguidores que compartilha das ideias desse psicólogo é o filósofo e psicólogo alemão, da concepção idealista, Stern, afirmando, também, que as diversas aptidões e faculdades humanas são resultantes de predisposições internas. A brincadeira, para esse autor, é *despertada*, como um instinto especial. Entretanto, Stern avança em relação a Groos ao adicionar em sua teoria o papel da imitação. Constata que a imitação é um meio de vinculação da criança às condições circundantes, ou seja, às formas em maturação de atividade dos adultos, nas quais a criança cresce e se desenvolve. Embora vincule à imitação e dê um passo adiante sobre a brincadeira, essa concepção está ligada à compreensão das tendências internas, dos instintos, e a brincadeira infantil, automaticamente, está determinada pelas fases iniciais e repete as do desenvolvimento histórico da humanidade (ibidem, p.93). Ainda, o autor não compreende e aprofunda aspectos errôneos da diferença fundamental entre o desenvolvimento da brincadeira das crianças e dos filhotes de animais.

Bühler, psicólogo behaviorista austríaco, que admite a teoria do exercício prévio de Groos, explicita que "o jogo proporciona um exercício continuado e ainda necessário para as aptidões imaturas e instáveis ou, melhor dizendo, constitui de *per si* esses exercícios" (Bühler apud Elkonin, 1998, p.94). Embora esse autor aceite, de forma ponderada, a teoria de Groos, classifica-a como a que apenas assinala o aspecto objetivo da brincadeira e não explica seu aspecto subjetivo. Considera que esse segundo aspecto é importantíssimo e recorre à teoria de Freud e ao princípio freudiano do prazer. Entretanto, em alguns momentos, polemiza com ele, em especial sobre a brincadeira, quando Freud explica que essa atividade retroage à vida passada da criança, sem projetá-la no amanhã. Bühler, nesse sentido, introduz o conceito de *prazer funcional*, em que, por um lado, a brincadeira dá satisfação ou prazer e, por outro, dá alegria por conta da antecipação do resultado da atividade. Elkonin (1998) questiona esse princípio como sendo a força que origina as novas adaptações dos movimentos corporais, tomando o jogo como preparação e exercitação para a vida séria nos animais e no homem.

Ao realizar essa revisão literária sobre a brincadeira em alguns psicólogos, Elkonin (ibidem, p.111-2) conclui que esses teóricos estiveram longe de compreender que a brincadeira "[...] não existia como uma forma peculiar de conduta típica na infância". Os limites dessas concepções biológicas e psicológicas eram fenomenológica, sintomática e não compreendiam a essência objetiva dessa atividade. Outro erro estava em identificar a brincadeira e o desenvolvimento da criança tal como nos filhotes de animais: "Uma teoria do jogo tão geral que abranja o jogo dos filhotes e o jogo da criança não pode formular-se, em suma, devido à profunda diferença qualitativa do seu desenvolvimento psíquico".

Ao comparar o jogo dos filhotes com a brincadeira da criança, em todas as direções e tentativas que os psicólogos analisados por Elkonin fizeram, eles não tomaram como ponto de partida o que realmente os distingue: a diferença qualitativa do desenvolvimento psíquico é formada pela atividade que o ser humano exerce aqui, no caso, a criança, a brincadeira.

Em relação a essa diferença, Markus (1974, p.28, grifos originais) define que o homem, como qualquer outra espécie animal, é um produto *determinado* e *limitado* pela natureza, mas, graças a sua *atividade vital*, o trabalho, ele pode elevar-se acima de tais limites, subordinando a seu poder o conjunto da natureza, transformando esse conjunto em seu *corpo inorgânico*. É nisso que se encontra a distinção entre o homem e o animal: "enquanto esse último é tão--somente uma *espécie*, que sempre pertence a um *gênero*, o homem é um *gênero*, ao qual todo fenômeno natural pertence enquanto *espécie*". A razão dessa diferença deve ser buscada não nas diferenças biológicas, mas na diversa atividade vital própria do homem e do animal.

O animal, assim como o homem, também desempenha sua atividade para satisfazer suas necessidades. Pega o objeto de sua necessidade e usa-o conforme o modo que lhe é próprio, ou seja, consome-o. A atividade está diretamente ligada à satisfação da necessidade dada. É por isso que o caráter de sua atividade é, em essência, limitado pelo natural (ibidem).

Leontiev ([s. d.], p.66-7) complementa: "[...] a atividade dos animais é biológica e instintiva. Por outras palavras, a atividade do animal não pode exercer-se senão em relação ao objeto de uma necessidade biológica vital". Essa é a lei geral de sua atividade: permanecer sempre dentro dos limites de suas relações biológicas e instintivas com a natureza. Elkonin (1998, p.113-4) assim caracteriza essa relação com o objeto na atividade do animal:

> Elementos de atividade como contornar os obstáculos, tocaiar a presa e persegui-la, saltando ou rodeando os obstáculos interpostos, não estão orientados para o próprio objeto da necessidade, mas para as condições em que este se apresenta. Esses elementos de conduta estão dirigidos pelo reflexo psíquico das condições, por suas imagens. Neste caso, o principal não é que o animal percebe o obstáculo interposto no caminho para atingir o objetivo, mas que aparece a orientação para a relação existente entre o objeto e as outras condições. A orientação dá lugar a que no movimento, dirigido para essas condições, pareça já entrever-se o caminho para o objetivo final.

O que se evidencia nessa passagem é que as possibilidades desse reflexo psíquico sobre a realidade circundante são muito limitadas. Como bem define Leontiev ([s. d.], p.67): "na medida em que o animal entra em interação com diversos objetos do meio que age sobre ele e transfere sobre eles suas relações biológicas, estes objetos são refletidos por ele apenas pelas propriedades e aspectos ligados à realização dessas relações". Aqui se reitera que, realmente, o mundo que o animal *percebe* se limita unicamente a suas relações instintivas.

Outra diferença destacada por Leontiev ([s. d.], p.69) em relação ao psiquismo do animal é sua relação com seus coetâneos: "Podemos por certo observar a atividade de vários animais, por vezes de muitos animais em conjunto, mas jamais observamos entre eles qualquer atividade coletiva". Isso porque suas relações não ultrapassam os limites biológicos e instintivos.

A seguinte diferença é a linguagem. O comportamento vocal não é uma forma de comunicação, e sim apenas uma reação instintiva de reflexo incondicional, que não porta uma relação objetiva estável com a realidade exterior.

Sintetizando esses três aspectos, antes de avançarmos sobre a atividade humana, compartilhamos com Duarte (2004, p.47) quando define a atividade do animal. Segundo ele, os motivos pelos quais os animais comportam-se e agem de determinada forma são "[...] decorrentes dos esforços daquele ser vivo para adaptar-se ao meio ambiente e para sobreviver naquele meio, e para tanto ele se utiliza do conjunto de faculdades que herdou de sua espécie". A origem de uma atividade animal, seu motivo real, é sempre uma necessidade biológica a ser satisfeita.

Em contrapartida, o psiquismo humano, a consciência humana é, no fundamental, resultado de como os seres humanos, a partir de um determinado ponto da evolução natural, tornaram-se capazes de desempenhar uma atividade chamada *trabalho* (Duarte, 2004). Nesse sentido, Leontiev ([s. d.], p.73, grifos originais) nos ajuda a compreender como ocorreu essa passagem.

> A passagem à consciência humana, assente na passagem a formas humanas de vida e na atividade do trabalho que é social por natureza, não está ligada apenas à transformação da estrutura fundamental da atividade e ao aparecimento de uma nova forma de reflexo da realidade; o psiquismo humano não se liberta apenas dos traços comuns aos diversos estágios do psiquismo animal; [...] não reveste apenas traços qualitativamente novos; o essencial, quando de passagem à humanidade, está na modificação das leis que presidem ao desenvolvimento do psiquismo. No mundo animal, as leis que governam as leis do desenvolvimento psíquico são as da evolução biológica; quando se chega ao homem, o psiquismo submete-se às leis do *desenvolvimento sócio-histórico*.

Assim sendo, o trabalho foi a primeira e fundamental condição do surgimento do gênero humano que acarretou a própria transformação global do organismo. Segundo Marx e Engels (1987) enquanto os animais agem para satisfazer suas necessidades, os seres humanos agem para *produzir* os meios de satisfação de suas necessidades. É sobre a base do trabalho, *atividade vital do homem*, que, ao se produzir meios de satisfação de necessidades, cria-se novas necessidades que possibilitam desenvolver novas habilidades. Essa ação sobre a natureza para satisfazer necessidades, sempre no coletivo, transforma os objetos naturais em sociais. E nesse processo, cria-se a necessidade de comunicação. Portanto, os objetos criados pelo homem, seus instrumentos, esse coletivo e o surgimento da linguagem têm uma existência objetiva como produtos da atividade humana. Esse processo histórico de surgimento do gênero humano possibilitou o surgimento do mundo da cultura por meio das ações humanas de geração em geração. A *apropriação* dessa cultura *objetivada* expressa a essência da humanização, tanto do gênero humano quanto do indivíduo (Duarte, 1996; 2004).

Essas questões foram apresentadas com o intuito de melhor esclarecer sobre as diferenças entre o animal e o homem. Elkonin (1998) simplesmente sintetizou esses aspectos, já que seu objetivo maior era compreender a diferença qualitativa da brincadeira. Não estava em causa discutir essas diferenças de maneira pormenorizada, porque em seu método já estava incorporada essa discussão. O autor ainda ressalta que podemos falar de *jogo dos animais*, mas que tal atividade no animal não se assenta na mesma dinâmica, característica e objetivo que tem essa atividade no desenvolvimento das crianças. Portanto, não é possível criar uma teoria psicológica geral da brincadeira que contemple ambos, como muitos psicólogos tentaram construir, conforme apresentamos no decorrer dessa exposição.

Principiaremos nossas reflexões, nesse momento, especificamente, sobre as teorias e problemas na pesquisa da brincadeira infantil nos autores já citados e outros, e como Elkonin emite seu parecer sobre tais concepções, convém, de maneira sintética, apresentá-las.

Um dos aspectos mais recorrentes nos trabalhos publicados pelos psicólogos no final do século XIX é sobre como funciona a imaginação e a fantasia da criança na brincadeira. Stern é um dos psicólogos que entende que, quando a criança está envolvida no conteúdo da brincadeira, cria uma ilusão completa ou quase completa da realidade. Quanto maior é essa ilusão, maior é a sensação de liberdade e alegria. Bühler acredita que a brincadeira é uma manifestação de vivacidade e de despreocupação da fantasia. De acordo com Vigotski (apud Elkonin, 1998, p.124), muitas teorias ainda consideram que "[...] a imaginação da criança é mais rica do que a do adulto. A infância é considerada a idade de maior desenvolvimento da fantasia e, segundo essa opinião, à medida que a criança vai crescendo, diminuem a sua imaginação e a força de sua fantasia". Elkonin (ibidem, p.125) raciocina da seguinte maneira sobre essa questão:

> Embora seja verdade que nas teorias gerais do jogo [...] tentou-se compreender o jogo a partir das peculiaridades do organismo jovem dos animais, também o é que nas teorias do jogo infantil explicaram-se os fenômenos fundamentais da conduta lúdica e, por conseguinte, do jogo como forma de conduta da criança em função de um desenvolvimento intenso, no período da infância, da imaginação e de suas peculiaridades: vivacidade, despreocupação, ilusões. Não se submeteu a exame, em absoluto, a situação da criança na sociedade, no sistema de inter-relações da criança com os adultos que a rodeiam.

Para entender como procederam essas tentativas nas concepções psicológicas, Elkonin recorre a uma teoria que influenciou sobremaneira alguns psicólogos, como Koffka, Lewin, Bühler, Klein e Piaget, na compreensão da natureza da brincadeira infantil: a teoria psicanalítica de Freud. Ele reitera que Freud não teve a intenção de criar nenhuma teoria da brincadeira, tentou apenas penetrar no entendimento do *princípio do prazer*. No decorrer de sua exposição, Elkonin apresenta alguns pontos discutidos por Freud sobre a brincadeira, o qual destaca que, geralmente, essa atividade é uma forma de satisfazer algum impulso que foi suprimido na vida real da criança, e que esta repete em suas brincadeiras o que lhes causou grande impressão na vida real. Também, a brincadeira da criança sofre influência de um desejo que as domina o tempo todo – o desejo de serem *pessoas crescidas* (Freud apud Elkonin, 1998). Elkonin assim presume a teoria freudiana.

> A teoria freudiana é uma das concepções mais acabadas do primarismo e, portanto, da predeterminação biológica dos principais impulsos em que se baseia a existência de todo ser vivo, do organismo mais simples ao homem. No reino animal, esses impulsos primários manifestam-se de maneira direta. Na sociedade, não ocorre o mesmo. A sociedade impõe "proibições" a esses impulsos primários que clamam por exteriorizar-se diretamente. [...] O jogo infantil primitivo e as manifestações supremas do espírito humano – a cultura, a arte, a ciência – nada mais são do que formas de eludir as "barreiras" interpostas pela sociedade aos impulsos primários que buscam saída. (Elkonin, 1998, p.131)

Isso quer dizer que qualquer ação que cause algum desconforto para a criança é tida por Freud como uma *situação traumatizante*. Nesses termos, quando a criança brinca de representar algum papel, como bombeiro ou maquinista, "[...] a única coisa que importa é a situação traumatizante que os objetos ou papéis reproduzem" (ibidem, p.132). Do ponto de vista freudiano, desde a infância, qualquer pessoa é um *neurótico em potencial*. À brincadeira é dada uma função terapêutica natural para controlar as possíveis neuroses que surgem na infância.

Muitos foram os seguidores de Freud em relação à brincadeira que fizeram analogias em maior ou menor grau, possibilitando uma interpretação que estimulou a propagação da psicanálise às crianças: "A utilização prática do jogo ia em duas direções: como método diagnóstico projetivo e como recurso terapêutico [ludoterapia]". Entre os seguidores, destaca-se Klein, que "[...] considera o jogo e a ludoterapia como substitutos da técnica das associações livres em que se baseia a psicanálise do adulto" (ibidem, 142-7).

A teoria freudiana da brincadeira também influenciou os primeiros trabalhos de Piaget sobre os problemas do desenvolvimento da criança e a natureza da brincadeira infantil. Sua leitura ficou conhecida como a *teoria dos dois mundos*, em que a criança assimila a realidade circundante conforme as leis de seu pensamento: primeiro autista depois egocêntrico. Tal assimilação cria um mundo simbólico no qual a criança vive e satisfaz seus desejos. O caminho para compreender essa concepção segue a seguinte lógica: a criança nasce e vive em um mundo unido, subjetivo do autismo e dos desejos; posteriormente, com a pressão existente no mundo dos adultos e da realidade, surgem dois mundos: o da brincadeira e o da realidade, sendo o primeiro o mais importante para a criança. Elkonin ressalta que, entre a concepção piagetiana e a psicanalítica, há uma diferença que consiste na seguinte: para os psicanalistas, "[...] o jogo é a manifestação dos desejos e tendências para a repetição compulsiva, enquanto para Piaget constitui os desejos residuais, ou seja, ainda não recalcados mas que, tal como para os psicanalistas, são impossíveis de satisfazer" (ibidem, p.151-3).

Em seguida, o autor em alvo é Koffka, que também tem uma posição equivalente sobre a concepção dos dois mundos. Entretanto, a estrutura de comportamento desses dois mundos é distinta e se forma da seguinte maneira: o mundo das crianças e o mundo dos adultos, sendo que a brincadeira e os desejos são típicos do mundo das crianças e as regras rígidas e a coerção pertencem ao mundo dos adultos. Essa concepção explica o desenvolvimento da criança como um simples deslocamento mecânico do mundo infantil para o mundo dos adultos. Portanto, a diferença entre Koffka e Piaget está nos termos que caracterizam esses dois mundos. Entretanto, para ambos, existe um mundo peculiar da criança constituído pelo mundo imaginário e subjetivo e um mundo dos adultos como objetivo, que a criança encontra pronto (ibidem).

Outro autor que, indiretamente, apresenta a ideia de dois mundos é Lewin e sua discípula Sliosberg. Eles realizaram uma pesquisa experimental com o objetivo de estabelecer as diferenças entre os pares: situação séria e lúdica, estratos irreais e reais. Embora não denominem como *dois mundos*, Elkonin (ibidem, p.167) analisa que a criança, ao buscar a satisfação das necessidades e a substituição dos objetos, entra na esfera da situação lúdica. Portanto, a brincadeira é, "[...] por um lado, um estrato singular da realidade e, por outro, que as ações lúdicas se parecem, por seu dinamismo, com as dos estratos irreais". Esse duplo papel da brincadeira faz que a criança transforme a si e aos objetos envolvidos na brincadeira, operando e atribuindo sentidos a eles. É acertada a premissa da realidade e a criança atua com objetos da vida real, desse modo, a brincadeira não é uma irrealidade.

Vigotski (apud Elkonin, 1998, p.156) aponta sua compreensão sobre a *concepção dos dois mundos*, afirmando que tal entendimento distorce a essência da brincadeira infantil, que para ele essa atividade consiste em criar uma situação fictícia, isso quer dizer, uma atividade altera o comportamento da criança, "[...] forçando-a a definir-se em suas ações e atos em situação só fictícia, só imaginária, e não naquela em que se vê. No que se refere ao conteúdo dessas situações fictícias, indica sempre terem saído do mundo dos adultos".

Elkonin compartilha dessa leitura de Vigotski e ainda complementa seu raciocínio ao asseverar que o engano dos adeptos da concepção dos dois mundos é de imaginar o *peculiar mundo infantil* como sinônimo de desejos inatos e insatisfeitos, como se partisse dessa insatisfação dos desejos primários que procede desse mundo subjetivo, autista e imaginário. Diante dessa interpretação, é possível apontar algumas incongruências: primeiro, compreendem que as necessidades são dadas à criança desde o começo como formações psíquicas, de desejos ou necessidades; e segundo, a noção de que as necessidades da criança não podem ser satisfeitas. O autor rebate essas premissas afirmando que a criança quando nasce tem certas necessidades fisiológicas que são satisfeitas pelos adultos que lhe cuidam e que a satisfação dessas necessidades básicas é a condição fundamental e imprescindível da vida da criança durante a infância. Entretanto, essas necessidades não estão dadas desde o começo como formações psíquicas. As primeiras necessidades que a criança sente já são sociais, especialmente a de precisar de um adulto e a de comunicar-se com ele. Elkonin sistematiza essa ideia de forma metafórica: "podemos afirmar que todas as necessidades da criança pequena estão objetivadas no adulto que dela cuida; para a criança, o leite que mama não está separado da mãe" (Elkonin, 1998, p.157-8).

Para sintetizar essa ideia dos dois mundos, recorremos a Elkonin. Ele afirma que a criança vive objetivamente desde seus primeiros dias, e seu mundo é, sobretudo, a "pessoa adulta como parte importante da realidade que a cerca, parte do mundo dos adultos. Somente no sistema em desenvolvimento das relações 'criança-adulto' a primeira ingressa em todo o mundo restante" (ibidem, p.158).

O último psicólogo que compõe a análise do corpo teórico de Elkonin sobre as tendências em relação à brincadeira é Chateau. Este critica as teorias de Groos e os demais que conceituaram essa atividade como expressão de múltiplas e diversas tendências manifestadas pela criança por meio da brincadeira e ainda rebate os psicanalistas que conceituam essa atividade como "[...] expressão simbólica de tendências mais ou menos latentes". Chateau não se opõe à existência de prazer na brincadeira, mas que esse prazer é de natureza moral e em cada jogo há um plano determinado e regras mais ou menos severas, que ao se cumprir esse plano e essas regras, ocorre uma singular *satisfação moral*. Nesses termos, a brincadeira é um assunto sério para a criança e é resultado de autoafirmação, que é "[...] expressão do anseio de aperfeiçoamento e de superação das dificuldades, do veemente desejo de conquista de cada vez mais progressos" (ibidem, p.183-5).

Chateau classifica as brincadeiras como: a) funcionais, que são típicas da primeira infância e da idade pré-escolar, que manifestam elementos de autoafirmação; b) imitativas, também denominadas como jogos com interpretação de papéis que surgem no primeiro ano e durante toda a idade pré-escolar da criança e se caracterizam pela identificação com um modelo, podendo, desse modo, ser um meio de autoexercício de conhecimento e compreensão de outros; c) com regras que portam elementos de comportamento voluntarioso, de superação das dificuldades e a afirmação social mediante o acatamento das regras. Elkonin acredita que há fundamento de que no jogo imitativo existam regras latentes e implícitas no papel. A criança subordina-se para protagonizar, porém, esse jogo imitativo porta apenas elementos e não compreende a essência e a natureza do jogo de papéis, justamente por Chateau descrever que é a autoafirmação o conteúdo fundamental dessa atividade, supondo que a tendência para a autoafirmação está na criança desde que nasce. Portanto, sua teoria aproxima-se da concepção de Groos ao ver "[...] no jogo apenas uma manifestação de certas tendências dadas de antemão" (ibidem, p.185).

Brevemente apresentado o ensaio esboçado por Elkonin, registramos, que não nos enveredamos na base teórica de cada um dos autores aqui apresentados, sendo que as análises expostas seguiram unicamente pela ótica de Elkonin e a forma como este conduziu seu exame crítico em cada uma dessas tendências. No decorrer desse ensaio, procuramos também demonstrar que o autor lia cada tendência e revelava suas contribuições para a solução do problema da psicologia da brincadeira, apresentando, ao mesmo tempo, os impasses criados em algumas hipóteses desses teóricos. Todo esse percurso teve por objetivo demonstrar a influência das tendências naturalistas no estudo da teoria da brincadeira que, "[...] embora neguem a base hereditária do jogo da criança, supõem um processo de seu desenvolvimento psíquico segundo o tipo de adaptação ao meio ambiente, e a sociedade é, nessas teorias, o meio ambiente onde a criança habita" (ibidem, p.187). O autor realiza um fecho em sua análise, que convém aqui apresentar:

> Todos os autores mencionados examinam a criança isolada da sociedade em que vive e da qual é parte. A criança e os adultos, o desenvolvimento de suas relações e a mudança de lugar da criança na sociedade escaparam totalmente ao estudo dos pesquisadores. E ainda mais: essas relações são examinadas sem conexão direta com o desenvolvimento psíquico. Até mesmo quando se examina a imitação, que é indubitavelmente um fato da vinculação da criança ao adulto, apresenta-se como imitação de um modelo físico e não

a inclui no contexto do relacionamento de uma com o outro, ou seja, é apresentada de maneira puramente naturalista. Por isso se esquece totalmente que a criança vive numa sociedade humana e entre objetos humanos, a cada um dos quais se vincula um modo de agir determinado e elaborado pela sociedade, cujo agente é o adulto. Não veem que os objetos não levam escrito o modo de agir com eles, nem o sentido humano de suas ações. Por último, tampouco se apercebem de que o modo de atuar com um objeto pode ser assimilado pela criança somente em função de um modelo, e o sentido das ações só pode ser alcançado se elas se incluem no sistema das relações inter-humanas. (ibidem)

O que se evidencia nessa passagem já é a esteira teórica e metodológica que Elkonin percorreu para investigar a brincadeira. Para ele, esse caminho é *diametralmente oposto* ao conceito naturalista dessa atividade e ratifica "[...] o caminho da investigação do jogo como forma de vida e atividade especial da criança para orientar-se no mundo das ações humanas, das relações entre as pessoas, dos problemas e motivos das ações dos indivíduos" (Elkonin, 1998, p.187). Nessa direção, objetivamos abrir um item de discussão sobre o encaminhamento teórico e metodológico de Elkonin para compreender histórica e socialmente a brincadeira.

Recuo histórico para compreender a atividade da criança e sua relação com o meio circundante

Já destacamos, no decorrer deste capítulo, que os estudos de Elkonin estiveram aliados com os pressupostos da Psicologia Histórico-Cultural, e esta teve um aprofundado conhecimento e apropriação do materialismo histórico e dialético. Vygotski (1996, p.391) afirma que a busca aos *mestres do marxismo* para a construção da psicologia marxista não era uma busca à

> solução da questão, e nem sequer uma hipótese de trabalho (porque estas se obtêm sobre a base da própria ciência). Não quero saber de momento, retirando dentre um par de citações o que é a psique; o

que desejo é aprender, na globalidade do método de Marx, como se constrói a ciência, como enfocar a análise da psique. [...] o que faz falta não são opiniões pontuais, senão um método; e não o materialismo dialético, senão o materialismo histórico.

Com base na compreensão firmada nos lineamentos da Psicologia Histórico-Cultural, propomos analisar como esses preceitos estão expostos no trabalho de Elkonin, tomando como exemplo sua pesquisa sobre a brincadeira infantil.

Para atingir esse entendimento, vamos enfocar três princípios que B. D. Elkonin (2007) expõe como norteadores das investigações de Elkonin: 1) o método histórico; 2) a atividade; 3) a relação criança-adulto.

O primeiro princípio é o do desenvolvimento e do método histórico. Este está embasado na compreensão de que a história como produto da ação humana está em constante movimento e o modo como os homens produzem seus meios de vida permite a satisfação de suas necessidades vitais e a criação de novas necessidades. Para isso, o homem age sobre a natureza, transformando-a, e ele também é, nesse processo, transformado (Marx; Engels, 1987).

A propósito do referencial adotado, Elkonin destaca que existem leis de transformações, leis do surgimento do novo, que podem ser compreendidas no movimento constante do desenvolvimento. B. D. Elkonin (2007, p.4) sistematiza a ideia de seu pai ao afirmar que, para ele, "[...] o único desenvolvimento, o processo de formação está na condição da realidade humana da vida. Estudar o homem e a criança como homem significa estudá-la como se desenvolve, isto é, no desenvolvimento constante". Elkonin, ao adotar esse princípio, também se baseia na premissa de Vygotski (1995, p.67-8) sobre o que é estudar *historicamente*.

Estudar algo historicamente significa estudá-lo em movimento. Esta é a exigência fundamental do método dialético. Quando em uma investigação se abarca o processo de desenvolvimento de algum fenômeno em todas as suas fases e mudanças, desde que surge até que desaparece, isso implica por em evidência sua natureza, conhecer sua essência, já que somente em movimento demonstra o corpo que existe.

Pautado nesse pressuposto dialético do estudo de algum fenômeno, Elkonin (1998), ao analisar a brincadeira, parte para sua investigação da realidade social sob o ponto de vista da *totalidade concreta*: cada fenômeno pode ser compreendido como momento do todo (Kosik, 2002). Nesse sentido, esse psicólogo soviético rejeita estudar a brincadeira de modo fragmentado, tomando os elementos quantitativos como somatória de processos que essa atividade pode atingir, como: percepção + imaginação + pensamento. Segundo o autor, podemos até determinar o valor de cada uma dessas faculdades no desenvolvimento de uma ou outra brincadeira, mas não entenderemos essa "[...] atividade peculiar da criança, como forma especial de sua vida e de sua vinculação à realidade circundante" (Elkonin, 1998, p.23).

Por esse prisma, ao estudar a brincadeira como um fenômeno social e, assim, um fato histórico, é necessário entender que os fatos só podem nos fornecer o conhecimento da realidade se pudermos entendê-los como fatos de um *todo dialético*, isto é, se são entendidos como partes estruturais do todo. Esse conhecimento de *todos os fatos* não significa, na realidade, a *totalidade*, como uma categoria essencial para o estudo de qualquer fenômeno, no caso aqui, a investigação de Elkonin. Quando este se propõe a estudar a brincadeira infantil, ele não parte de acúmulo de *todos os fatos*, porque esse *acumular fatos* não constitui a totalidade. Totalidade quer dizer realidade como um todo estruturado, dialético, no qual ou do qual um fato *qualquer* (classes de fatos, conjuntos de fatos) pode vir a ser *racionalmente compreendido*. Significa que o estudo de "[...] fatos isolados são abstrações, são momentos artificiosamente separados do todo, os quais só quanto inseridos no todo correspondente adquirem verdade e concreticidade". De tal modo, quando o fenômeno estudado em seu movimento espiral chega a um resultado que não era compreendido no ponto de partida, por apresentar *uma caótica representação do todo*, e ao ascender das abstrações mais simples às categorias da totalidade e concreticidade da realidade social, já não mais será uma *caótica representação*, mas uma *rica totalidade da multiplicidade das determinações e das relações* (Marx, 1978; Kosik, 2002, p.44-9).

A totalidade concreta como concepção dialético-materialista do *conhecimento* do real [...] significa, portanto, um processo indivisível, cujos momentos são: a destruição da pseudoconcreticidade, isto é, da fetichista e aparente objetividade do fenômeno, e o conhecimento da sua autêntica objetividade; em segundo lugar, conhecimento do caráter histórico do fenômeno, no qual se manifesta de modo característico a dialética do individual e do humano em geral; e, enfim, o conhecimento do conteúdo objetivo e do significado do fenômeno, da sua função objetiva e do lugar histórico que ela ocupa no seio do corpo social. (Kosik, 2002, p.61)

A título de inferência, podemos dizer que Elkonin (1998), ao estudar a brincadeira, estudou-a em uma totalidade concreta, visto que destruiu a pseudoconcreticidade desse fenômeno, ao investigá-lo no processo histórico de desenvolvimento, apresentando o lugar objetivo dessa atividade no corpo social e na vida da criança.

Para isso, Elkonin (ibidem), em oposição à decomposição de elementos, aplica a seu estudo uma análise chamada de *desagregadora das unidades*, na qual retoma o estudo de Marx sobre a mercadoria. No livro *O Capital*, ao analisar o modo de produção capitalista, Marx discute que a mercadoria é a unidade "mais geral e mais elementar da produção burguesa" contendo nela todas as peculiaridades e contradições (Marx, 1996, p.94). Elkonin (1998) cita que Vigotski (2001, p.397-8) foi o primeiro a aplicar na psicologia o estudo por unidade quando estudou o desenvolvimento da linguagem e do pensamento.

Procuramos substituir a análise que aplica o método da decomposição em elementos pela análise que desmembra a unidade complexa [...] em unidades várias, entendidas estas como produtos da análise que, à diferença dos elementos, não são momentos primários constituintes em relação a todo o fenômeno estudado, mas apenas a alguns dos seus elementos e propriedades concretas, os quais, também diferentemente dos elementos, não perdem as propriedades inerentes à totalidade e são suscetíveis de explicação mas contêm, em sua forma primária e simples, aquelas propriedades do todo em função das quais se empreende a análise.

Com base nessa compreensão de unidade que possui todas as *propriedades fundamentais do todo*, Elkonin (1998, p.24) questiona-se: "Como encontrar essa unidade do jogo, que já não se divide mais, que conserva as propriedades do todo? Unicamente examinando a forma evoluída do jogo de papéis, tal como se nos apresenta na metade da idade pré-escolar".

Nessa angulação, Elkonin (1998) investiga a brincadeira em todas as fases e mudanças, procurando compreender se essa atividade sempre existiu na vida da criança ou se foi fruto de um surgimento histórico, movido pela transformação das forças produtivas e das relações sociais de produção. Para isso, ele recupera uma clássica tese metodológica de Marx "[...] segundo a qual as manifestações de um nível superior de desenvolvimento de um fenômeno em seus níveis inferiores só poderão compreender-se se esse nível superior já for conhecido", ou seja, *a anatomia do homem é a chave da anatomia do macaco* (apud Elkonin, 1998, p.24). Vygotski (1996) denomina esse procedimento de *método inverso*. Duarte (2003, p.45-6) expõe que Vigotski "[...] defende a utilização, pela pesquisa psicológica, daquilo que ele chamava de 'método inverso', isto é, o estudo da essência de determinado fenômeno por meio da análise da forma mais desenvolvida alcançada por tal fenômeno". Elkonin apropria-se dessa tese e afirma que a forma mais desenvolvida da brincadeira infantil é o jogo de papéis: "Essa trajetória de cima para baixo, da análise da forma desenvolvida para a história de seu aparecimento e decadência é oposta ao evolucionismo trivial e constitui o segundo grande princípio metodológico de nossa investigação".

O autor entende que a forma mais desenvolvida da brincadeira se expressa no jogo de papéis e que se desenvolve na segunda metade da idade pré-escolar. Partindo desse pressuposto, cumpre percorrer o caminho de sua origem histórica na sociedade e na vida da criança, sua natureza (Elkonin, 1998, p.25).

Elkonin (ibidem) reconhece que o aparecimento do jogo de papéis na história é difícil de investigar pela falta de dados sobre o lugar que a criança ocupa na sociedade nas diversas fases do desenvolvimento histórico, bem como a carência de dados para revelar o caráter e o conteúdo das brincadeiras infantis nesses períodos: "a natureza dos jogos infantis só se pode compreender pela correlação existente entre eles e a vida da criança na sociedade". Mesmo assim, recorre a dados de etnógrafos e antropólogos, ainda que tais estudiosos não tivessem a intenção de analisar as brincadeiras das crianças; no entanto, alguns consideraram, em suas pesquisas, o seu modo de vida nessa sociedade e suas formas de relações. O autor admite outra dificuldade: os povos viveram e vivem em diferentes condições de acordo com o nível de desenvolvimento social, e tais condições, "[...] repercutem na vida das crianças na sociedade, no lugar que ocupam entre os adultos e, por essa razão, no caráter de seus jogos" (ibidem, p.48-9).

Mesmo diante dessas dificuldades impostas, Elkonin coloca-se diante desse problema e evidencia que sua empreitada é tentar responder, mesmo que sejam com hipóteses, duas questões: "A primeira é: Existiu sempre o jogo protagonizado ou houve um período da vida da sociedade em que não se conheceu essa forma de jogo infantil? A segunda: A que mudanças na vida da sociedade e na situação da criança na sociedade se deve o nascimento do jogo protagonizado?". Pelos dados reunidos, o autor alerta que é possível apontar que, pelas condições históricas, fez-se necessário o aparecimento dessa nova forma de vida da criança na sociedade, a qual está diretamente relacionada à forma de educação (ibidem, p.49).

A atividade da criança, desde seus primeiros anos, nas sociedades primitivas estava aliada com a função laboral, participava como membro da sociedade em todos os seus aspectos, inclusive aprendendo a fazer as mesmas tarefas que os adultos. Esses eram os princípios de formação e educação dessas sociedades para as crianças:

> a situação da criança na sociedade, nas fases de desenvolvimento mais recuadas, caracteriza-se sobretudo por sua incorporação precoce ao trabalho produtivo dos adultos. Quanto mais incipiente for o desenvolvimento da sociedade, tanto mais cedo as crianças se incorporarão ao trabalho produtivo e se converterão em produtores independentes. Nos alvores da vida da sociedade, as crianças levaram uma vida comum com os mais velhos. A função educativa ainda não se separara como função social peculiar, e todos os membros da sociedade educavam as crianças, propondo-se a tarefa fundamental de fazê-las partícipes do trabalho produtivo social e de transmitir-lhes sua experiência laboral; e o meio fundamental empregado era incluí-las gradualmente nas formas de trabalho dos adultos que estavam ao seu alcance. (ibidem, p 50-1)

O que Elkonin (ibidem) denomina de sociedades primitivas, Engels (1820-1895) caracteriza como período final da barbárie, anterior à civilização. Marx e Engels (1987, p.28) diferenciam uma sociedade da outra pelo estado de desenvolvimento das forças produtivas, da divisão do trabalho e do intercâmbio interno: "O quanto as forças produtivas de uma nação estão desenvolvidas é mostrado da maneira mais clara pelo grau de desenvolvimento atingido pela divisão do trabalho". Nas sociedades primitivas, não havia diferenças, internamente, entre direitos e deveres de cada um e também não havia a divisão em diferentes classes sociais. Não havia uma organização determinada entre a população da tribo e a divisão do trabalho era absolutamente espontânea, por assim dizer, uma *divisão natural do trabalho*, existindo apenas a diferença entre os dois sexos, homem e mulher, cada qual com seu domínio: "Cada um proprietário dos instrumentos que elabora e usa: o homem possuiu as armas e os apetrechos de caça e pesca, a mulher é dona dos utensílios caseiros" (Engels apud Marx; Engels, [s. d.], p.127).

O que se evidencia nesse período primitivo é a solidificação do *trabalho em comum*, ou seja, *a associação direta de trabalho*. Sobre o processo de trabalho comum, Marx demonstra que as "[...] diferenças de sexo e de idade e as condições naturais do trabalho, variáveis com as estações do ano, regulam sua distribuição dentro da família e o tempo que deve durar o trabalho de cada um de seus membros". Portanto, aqui se expõe, implicitamente, que os membros mais jovens também executavam e participavam nesse trabalho comum (Marx, 1996, p.86-7).

Ao utilizar os dados levantados por inúmeros antropólogos, geógrafos e etnólogos, Elkonin descreve vários exemplos de como era essa divisão natural do trabalho e a forma de inserção da criança nessas relações. Induz que "[...] numa sociedade subdesenvolvida com uma organização comunitária primitiva do trabalho, as crianças incorporam-se muito cedo ao labor produtivo dos adultos, participando nele na medida de suas forças". O que esses dados revelam é que a formação da criança nessa sociedade se dá pela inclusão no trabalho, por meio de obrigações laborais e da participação direta no trabalho produtivo dos adultos. Dessa forma, a criança se forma, desde cedo, para a independência e a autonomia. Não havia uma fronteira delimitada entre adultos e crianças, em função das "[...] condições de vida dessas crianças e de seu lugar real na sociedade" (Elkonin, 1998, p.56).

A economia dessas sociedades era doméstica e comunista. O que era feito e utilizado era de propriedade comum: *a propriedade era fruto do trabalho pessoal*. As *forças individuais de trabalho* operavam, naturalmente, "[...] como órgãos da força comum de trabalho da família e, por isso, o dispêndio das forças individuais do trabalho, medido pelo tempo de sua duração, manifesta-se, aqui, simplesmente, em trabalhos socialmente determinados" (Marx, 1996, p.87).

Quanto ao resultado dessa forma direta de trabalho, a produção, essa está inteiramente ligada ao valor de uso. Não aparece ainda, nesse momento, a produção de bens de consumo como valor de troca. Engels (apud Marx; Engels, [s. d.], p.139) explica que a produção era essencialmente coletiva e o consumo se realizava, também, sob um regime de distribuição direta dos produtos, no seio de pequenas ou grandes coletividades comunistas. Essa produção coletiva era levada a cabo dentro dos mais estreitos limites, mas ao mesmo tempo os produtores eram senhores de seu processo de produção e de seus produtos. Sabiam o que era feito do produto: consumiam-no, ele não saía de suas mãos. E, enquanto a produção se realizou sobre essa base, não pode sobrepor-se aos produtores, nem fazer surgir diante deles o espectro de poderes estranhos, como sucede, regular e inevitavelmente, na civilização.

Diante desse contexto, é possível questionarmos até que ponto o jogo de papéis esteve presente nessas sociedades, já que as crianças participavam e eram consideradas membros ativos do meio, conforme suas possibilidades? De acordo com os dados levantados por Elkonin (1998), as crianças pouco brincavam e sempre refletiam os afazeres dos adultos, o que indica que não eram protagonizados, justamente por não terem necessidade de imitar e protagonizar as ações dos adultos, já que essas ações eram refletidas diretamente no trabalho comum com os adultos.

Juntamente com essas ações, incorporavam-se instrumentos. Esses instrumentos eram considerados ferramentas de trabalho, que confeccionados de tamanho reduzido eram utilizados em consonância com o ramo de trabalho: "Não são, portanto, brinquedos, mas equipamentos que a criança deve saber o mais cedo possível e cujo manejo aprende ao empregá-los praticamente nas mesmas tarefas que os adultos". As ferramentas que as crianças, desde muito cedo, recebiam eram: facão, machado, arco e flecha e laços, confeccionados e adaptados para que as crianças exercitassem e aprendessem seu manejo, sempre orientadas pelos adultos. Assim, "ao aprender o manejo das ferramentas e adquirir a destreza necessária para participar no trabalho dos adultos, as crianças vão se incorporando pouco a pouco ao trabalho produtivo" (ibidem, p.63-9).

Essa função laboral da atividade e da ação com as ferramentas, Elkonin (ibidem) destaca como exercícios em que podem ter existido alguns elementos de situação lúdica, haja vista que, quando a criança maneja essa ferramenta, ela executa uma ação parecida à do adulto, imita-o, tentando identificar-se com o caçador, pastor ou qualquer outra atividade do adulto. Nessas situações, é possível supor a existência, implicitamente, de exercícios elementares do jogo de papéis.

Com a transformação às formas de produção mais desenvolvidas, como a complexidade da agricultura com o arado e a incorporação da indústria com a inclusão de ferramentas mais elaboradas, desvanece-se as formas de economia doméstica que, até então, eram baseadas na pesca, caça e coleta de alimentos. Obviamente, essa mudança do caráter de produção não ocorreu no curto prazo e nem de maneira linear e literal, porém essas novas formas de desenvolvimento da produção foram se alastrando. Para Engels, opera-se a *primeira grande divisão social do trabalho*. Uma das características dessa divisão é que já aparecem as primeiras trocas de produtos, com valor de mercadoria, como, por exemplo, o gado que "[...] chegou a ser a mercadoria pela qual todas as demais eram avaliadas, mercadoria que era recebida com satisfação em troca de qualquer outra; em uma palavra: o gado desempenhou as funções de dinheiro, e serviu como tal, já naquela época". Além dessa característica, outras foram ganhando forma. Com esse desenvolvimento nos ramos de produção, a força de trabalho do homem já não é mais para a produção dos próprios bens de consumo, mas começa a produzir além do necessário para a sua manutenção. O aumento da produtividade gerou, por conseguinte, o aumento da riqueza. Dessa primeira grande divisão social do trabalho, nasceu, também, a primeira grande divisão da sociedade em duas classes: exploradores e explorados (Engels apud Marx; Engels, [s. d.], p.128).

Nesse modo de produzir, porém, foi-se introduzindo lentamente a divisão do trabalho. Minou a produção e a apropriação em comum, erigiu em regra dominante a apropriação individual, criando, assim, a troca entre indivíduos [...]. Pouco a pouco, a produção mercantil tornou-se a forma dominante. Com a produção

> mercantil – produção não mais para o consumo pessoal e sim para a troca – os produtos passam necessariamente de umas para outras mãos. O produtor separa-se de seu produto na troca, e já não sabe o que é feito dele. Logo que o dinheiro, e com ele o comerciante, intervém como intermediário entre os produtores, complica-se o sistema de troca, e torna-se ainda mais incerto o destino final dos produtos. [...] As mercadorias agora não passam apenas de mão em mão, mas também de mercado a mercado; os produtores já deixaram de ser os senhores da produção total das condições de sua própria vida, e tampouco os comerciantes chegaram a sê-lo. (Engels apud Marx; Engels, [s. d.], p.139)

Em consequência disso, a mudança no caráter da produção e na divisão do trabalho alterou a participação das crianças nos diversos aspectos do trabalho. A atividade comum delas com os adultos adquiriu novas características: deixaram de participar diretamente em atividades laborais a elas superiores. Às crianças pequenas, foram confiados apenas alguns aspectos do trabalho doméstico e os afazeres mais simples (Elkonin, 1998, p.61).

Isso indica que, ao não poderem mais fazer parte da esfera do trabalho dos adultos, alguma atividade entrará em cena para substituir essa inacessibilidade. Na compreensão de Elkonin (ibidem, p.78-9) é o jogo de papéis que assume esse lugar. Entretanto, reitera que não é possível determinar, com precisão, em qual momento histórico surgiu o jogo de papéis, pela multiplicidade de povos e pelas condições de existência de cada um. De maneira geral, os dados levantados supõem que

> nas etapas iniciais da humanidade, quando as forças produtivas ainda se encontravam num nível bastante primitivo, no qual a sociedade não podia enfrentar o sustento de seus filhos e as ferramentas permitiam incluir diretamente as crianças, sem preparação especial alguma, no trabalho dos adultos, não existiam nem exercícios para aprender a manejar as ferramentas nem, ainda menos, o jogo protagonizado. As crianças entravam na vida dos mais velhos,

aprendiam o manejo das ferramentas e todas as relações, participando diretamente no trabalho deles [...]. O sucessivo desenvolvimento da produção, a complicação dos equipamentos de trabalho, o aparecimento de elementos da indústria doméstica e, com ela, de formas mais complexas de divisão do trabalho e de novas relações de produção deram lugar a que se complicassem ainda mais as possibilidades de incluir as crianças no trabalho produtivo. Os exercícios com ferramentas perdem a razão de ser e a aprendizagem do manejo de equipamentos complicados é adiada para idades subsequentes.

Portanto, nessa nova configuração social, a participação direta no trabalho produtivo é substituída pelo jogo de papéis, que, por seu conteúdo, tem suas origens no trabalho dos adultos. E também a ferramenta em tamanho menor, introduzida na vida da criança para aprender a manejar com um fim socialmente útil, perde sua função e é substituído pelo *brinquedo*. Essa alteração de lugar da criança na sociedade e de sua atividade teve raiz em um determinando momento histórico.

O recuo histórico foi realizado para responder as questões postas anteriormente por Elkonin (ibidem, p.80), as quais são agora recolocadas como uma tese: o jogo de papéis "[...] nasce no decorrer histórico da sociedade como resultado da mudança de lugar da criança no sistema de relações sociais. Por conseguinte, é de origem e natureza sociais".

Essa hipótese do surgimento da brincadeira relacionado com as condições sociais concretas e históricas, ou seja, relacionado com a filogênese, apresenta-se na vida da criança – na ontogênese – de maneira também concreta: "Com o jogo protagonizado, começa também um novo período no desenvolvimento da criança, o qual pode ser justificadamente denominado de período dos jogos protagonizados e recebeu na moderna psicologia infantil e na pedagogia o nome de período de desenvolvimento pré-escolar" (ibidem).

Esse período, como os demais, não é justificado pela via instintiva, inata e interna da criança, mas pela atividade que ela desenvolve no interior de suas relações com a realidade circundante. Aqui se encontra o segundo princípio teórico e metodológico de Elkonin: a compreensão psicológica da *atividade* no desenvolvimento da criança (apud B. D. Elkonin, 2007). Segundo ele, esse princípio é compreendido como a reconstituição de formas existentes, a construção de novas e a superação das formas já desenvolvidas, como, primeiramente as formas do próprio comportamento.

O conceito de atividade exigia uma compreensão da vida infantil pelo princípio não adaptativo. A adaptação da criança às circunstâncias físicas disponíveis, de certa forma, não é um traço principal do desenvolvimento infantil, mas sim um tipo particular e limitado da prática social e pedagógica, e que exige superação. (ibidem, p.6)

Esse princípio da atividade é retirado dos estudos de Leontiev ([s. d.]; 1988a). É uma categoria fundamental para compreender a constituição do psiquismo humano, logo, do desenvolvimento da criança. Para isso, é necessário "[...] começar analisando o desenvolvimento da *atividade* da criança, como ela é construída nas condições concretas de vida" (ibidem, p. 63, grifos nossos). Essa premissa está fundamentada no processo histórico do gênero humano e de sua humanização. A atividade do homem, nesse sentido, deve ser entendida como uma atividade histórica e geradora da história, ou seja, do desenvolvimento humano, do processo de humanização da natureza e do próprio homem, tendo em vista algo que caracterize a especificidade, a peculiaridade dessa atividade frente a todas as outras formas de atividades dos demais seres vivos (Duarte, 1993).

Conforme ensina Marx e Engels (1987, p.27, grifos originais) podemos distinguir os homens dos animais tão-somente por sua *atividade vital – o trabalho*: "[...] eles [os homens] próprios começam a se diferenciar dos animais tão logo começam a *produzir* seus meios de vida". O trabalho é um processo que se desenvolve entre o homem e a natureza: o homem, por meio de sua ação, pode controlar, mediatizar e regular essa natureza. Desse modo, "[...] o trabalho é uma atividade que *se dirige para a satisfação da necessidade não de um modo imediato, mas através de uma mediação"* (Markus, 1974, p.51, grifos originais). Assim, se a ação sobre a natureza conduz à satisfação de alguma necessidade, esse processo é sempre por meio de uma mediação. Essa mediação configura-se como o instrumento de trabalho que o homem introduz entre ele e o objeto de sua necessidade e como o próprio trabalho que torna possível a utilização do objeto. Essa ideia pode ser assim ilustrada: no processo de trabalho, que se apresenta entre a necessidade de alimento dada no ponto de partida e a satisfação dessa necessidade no ponto de chegada, há um elemento intermediário, "há uma atividade mediadora: a produção de instrumentos. Não importa quão primitivo seja esse primeiro instrumento, a pedra lascada. Importa que começa aí a diferenciação entre o ser humano e os animais" (Duarte, 2004, p.49).

Esse é o movimento da atividade: produção dos meios de satisfação das necessidades e surgimento de novas necessidades, que já não estão diretamente associadas ao corpo orgânico – como fome e sede –, porém necessidades ligadas à produção material da vida. Decorre disso um aumento significativo de objetos naturais transformados em objetos da atividade do homem por meio de sua ação. Esses objetos agora têm existência objetiva, por serem resultados da atividade humana (ibidem).

Aqui é o ponto de partida do surgimento do gênero humano: "O modo pelo qual os homens produzem seus meios de vida depende, antes de tudo, da natureza dos meios de vida já encontrados e que têm de reproduzir" (Marx; Engels, 1987, p.27). Esse processo é chamado de *objetivação* e *apropriação*. A relação entre ambos é que os indivíduos, para se inserirem no processo do desenvolvimento histórico do gênero humano, necessitam se *objetivar*, "[...] isto é, precisam produzir e reproduzir a realidade humana, o que, porém, não podem sem a apropriação dos resultados da história da atividade humana" (Duarte, 1993, p.53). Resumindo:

> A objetivação do homem significa, ao mesmo tempo, a *apropriação* do objeto: mas essa apropriação não deve ser entendida tão-somente no sentido de que o uso do objeto é possibilitado pela

ação humana; apropriação do objeto significa apropriação da força essencial do homem que se tornou objetiva. *O homem só desenvolve suas faculdades na medida em que as objetiva.* (Markus, 1974, p.53)

Face ao exposto, Leontiev ([s. d.]) considera que se o processo de apropriação é resultado de uma atividade efetiva do indivíduo em relação aos objetos e fenômenos da realidade, que foram produzidos pelo desenvolvimento da cultura humana, a criança deve estabelecer relações com essa produção por intermédio de outros indivíduos. Portanto, o estudo da atividade humana envolve a apropriação dessa cultura objetivada da produção dos indivíduos ao longo do processo histórico.

Ao estudar esse processo da atividade humana e o desenvolvimento do psiquismo, Leontiev ([s. d.]) não busca no interior do próprio sujeito essas explicações, mas na atividade social, nas circunstâncias concretas de vida e nas relações humanas: "O que eles [os homens] são coincide, portanto, com sua produção, tanto com *o que* produzem, como com o modo *como* produzem. O que os indivíduos são, portanto, depende das condições materiais de sua produção" (Marx; Engels, 1987, p.28, grifos originais).

Partindo de uma visão concreta de homem, de *indivíduos reais*, em *suas atividades* e nas *condições materiais sob as quais eles vivem*, é pensada a criança por sua atividade e por suas relações com os demais de seu círculo. A atividade que a criança realiza, por meio da comunicação com os adultos e por mediação destes, da brincadeira, faz que ela se aproprie de forma ativa dos objetos humanos com os quais reproduz as ações humanas. É por meio de sua ação e em dependência das pessoas com quem está em contato que constitui seu modo de vida e este se modifica de acordo com a posição real que a criança ocupa, a partir da qual descobre o mundo das relações humanas. Significa dizer que seu desenvolvimento está condicionado pelo lugar efetivo que ocupa nessas relações.

As aquisições do desenvolvimento histórico das aptidões humanas não são simplesmente *dadas* aos homens nos fenômenos objetivos da cultura material e espiritual que os encarnam, mas são aí *postas*. Para se apropriar destes resultados, para fazer deles *suas aptidões*, "os órgãos da sua individualidade", a criança, o ser humano, deve entrar em relação com os fenômenos do mundo circundante através de outros homens, isto é, num processo de comunicação com eles. Assim, a criança *aprende* a atividade adequada. Pela sua função este processo é, portanto, um processo de *educação*. (Leontiev, [s. d.], p.290, grifos originais)

Essa condição do lugar objetivo que a criança ocupa na sociedade decorre, para Leontiev ([s. d.]), de que suas *obrigações relativas à sociedade* estão atreladas a sua função e papel social, que delineiam *todo o conteúdo da sua futura vida*. Dessa forma, o conteúdo de sua atividade encontra-se na sociedade, na realidade concreta.

Assim, no decorrer do desenvolvimento da criança, "[...] sob a influência das circunstâncias concretas de sua vida, o lugar que ela objetivamente ocupa no sistema de relações humanas se altera" (Leontiev, 1988a, p.59). Destarte, para entender as forças motrizes do desenvolvimento, é necessário tomar como ponto de partida, a mudança do lugar ocupado pela criança no sistema de relações sociais.

Elkonin e Zaporozhéts (1974b), calcados nessas investigações de Leontiev, consideram que o desenvolvimento psíquico acontece no processo da atividade e é dependente das condições e do caráter dessa atividade. Portanto, em cada nível qualitativamente distinto do desenvolvimento, há um papel dominante assumido por um tipo específico de atividade dominante, que determina as formas de domínio e de conteúdo.

Todavia, esse lugar, em si mesmo, não determina o desenvolvimento: ele simplesmente caracteriza o estágio existente já alcançado. O que determina diretamente o desenvolvimento da psique de uma criança é sua própria vida e o desenvolvimento dos processos reais desta vida – em outras palavras: o desenvolvimento da atividade da criança, quer a atividade aparente, quer a atividade interna. Mas seu desenvolvimento, por sua vez, depende de suas condições reais de vida. (Leontiev, 1988a, p.63)

Sob esse enfoque, não é qualquer atividade que vai promover o desenvolvimento psíquico e global ou a somatória de vários tipos isolados de atividades. Há que se compreender que alguns tipos de atividade desempenham um papel dominante no desenvolvimento, enquanto outras desempenham um papel secundário em cada fase do desenvolvimento e são as características e o conteúdo dessas atividades que orientam o seu transcurso. Atividade dominante, desse modo, é entendida como "[...] processos psicologicamente caracterizados por aquilo a que o processo, como um todo, se dirige (seu objeto), coincidindo sempre com o objetivo que estimula o sujeito a executar esta atividade, isto é, o motivo" (ibidem, p.68).

A atividade é sempre dirigida por alguma necessidade, logo, são as necessidades do indivíduo – a criança – que constituem a condição para a atividade. Na medida em que se complexifica a atividade, vão se produzindo novas necessidades e novos motivos. Os motivos incitam a criança a agir, por algum fim – objetivo. As operações são os meios para se executar determinada ação. Podemos, assim, sintetizar que a categoria atividade envolve as relações entre as necessidades, motivos, objetivos, ações e operações do indivíduo.

Como se pode notar, o conceito de atividade dominante, no âmbito do desenvolvimento humano, "fundamenta-se no conceito histórico-social de atividade, segundo o qual ela é o modo/meio pelo qual o indivíduo se relaciona com a realidade, tendo em vista produzir e reproduzir as condições necessárias à sua sobrevivência física e psíquica". Atividade, nesse sentido, só pode ser entendida na "*unidade de sujeito e objeto, de pessoa e contexto físico-social*. Ou seja, atividade é elo, e como tal se estrutura na base dos polos que medeia" (Arce; Martins, 2007, p.47).

Segundo os princípios estabelecidos por Leontiev (1988a), as propriedades da atividade dominante podem ser assim caracterizadas: 1) Aparecem e se diferenciam tipos novos de atividade;

2) Formam-se ou reorganizam-se os seus processos psicológicos particulares; 3) Vinculam-se mudanças psicológicas fundamentais da personalidade. Importa ressaltar que a atividade dominante não é aquela que ocupa maior quantidade de tempo por parte do indivíduo, mas sim a que preenche as condições descritas acima.

A mudança de uma atividade dominante à outra está relacionada com as mudanças nos motivos e nas ações da atividade. Todavia os motivos que provocam as transições de uma atividade à outra estão ligados, diretamente, com o lugar que a criança ocupa no sistema das relações sociais. É o que Elkonin (1987b, p.122) caracteriza como a relação *criança-sociedade*. Na vida da criança, surgem novos tipos de atividade, novas relações da criança com a realidade. "Seu surgimento e conversão em atividades dominantes não eliminam as existentes anteriormente, elas apenas mudam de lugar no sistema geral de relações da criança com a realidade, tornando mais ricas essas relações".

As relações objetivas com a realidade, ou seja, a relação criança-sociedade é o terceiro princípio que orienta os estudos de Elkonin. Esse princípio está calcado na compreensão do desenvolvimento infantil como mudanças das formas da generalidade das crianças e dos adultos.

Para compreender como se caracteriza essa relação, Elkonin (ibidem) investigou o caráter histórico desse desenvolvimento, utilizando como meio de investigação o surgimento histórico do jogo de papéis. Como demonstrado anteriormente, em certos períodos históricos da sociedade, houve alterações do lugar ocupado pela criança no seio da sociedade. Para investigar a relação criança-sociedade, toma o jogo de papéis como base para comprovar sua tese.

> Em contraposição aos pontos de vista que consideram a jogo de papéis uma particularidade eterna, não histórica, da infância, nós supusemos que surgiu em uma determinada etapa do desenvolvimento da sociedade, no curso da mudança histórica do lugar que a criança ocupa nela. A brincadeira é uma atividade social por sua origem e por isso seu conteúdo é social.

Em suas investigações, Elkonin (1987b, p.113, grifos originais) afirma que o surgimento dessa brincadeira ocorre com a mudança na posição que a criança ocupa na sociedade, mas apesar de mudar esse lugar específico, em todo lugar e sempre, a criança permanece sendo parte da sociedade. Nessa análise histórica, esclarece que, no desenvolvimento inicial da humanidade, a relação da criança com a sociedade era direta e imediata, já que desde a mais tenra idade vivia uma vida comum com os adultos. "A criança constituía uma parte orgânica da força produtiva da sociedade e sua participação nessa força estava limitada somente por suas possibilidades físicas". Assim, ela desenvolvia-se dentro dessa vida comum e coletiva, em um processo único e indivisível. Com a complexificação dos meios de produção e das relações sociais, o elo da criança com a sociedade muda, convertendo-se de *imediato* em *mediatizado* por meio da educação. Mas a relação criança-sociedade não muda. O que mudam são as formas sociais de educação que perpassam pela família, que se transforma em uma unidade econômica autônoma e sua relação com a sociedade cada vez mais mediatizada. Nesse panorama, o sistema de relações *criança-sociedade* "[...] se vela, se oculta atrás do sistema de relações *criança-família* e nele, atrás das relações *criança-um adulto*".

Há um desenvolvimento não do indivíduo – criança – mas, na reciprocidade, na dialética, entre criança-adulto.

> Cada nova escala no desenvolvimento da independência, na emancipação em relação aos adultos, significa simultaneamente o surgimento de uma forma nova de relação da criança com os adultos e com a sociedade. A relação entre a tendência à independência e a necessidade de comunicação com os adultos numa vida conjunta com os mesmos configura-se em uma das contradições internas, tidas como a base do desenvolvimento da personalidade da criança. (Elkonin apud B. D. Elkonin, 2007, p.6)

Assim, Elkonin considera como fonte dos processos afetivos e intelectuais do desenvolvimento da criança a relação *criança-socie-*

dade. Ao destacar que essa não se perde com o progresso social, apenas se vela atrás da relação *criança-adulto*, Elkonin (1987b) introduz uma nova interação que complementa a da *criança-sociedade*, subdividindo duas relações diferentes, mas que, ao mesmo tempo, complementam-se em seus conteúdos, a saber: *criança-objeto social* e *criança-adulto social*. Na relação criança-objeto social, as coisas contêm determinadas propriedades físicas e espaciais, as quais se colocam ante a criança como objetos sociais, que reproduzem os procedimentos, socialmente elaborados, de ações com essas coisas.

Em virtude desse entendimento, Elkonin foi considerado como o único psicólogo soviético que tentou superar a dualidade nesses processos: "Ele sempre tentou entender a relação dessas duas linhas de desenvolvimento nas suas investigações" (Venger, 2004, p.104).

Os procedimentos, socialmente elaborados, de ações com os objetos não estão dados de forma imediata como certas características físicas das coisas. No objeto não estão inscritos sua origem social, os procedimentos de ação com ele, os meios e procedimentos de sua reprodução. Por isso não é possível dominar tal objeto por meio da adaptação. Torna-se internamente indispensável o processo peculiar de assimilação, por parte da criança, dos procedimentos sociais de ação com os objetos. (Elkonin, 1987b, p.113)

Durante o processo de domínio dos procedimentos sociais de ação com os objetos, a criança começa a se formar como membro da sociedade. Essa formação inclui suas forças intelectuais, cognitivas e físicas. Nesse atuar com os objetos, há a elevação do nível de domínio de ações com esses objetos e a criança coloca-se em posição de comparação com os que portam esses procedimentos sociais de ação com os objetos – o adulto. Seguindo essa via, o adulto apresenta-se à criança não somente como portador desses procedimentos, mas como realizador de determinadas tarefas sociais (ibidem).

Diferentemente, por seu conteúdo, na relação *criança-adulto social*, não é o adulto que atua ante a criança como portador de qualidades casuais, mas, sim, como alguém que realiza determinados tipos de atividade no cumprimento de tarefas e promove diferentes relações com diferentes pessoas de seu meio. Como às crianças não é possível e nem acessível a realização da atividade do adulto, elas assimilam as tarefas, motivos e normas que existem na atividade do adulto pela reprodução dessas relações em sua atividade. Durante esse processo de assimilação, esbarra na necessidade de dominar as novas ações objetais, as quais o adulto realiza em sua atividade.

> Desta forma, pois, o adulto aparece ante a criança como portador de novos e cada vez mais complicados procedimentos de ação com os objetos, de padrões socialmente elaborados, indispensáveis para orientar-se na realidade circundante. Assim, a atividade da criança dentro dos sistemas *criança-objeto social* e *criança-adulto social* representa um processo único no qual se forma sua personalidade. (Elkonin, 1987b, p.115)

Nesse sentido, a compreensão da relação *criança-sociedade*, subdividida em *criança-objeto social* e *criança-adulto social*, remete à própria compreensão de atividade conjunta entre a criança e o adulto, que reflete no entendimento entre a unidade afeto e intelecto: "O afeto – orientação de outro, é um sentido social. O intelecto – a orientação às condições reais do objeto na realização da ação" (Elkonin apud Venger, 2004, p.104).

O norte pautado nesses três princípios, segundo B. D. Elkonin, ajuda-nos a compreender os trabalhos de Elkonin, que, nem sempre, são diretamente formulados nem de fácil compreensão, mas o próprio Elkonin expõe qual foi seu objetivo de vida científica ao traçar esses princípios: "[...] penso que basicamente o que fiz na minha vida foi uma pregação, uma tentativa de compreensão histórica dos processos do desenvolvimento infantil" (apud B. D. Elkonin, 2007, p.4).

Traçado o encaminhamento teórico e metodológico de Elkonin para fundamentar sua compreensão histórica e social do jogo de papéis, passamos para o tratamento dado pelo autor e seus colegas, pautado na pesquisa experimental, sobre essa brincadeira.

Conforme Elkonin (1996; 1998), não se trata de qualquer pesquisa experimental, e sim um experimento baseado no método genético-experimental, empregado em muitos trabalhos dos membros pertencentes à Escola de Vigotski. Esse método possibilitava, experimentalmente, observar como surgem, desenvolvem-se e descobrem-se as leis dos processos psíquicos e suas novas formações. Na pesquisa sobre a brincadeira, investigam-se os processos do desenvolvimento, da formação prolongada da atividade lúdica em uma mesma coletividade infantil, "[...] com o objetivo especial de dirigir dessa maneira o seu desenvolvimento, cuja tarefa fundamental consistiria em esclarecer as possibilidades e as condições de transição de um nível de atuação no jogo para outro" (Elkonin, 1998, p.240-1).

Os resultados desses experimentos estarão diluídos em cada atividade analisada, tendo como pilar de discussão a Teoria da Periodização de Elkonin (1987b), que se encontra no próximo capítulo.

Com base no exposto, é possível inferir que o olhar de Elkonin sobre os fenômenos de seus estudos esteve sempre voltado para uma compreensão histórica e, ao mesmo tempo, dialética. Nas discussões arroladas a seguir sobre seus trabalhos, poderemos perceber essa materialidade histórica e dialética na totalidade. Logo, o próximo capítulo será dedicado à apresentação e discussão dos outros trabalhos desenvolvidos pelo autor, e que seguem a mesma fundamentação.

3
As investigações científicas de Elkonin: das pesquisas experimentais às elaborações teóricas

> *Entretanto o importante é que a destruição do antigo deve ser feita levando em conta o que será construído sobre ele.*
>
> Elkonin (2004a)

Propomos discutir, de maneira mais geral, os estudos desenvolvidos pelo autor, cientes da complexidade de seu pensamento. Em um esforço para compreendê-lo de modo menos parcial, asseveramos a necessidade do entendimento dos referenciais teóricos e metodológicos norteadores do pensamento investigativo de Elkonin, conforme apresentados anteriormente.

Antes de prosseguirmos, cumpre retomar algumas questões abordadas no segundo capítulo, quanto às condições a que a Psicologia Histórico-Cultural esteve submetida, em grande parte, pela ascensão de Stálin ao poder. Isso se faz necessário, justamente porque as retaliações feitas por Stálin marcaram uma parcela de estudiosos e os encaminhamentos das investigações, que diretamente, abateram-se sobre Elkonin. Se na década de 1930, por intermédio de Vigotski, suas intenções estiveram voltadas ao jogo infantil, após a morte desse líder, em 1934, Elkonin voltou-se ao grupo de Leontiev. Ao final dessa década, as condições não estavam nada favoráveis e Elkonin encontrou-se sem condições objetivas para desenvolver suas pesquisas, o que o levou a trabalhar com primeiras séries do ensino primário.

Esse novo campo de trabalho lhe abre novas possibilidades de estudar a criança em sua atividade, especificamente na apreensão dos conhecimentos. Assim, as décadas da censura stalinista foram as de produções experimentais no campo da educação da criança em idade escolar em sua *atividade de estudo* – produções que contribuíram para a sistematização dos estudos na psicologia e pedagogia infantil.

Grande parte dos trabalhos de Elkonin, como de outros integrantes da Escola de Vigotski, não foi traduzida para o inglês, espanhol ou para o português, mesmo depois da abertura ocorrida nos anos de 1990 com o fim do mundo soviético. Acreditamos que, em parte, a indisponibilidade do acervo soviético ao mundo ocidental seja fruto das dificuldades impostas em relação à língua russa, que não é expandida no Ocidente como as demais, e pelo ranço deixado pelo comunismo real.

Neste capítulo, analisamos alguns estudos de Elkonin, aos quais tivemos acesso, haja vista que, dos 116 trabalhos por ele publicados, entre eles livros, capítulos e artigos, grande parte ainda se encontra no idioma russo. Para a organização da análise, apresentamos, de forma geral, os trabalhos que foram possíveis de ser compilados e que serão objeto de nossa discussão (a listagem das publicações de Elkonin está anexa).

Iniciamos com um quadro que sistematiza informações sobre os títulos dos trabalhos de Elkonin traduzidos e utilizados nesta pesquisa; o ano e o local onde foi publicado pela primeira vez cada texto e as respectivas traduções; e apresentamos algumas considerações explicativas sobre cada produção. Como alguns textos têm mais de uma publicação, estão sublinhados os que utilizamos neste trabalho.

Ante esse quadro, apresentaremos, em seguida, como esses textos estão concatenados e formam o pensamento investigativo de Elkonin, logo, constituindo seu *corpo teórico*.

Quadro 1 – Relação de trabalhos de Elkonin, com ano e local de publicação e algumas considerações.

Número	Título do Texto	Ano e local de publicação	Considerações
1	Questões psicológicas da brincadeira na idade pré-escolar	a) 1948 – Publicado pela primeira vez na revista: *Questões da Psicologia da Criança Pré-Escolar* (em russo). b) 1987 – Traduzido e publicado em espanhol na coletânea: *La Psicología Evolutiva y Pedagógica en la URSS (antología)*, organizada por M. Shuare e V. Davidov.	Primeiras elaborações sobre a brincadeira.
2	Característica geral do desenvolvimento psíquico das crianças	a) 1956 – Coletânea de textos organizada por A. A. Smirnov: *Psicología* (em russo). b) 1969 – Tradução da coletânea organizada por A. A. Smirnov: *Psicología* (em espanhol).	Nesses textos, encontram-se sistematizadas as características do desenvolvimento infantil desde o nascimento até o término do período escolar. Eles servirão de base para a análise das características e dinâmica de cada período, em cada atividade, em nosso trabalho.
3	Desenvolvimento psíquico da criança desde o nascimento até o ingresso na escola		
4	Desenvolvimento psíquico dos escolares		
5	Algumas conclusões sobre o estudo do desenvolvimento psíquico das crianças em idade pré-escolar	a) 1960 – Texto publicado na coletânea intitulada: *Ciência Psicológica da URSS*. Volume 2 (em russo). b) 1969 – Traduzido como capítulo do livro: *A Handbook of Contemporary Soviet Psychology* (em inglês).	Elkonin discute algumas questões sobre a educação pré-escolar e como a psicologia tem se desenvolvido para atender a esse período. Em especial, apresenta resultados de estudos seus sobre como se procede o desenvolvimento psíquico da criança nessa fase.

Continua

Continuação

Número	Título do Texto	Ano e local de publicação	Considerações
6	Excertos do diário científico (1960-1962)	a) 1960/1962 – Escreve um diário científico que nessa época não foi publicado. b) 2004 – Publicado na revista *Questões da Psicologia* (em russo).	Nesse diário, encontram-se algumas elaborações teóricas e anotações da prática de trabalho de Elkonin. Na época em que foi escrito, não havia sido publicado, mas em 2004, o filho de Elkonin revisou esse diário científico e publicou-o na edição especial da revista em comemoração ao centenário de nascimento de Elkonin.
7	Questões sobre a formação de conhecimentos e capacidades nos escolares e os novos métodos de ensino na escola	a) 1963 – Publicado na revista *Questões da Psicologia* (em russo). b) 1987 – Traduzido e publicado em espanhol na coletânea: *La Psicología Evolutiva y Pedagógica en la URSS* (antología), organizada por M. Shuare e V. Davidov.	Escrito juntamente com Galperin e Zaporozhéts.
8	Sobre a teoria da educação primária	a) 1963 – Primeira edição na revista: *A Educação Pública* (em russo). b) 1999 – Publicado em inglês na revista *Journal of Russian and East European Psychology*.	Este texto introduz alguns apontamentos sobre os métodos de ensino, a didática, formação de professores e a questão do conhecimento nas séries iniciais.
9	A psicologia das crianças pré-escolares	a) 1964 – Livro organizado por Elkonin e Zaporozhéts (em russo). b) 1974 – Traduzido para o inglês com o título *The Psychology of Preschool Children*.	Este livro apresenta estudos de autores contemporâneos sobre, por exemplo, desenvolvimento da sensação e percepção; desenvolvimento da atenção; desenvolvimento da memória; desenvolvimento da imaginação

			entre outros. Elkonin e Zaporozhéts, como organizadores, escreveram o prefácio deste livro, que utilizamos como fonte bibliográfica nesta pesquisa.
10	Desenvolvimento do pensamento	a) 1964 – Texto em forma de capítulo do livro: *A Psicologia das crianças pré-escolares*, escrito juntamente com Zaporozhéts e Zinchenko (em russo). b) 1974 – Traduzido para o inglês, como capítulo do livro *The Psychology of Preschool Children*.	É discutido sobre o desenvolvimento do pensamento, baseando-se em investigações experimentais e teóricas dos autores.
11	Desenvolvimento da linguagem	a) 1964 – Texto em forma de capítulo do livro: *A psicologia das crianças pré-escolares* (em russo). b) 1974 – Traduzido para o inglês, como capítulo do livro *The Psychology of Preschool Children*.	Nesse texto, Elkonin apresenta um estudo sobre o desenvolvimento da linguagem, embasado em investigações experimentais e teóricas.
12	O simbólico e sua função nas brincadeiras das crianças	a) 1966 – Texto publicado na revista: *Educação Pré-Escolar* (em russo). b) 1971 – Texto traduzido para o inglês e como capítulo do livro: *Child's Play* – organizado por Herron e Sutton-Smith.	Encontram-se algumas sistematizações da Teoria do Jogo, em especial do simbolismo.
13	O problema da aprendizagem e do desenvolvimento nos trabalhos de L. S. Vigotski	a) 1966 – Texto publicado na revista *Questões da Psicologia* (em russo). b) 1967 – traduzido para o inglês para a revista *Soviet Psychology*.	Elkonin discute sobre a pertinência dos trabalhos de Vigotski, no que concerne ao ensino e desenvolvimento.

Continua

Continuação

Número	Título do Texto	Ano e local de publicação	Considerações
14	Sobre o problema da periodização do desenvolvimento psíquico na infância	a) 1971 – Texto publicado na revista: *Questões da Psicologia* (em russo). b) 1986 – Traduzido para o espanhol na coletânea: *Antología de la psicología pedagógica y de las edades*, organizada por I. I. Iliasov e V. Ya. Liaudis. c) 1987 – Publicado em espanhol na coletânea: *La psicología evolutiva y pedagógica en la URSS (antología)*, organizada por M. Shuare e V. Davidov. d) 1999 – Publicado em inglês na revista *Journal of Russian and East European Psychology*. e) 2001 – *Site*, em inglês <www.marxists.org>.	Em nossa análise, excetuando a primeira – não analisada, são quatro publicações semelhantes em suas traduções. Neste trabalho, nos apoiaremos na publicação organizada por Shuare e Davidov.
15	URSS – psicologia da leitura	a) 1973 – Texto que integra o livro em inglês: *Comparative Reading. Cross-National Studies of Behavior and Process in Reading and Writing*, organizado por John Downing.	Elkonin sistematiza seus estudos sobre a psicologia do processo de leitura e escrita, baseando-se em estudos experimentais e teóricos desenvolvidos na URSS. Esse texto foi traduzido pelo editor do livro John Downing e seu objetivo era apresentar a sistematização sobre os processos de leitura e escrita em diferentes países. Apresenta o trabalho de Elkonin com o título *URSS*, mas em nota explicativa expõe que esse texto é resultado de uma pesquisa realizada por Elkonin sobre os processos psicológicos que envolvem a aprendizagem da leitura e escrita. Por conta disso, adotamos

16	Como ensinar as crianças a ler	a) 1976 – Publicado em russo, como manuscrito. b) 1999 – Publicado em inglês na revista <u>Journal of Russian and East European Psychology</u>.	Elkonin introduz alguns aspectos sobre o processo de alfabetização das crianças em idade escolar, decorrente de sua experiência como professor de séries iniciais na ex-URSS.
17	Psicologia do jogo	a) 1978 – Livro publicado. b) 1980 – Traduzido para o espanhol. c) 1998 – <u>Publicado do espanhol para o português</u>.	Das três edições comparadas, há semelhanças em termos de organização dos capítulos. Não foi alvo de nosso estudo uma análise pormenorizada de cada edição. Esse livro reflete mais 50 anos de estudos de Elkonin sobre a temática. É um de seus trabalhos mais importantes e mais conhecido no Ocidente.
18	As questões psicológicas relativas a formação da atividade de estudo na idade escolar menor	a) 1981 – Texto publicado na coletânea organizada por I. I. Iliasov e V. Ya. Liaudis em russo. b) 1986 – Traduzido para o espanhol na coletânea: *Antología de la psicología pedagógica y de las edades*, organizada por I. I. Iliasov e V. Ya. Liaudis.	No texto, estão, resumidamente apresentadas, algumas questões sobre a atividade de estudo elaborada a partir das investigações teóricas e experimentais.
19	A unidade fundamental da forma desenvolvida da atividade lúdica. A natureza social do jogo de papéis.	a) 1981 – Artigo publicado na coletânea organizada por I. I. Iliasov e V. Ya. Liaudis em russo. b) 1986 – Traduzido para o espanhol na coletânea: *Antología de la psicología pedagógica y de las edades*, organizada por I. I. Iliasov e V. Ya. Liaudis.	Esse artigo é um resumo do primeiro capítulo do livro *Psicologia do jogo*.

Continua

Continuação

Número	Título do Texto	Ano e local de publicação	Considerações
20	Reflexão sobre o projeto	a) 1984 – Publicado na revista *Comunista* em russo. b) Encontra-se no site: <http://dob.1september.ru/articlef.php?ID=200600711>	Há uma reflexão de Elkonin sobre o projeto de reforma da escola soviética, em que o autor apresenta algumas considerações.
21	O desenvolvimento do jogo nos pré-escolares	a) 1989 – Não há referência do ano de produção. Apenas consta que está incluso nas *Obras escolhidas* (em russo). b) 1999 – Publicado em inglês na revista *Journal of Russian and East European Psychology*.	Conforme leitura realizada desse texto, confirmamos que se refere ao Capítulo 5 do livro *Psicologia do jogo*.
22	Questões na psicologia da atividade	a) 1999 – Não há referência do ano de produção, foi publicado em inglês na revista *Journal of Russian and East European Psychology*.	Foi escrito juntamente com Zaporozhéts e Galperin, com a intenção de discutir sobre as contribuições de Leontiev e apresentando novas posições acerca da temática.
23	Acerca da origem histórica do jogo de papéis	a) 2005 – Não há referência do ano de produção, foi publicado em inglês na revista *Journal of Russian and East European Psychology*.	Conforme o mapeamento desse texto, confirmamos que se refere ao Capítulo 2 do livro *Psicologia do jogo*.
24	Teoria do jogo	a) 2005 – Não há referência do ano de produção, foi publicado em inglês na revista *Journal of Russian and East European Psychology*.	Conforme o mapeamento do texto, confirmamos que se refere ao Capítulo 3 do livro *Psicologia do jogo*.

A dinâmica dos períodos do desenvolvimento psíquico da criança e suas características

Quando nos debruçamos na investigação dos estudos de Elkonin, observamos que, mesmo diante das diversas encruzilhadas históricas impostas, estes seguem um mesmo fio condutor: compreender o desenvolvimento da criança em seus períodos e em suas características, que estão diretamente condicionados pela atividade, ensino e educação, mediados pelo adulto. Diante disso, ao invés de separarmos por datas os trabalhos compilados do autor, optamos por discuti-los em unidade, dialogando ao mesmo tempo com os autores que, também, contribuíram e apoiaram o desenvolvimento de seus estudos.

O eixo comum dos trabalhos de Elkonin embasa-se nas possibilidades de compreender o desenvolvimento integral da criança até os sete anos, bem como avançam pela análise do período da adolescência. São hipóteses por ele estruturadas e que, segundo nossas suposições, são atuais ao expor que o desenvolvimento humano – a criança – produz-se na base de condições biológicas e sociais, não privilegiando uma em detrimento da outra e nem as dissociando, mas as compreendendo em um processo dialético de superação das condições biológicas às sociais. Arce e Martins (2007, p.47), fundamentadas nos preceitos da Escola de Vigotski, afirmam que "as características biológicas preparam o indivíduo para interagir com o mundo social e modificá-lo e essa relação termina por influenciar a construção de suas próprias características biológicas, psicológicas e sociais, num processo contínuo de complexificações crescentes".

Se as características biológicas transformam-se na relação social, isso significa dizer que todo desenvolvimento se dá em uma relação objetiva com a realidade do indivíduo e a sociedade. Essa relação abarca o entendimento de que as condições sociais objetivas perpassam pelo mundo material, portanto, apreender o desenvolvimento humano – a criança – em suas particularidades significa compreender sua natureza social e, consequentemente, como se desenvolve e se forma, internamente, seu psiquismo.

Elkonin (1987b), para entender a relação do desenvolvimento com a formação objetiva do psiquismo, estruturou a periodização do desenvolvimento psíquico, considerando-a fundamental para a psicologia infantil. Ao esboçar a periodização do desenvolvimento psíquico, defendeu a sublime importância teórica dessa elaboração, na medida em que define os períodos do desenvolvimento psíquico e as leis do trânsito de um período ao outro e, desvenda, ao mesmo tempo, as forças motrizes do desenvolvimento psíquico. A correta elaboração da periodização também teria sua importância prática ao organizar o planejamento dos sistemas de ensino das futuras gerações na URSS, com um sistema único de educação que abarcasse toda a infância.

Ao sublinhar sobre o sistema único de educação, Elkonin (ibidem, p.104) afirma que este só é possível na sociedade socialista, em que similar sistema corresponde com os períodos da infância: "[...] somente tal sociedade está supremamente interessada no desenvolvimento multilateral e completo das capacidades de cada um de seus membros e, em consequência, na utilização plena das possibilidades que existem em cada período".

Quando o autor afirma que somente na sociedade socialista há possibilidade de um desenvolvimento multilateral e completo das capacidades humanas em cada um, partimos do pressuposto que tal afirmativa desloca a reflexão sobre nossa atual condição na sociedade capitalista burguesa, que "[...] não tem os meios, nem vontade, de oferecer ao povo uma verdadeira educação" (Marx; Engels, 1983, p.81). Essa afirmativa perpassa pelo atual sistema de ensino que reforça os esteios da ordem vigente, por estar ainda marcada pela influência de uma educação à luz dos princípios burgueses, a serviço da classe dominante, até porque sempre foram dominantes as ideias dessa classe. A própria cultura, para a burguesia, é uma cultura de classe, de antagonismos, uma cultura de propriedade e, para a grande maioria dos homens, é apenas um adestramento que os transforma em máquinas. O desenvolvimento dos equipamentos mecânicos, seu crescente emprego na indústria moderna e, com isso, a acentuada divisão do trabalho despojaram da atividade do operário seu caráter autônomo, transferindo e incorporando à máquina essa habilidade e esses conhecimentos, os quais residiam no trabalhador. O domínio dessa ciência tornou-se mercadoria e passou a ser propriedade do capital. O trabalhador torna-se um simples *apêndice* da máquina, o que lhe exigirá somente a operação mais simples, mais monótona, ou seja, "[...] vigiar as máquinas, renovar os fios quebrados, não são atividades que exijam do operário algum esforço do pensamento" (ibidem, p.4). Nesse sentido, o operário – ou seja, os *nove décimos* da população – reduz-se aos meios de manutenção, de conservação e de reprodução necessários para viver e perpetuar sua existência como um mero operário (Marx; Engels, [s. d.]).

Nessa esteira, a educação a esses nove décimos terão no máximo um desenvolvimento *unilateral e mutilado*, porque as atuais circunstâncias fornecem somente *elementos materiais* a esse tipo de desenvolvimento, visto que despojam o homem de sua condição criadora que só pode ser apropriada por meio das condições materiais produzidas historicamente. É preciso, portanto, ter e estar em condições para essa apropriação. Porém, a única condição que está posta é a da perpetuação dessa situação de aniquilamento e mutilação como capacidade criadora, porque esta se impõe como uma força estranha, o próprio pensamento, a própria consciência, postos pela situação material miserável, têm uma feição tão abstrata, tão reduzida, como sua própria existência.

Essa é a condição a que se está submetido, *como se uma parede nos fechasse*, e a causa dessa condição "[...] não está na *consciência*, mas no *ser*. Não no pensamento, mas na vida; a causa está na evolução e na conduta empírica do indivíduo que, por sua vez, dependem das condições universais" (Marx; Engels, 1983, p.29, grifos nossos).

Salvo dessas condições atuais de alienação, crentes na teoria como força material e na busca por pistas de entendimento do real, voltamos ao fio condutor dessa seção: discutir as contribuições teóricas de Elkonin, com base em suas investigações, aliadas a uma compreensão do caráter objetivo da educação e do ensino mediados, no intuito de entender como se processa o desenvolvimento psíquico da criança de forma integral e multilateral, aliado às condições concretas favoráveis.

> O desenvolvimento psíquico da criança tem lugar no processo de educação e ensino realizado pelos adultos, que organizam a vida da criança, criam condições determinadas para seu desenvolvimento e lhe transmitem a experiência social acumulada pela humanidade no período precedente de sua história. Os adultos são os portadores desta experiência social. Graças aos adultos, a criança assimila um amplo círculo de conhecimentos adquiridos pelas gerações precedentes, aprende as habilidades elaboradas socialmente e as formas de conduta que foram criadas na sociedade. Na medida em que assimilam a experiência social se formam nas crianças distintas capacidades. (Elkonin, 1969a, p.498, grifos originais)

O desenvolvimento psíquico, na análise de Elkonin (ibidem), perpassa por uma série de graus qualitativamente distintos, dependendo do período etário. Cada época vem marcada por diferenças não somente em relação a conhecimentos e habilidades, mas pela forma como atuam e se relacionam com a realidade. Assim, para compreender como o desenvolvimento psíquico perpassa por essas épocas, é necessário alocarmos nosso foco sobre quais bases e como Elkonin estruturou os períodos do desenvolvimento psíquico.

Elkonin (1987b) inaugura sua discussão apresentando o panorama geral dos trabalhos que se propuseram a elucidar o problema: os trabalhos do pedagogo e psicólogo soviético P. P. Blonski (1884-1941) e Vigotski.

Os trabalhos de Blonski, escritos nos anos de 1930, acertadamente, segundo Elkonin (ibidem), são importantes em dois sentidos: primeiro, porque analisam o processo de desenvolvimento psíquico historicamente variável e, segundo, desacreditam nas teses evolucionistas do desenvolvimento infantil. Consideram o desenvolvimento marcado por transformações qualitativas, seguidos de saltos e crises. Nas palavras de Blonski, as mudanças no desenvolvimento podem ocorrer de forma bruscamente crítica ou paulatina.

Por isso essas mudanças são assim denominadas: "épocas e estágios dos períodos da vida infantil separados por crises, umas mais marcadas (épocas) e outras menos marcadas (estágios)". E nominado de fases, os momentos da vida infantil não separados entre si bruscamente (apud Elkonin, 1987b, p.105).

Partindo desse entendimento de Blonski, Elkonin posiciona Vigotski na mesma direção, ao tratar sobre o fundamento e a estrutura da periodização, considerando as mudanças e os movimentos no curso do desenvolvimento humano. Vygotski (1996, p.254) entende que somente a análise que leva em conta as mudanças e os movimentos, do ponto de vista dialético, pode proporcionar-nos uma base sólida para determinar os principais períodos de formação da personalidade da criança, que chamamos *idades*. "O desenvolvimento é um processo contínuo de automovimento, que se distingue, em primeiro lugar, pela permanente aparição e formação do novo, não existente em estágios anteriores".

Essas ideias deram sustentação ao trabalho que Elkonin desenvolveu aliado às investigações experimentais. As teses elaboradas por Vigotski na década de 1930 que, segundo Elkonin (1987b), foram escritas nos últimos anos de vida do autor, ou seja, especificamente nos anos de 1931-1934, mas não concluídas, conservam elementos-chave do que foi escrito sobre a periodização. Foram preservados os estenogramas das conferências e arquivos escritos naquele período e sistematizados nas atuais *Obras escogidas*, especificamente no tomo 4, publicado em espanhol em 1996. Elkonin (1987) cita que Vigotski em seu texto *Problema da idade*. Nele, faz uma generalização e uma análise teórica do que havia sido escrito sobre a periodização do desenvolvimento psíquico na URSS e na psicologia estrangeira. Elkonin embasa-se nesse texto e retoma suas ideias no sentido de aprofundar as hipóteses apresentadas por Vigotski.

Uma das premissas pensadas por Vigotski (1996, p.254-5), ao superar as tendências da psicologia clássica quando esta pensa o desenvolvimento infantil, é que a base dessas tendências era investigar somente os indícios externos do desenvolvimento e o caráter sintomático de cada idade, e não compreendiam que o próprio processo de desenvolvimento é constantemente reorganizado e determinado por formações qualitativamente novas, que ocorrem por mediações especiais. O autor em questão afirma que, ao pensar sobre a periodização do desenvolvimento infantil, há que se romper com a teoria idealista da formação da personalidade, a qual crê no evolucionismo, que dirige o impulso autônomo interno, que se autodesenvolve, e deposita na conjectura materialista suas hipóteses, considerando o desenvolvimento como um "[...] processo que se distingue pela unidade do material e do psíquico, do social e do pessoal à medida que a criança vai se desenvolvendo". O critério para compreender os períodos concretos do desenvolvimento infantil ou das idades são as novas formações. Nesses termos, essas novas formações são um novo tipo de estrutura da personalidade da criança e sua atividade, em que as transformações psíquicas e sociais que se produzem pela primeira vez em cada período determinam, de maneira especial, "a consciência da criança, sua relação com o meio, sua vida interna e externa, todo o curso de seu desenvolvimento no período dado".

Elkonin (1987b), apropriando-se desse raciocínio vigotskiano, assevera que a permanente passagem de um grau evolutivo ao outro no desenvolvimento da criança está relacionada com a mudança e a estruturação de sua personalidade. Nesse sentido "[...] estudar o desenvolvimento infantil significa estudar a passagem da criança de um degrau evolutivo a outro e a mudança de sua personalidade dentro de cada período evolutivo, que tem lugar em condições histórico-sociais concretas" (Vigotski apud Elkonin, 1987b, p.106).

Sistematizando esse pensamento, Elkonin (ibidem, p.107) acredita que os enfoques sublinhados por Blonski e Vigotski traçam elementos circunstanciais que precisam ser conservados para delinear o problema da periodização.

> Trata-se, em primeiro lugar, do enfoque histórico dos ritmos de desenvolvimento e da questão sobre o surgimento de certos períodos da infância no curso do avanço histórico da humanidade. Em segundo lugar, nos referimos ao enfoque de cada período evo-

lutivo desde o ponto de vista do lugar que ocupa no ciclo geral do desenvolvimento psíquico infantil. Em terceiro lugar, temos em conta a ideia sobre o desenvolvimento psíquico como um processo dialeticamente contraditório que não transcorre de maneira evolutiva progressiva, mas sim que se caracteriza por interrupções da continuidade, pelo surgimento, no curso do desenvolvimento, de novas formações. Em quarto lugar, a diferenciação, como crises obrigatórias e necessárias, de pontos críticos no desenvolvimento psíquico que constituem importantes indicadores objetivos das passagens de um período a outro. Em quinto lugar, a diferenciação de passagens distintas por seu caráter e, em relação a isso, a presença, no desenvolvimento psíquico, de épocas, estágios, fases.

Nessa passagem fica claro que Elkonin, ao adotar as bases teóricas de Blonski e Vigotski, retoma o enfoque histórico como norteador para compreender os períodos do desenvolvimento, os quais, por conseguinte, estão subordinados às condições históricas e sociais concretas da vida da criança. Outra questão é que cada período do desenvolvimento influencia diretamente no desenvolvimento psíquico, porém, tal desenvolvimento não é linear e imutável, mas dialeticamente contraditório, caracterizado sempre por novas formações. Elkonin também acata a ideia de crises e pontos críticos como indicadores de passagem de um período ao outro, bem como a de épocas, estágios e fases no desenvolvimento psíquico. Essas conjunturas fizeram parte do esboço sobre a periodização, mas não se encerram aqui. Há outras contribuições que se somam e enriquecem esse quadro.

Outra contribuição que se adiciona a esse esboço sobre o problema da periodização é a *Teoria da Atividade* elaborada por Leontiev ([s. d.]; 1988a) e com importantes contribuições do psicólogo soviético Rubinstein (1889-1960). Para Elkonin (1987b), essa teoria alcançou a ideia mais desenvolvida sobre a questão das forças motrizes do desenvolvimento psíquico e os princípios de divisão em seus períodos. Em sua análise, as teses desenvolvidas nessa teoria, mostraram, detalhadamente, a estrutura da atividade: a dependência dos processos psíquicos quanto à correlação entre os motivos e as tarefas, bem como as ações e operações. Entretanto, limitaram-se, tão somente, ao caráter estagial relacionado à brincadeira e à aprendizagem escolar e não a todos os tipos de atividades que envolvem o desenvolvimento psíquico. Por isso, o autor salienta a importância desses estudos para a solução da questão da periodização, mas entende que não foi devidamente explorado o caráter *objetal-de conteúdo* da atividade. Esse processo é explicitado por ele da seguinte forma: "o desenvolvimento psíquico não pode ser compreendido sem uma profunda investigação do aspecto objetal-de conteúdo da atividade". Isso quer dizer, "sem elucidar com que aspectos da realidade interage a criança em uma ou outra atividade e, em consequência, a que aspectos da realidade ela se orienta" (ibidem, p.109).

O caráter objetal-de conteúdo da atividade remete a questões básicas: *com que aspectos* da realidade a criança interage, ou seja, com que objetos a criança se relaciona em uma ou outra atividade e, por conseguinte, *a que aspectos* da realidade ela se orienta, isto é, de que conteúdo da realidade ela se apropria.

Além desse aspecto objetal-de conteúdo da atividade, outra questão necessária à investigação do desenvolvimento psíquico é a relação entre os processos do desenvolvimento intelectual e o do desenvolvimento da personalidade. Segundo Elkonin (1987b), os estudos sobre o desenvolvimento da personalidade se apresentam reduzidos, sem uma fundamentação coerente e sem relação com o desenvolvimento da esfera das motivações e das necessidades. Enquanto os estudos sobre desenvolvimento intelectual, separados e independentes da esfera motivacional e das necessidades, estão marcados por estágios precedentes no âmbito puramente intelectual, sem explicar, verdadeiramente, o que leva a passagem de um nível ao outro no desenvolvimento. Assim, pautam-se em explicações sob a via maturacional e outras forças externas com relação ao próprio processo de desenvolvimento psíquico.

Superando esses equívocos e paralelismo nas pesquisas, aclarando a questão e alertando que a análise do desenvolvimento afetivo e intelectual deve ocorrer em unidade dinâmica e indissolúvel, Elkonin (ibidem, p.110) esclarece sobre a necessidade de "[...] compreender o desenvolvimento psíquico da criança como um processo único e integral".

Sendo o desenvolvimento psíquico um processo único e integral, o que move e atua sobre esse desenvolvimento é: "[...] o lugar ocupado pelo indivíduo na sociedade entre as demais pessoas, as condições de vida, as exigências que lhe apresenta a sociedade, o caráter da atividade que realiza e o nível de desenvolvimento alcançado em cada momento dado" (Elkonin, 1969a, p.502).

Com base nessa fundamentação, podemos firmar a relevância da atividade dominante na periodização do desenvolvimento quando seu condicionante efetivo se encontra na esfera objetiva. São as condições históricas concretas, objetivas, que exercem influência no conteúdo de determinado período do desenvolvimento como no transcurso geral do desenvolvimento psíquico. Portanto, cada nova geração, e nela cada novo ser ao nascer, já pertence a uma dada geração com determinadas condições de vida, que se desdobram em conteúdo para sua atividade. Nesses termos, falar do caráter periódico do desenvolvimento psíquico e do conteúdo dos períodos é falar da dependência das condições concretas nas quais ocorre o desenvolvimento. É com base nessas condições que o conteúdo se desenvolve.

Significa que os períodos do desenvolvimento podem até ter um determinado tempo, mas seus limites estão condicionados por seu conteúdo, que tem dependência direta com as condições concretas em que se desenrola o desenvolvimento da criança. Logo, "[...] não é a idade da criança que determina, enquanto tal, o conteúdo do estágio do desenvolvimento, mas, pelo contrário, a idade da passagem de um estágio a outro que depende de seu conteúdo e que muda com as condições sócio-históricas" (Leontiev, [s. d.], p.312-3).

Cada período possui suas próprias estruturas específicas, únicas e irrepetíveis. O desenvolvimento da criança não se processa pela passagem de um período ao outro de forma gradual, lenta, sequencial, mas por mudanças bruscas e essenciais, as quais são as forças motrizes desse processo. Tendo por norte esse entendimento, o desenvolvimento é constituído por períodos, de um lado, estáveis e, por outro, pela presença de crises, ressaltando que essa contradição no desenvolvimento da criança se manifesta desde o momento em que nasce. Os períodos estáveis são caracterizados pelas mudanças *microscópicas* da personalidade da criança, que se acumulam e se manifestam de forma repentina, posteriormente, na formação em uma nova idade. Os períodos de crise produzem mudanças bruscas e fundamentais, por um breve espaço de tempo, em que a criança transforma-se por inteiro, modificando os traços básicos de sua personalidade. Assim, "[...] a essência de toda crise reside na reestruturação da vivência anterior, reestruturação que reside na mudança do momento essencial que determina a relação da criança com o meio, isto é, na mudança de suas necessidades e motivos que são os motores de seu comportamento" (Vygotski, 1996, p.385).

Um ponto importante a ser destacado é que, para esses períodos de crises, não há limites de começo e de fim e, consequentemente, são totalmente indefinidos. As hipóteses de Vygotski (ibidem, p.258) sobre as principais particularidades dos períodos de passagem – críticos e estáveis – confirmam a tese de que "os períodos de crises que se intercalam entre os estáveis configuram os pontos críticos, de virada, no desenvolvimento, confirmando uma vez mais que o desenvolvimento da criança é um processo dialético em que a passagem de um estágio ao outro não se realiza pela via evolutiva, sim revolucionária".

Uma ressalva é destacada por Vygotski (ibidem, p.259): a pedagogia não está preparada para trabalhar com os momentos críticos, apenas com os estáveis, porque os momentos de virada no desenvolvimento são relativamente difíceis de educar. Há um rompimento com a antiga forma de existência e sua consequente negação, assim "[...] o sistema pedagógico utilizado para tal fim não alcança a seguir as rápidas mudanças de sua personalidade. A pedagogia das idades críticas é a menos elaborada no sentido prático e teórico".

Vygotski (ibidem), Leontiev (1988a) e Elkonin (1987b) compartilham da ideia de que as crises podem ser definidas como: a do primeiro ano, a dos três anos; a dos sete anos; a da adolescência e da juventude. Entretanto, Leontiev (1988a) parte do pressuposto que as crises podem ser evitadas, uma vez que acontecem no desenvolvimento, quando a passagem de um período a outro não se deu em tempo. Diante desse pressuposto, o autor acredita que não ocorrerão crises se o desenvolvimento psíquico da criança não for deixado ao sabor da espontaneidade, e sim se for um processo de educação intencionalmente mediado. Seguindo esse raciocínio, o que Vygotski (1996) denomina de períodos de crises, Leontiev (1988a) declara como períodos de rupturas, em que ocorrem as mudanças qualitativas no desenvolvimento, associadas com a mudança de estágio.

Sob essa mesma orientação, Elkonin (1987b, p.123) acredita que, captando essas mudanças e rupturas nos períodos, é possível formular o caráter periódico dos processos de desenvolvimento psíquico. Neles há a substituição de alguns períodos por outros.

> Após os períodos nos quais tem lugar o desenvolvimento preponderante da esfera motivacional e das necessidades seguem regularmente períodos, nos quais se desenvolve, com preponderância, a formação das possibilidades operacionais técnicas das crianças. Após estes se sucedem, com regularidade, períodos nos quais se desenvolve, no fundamental, a esfera motivacional e das necessidades.

Por esse enfoque dialético, Elkonin (ibidem) traça a configuração da periodização, na qual se amalgamam o desenvolvimento da esfera motivacional e das necessidades com o desenvolvimento das operações técnicas. É a fusão entre o intelecto e o afetivo. Seguindo esse raciocínio, o autor formula suas suposições do caráter periódico do desenvolvimento, mostrando que, em cada época, intercalam-se dois períodos do desenvolvimento de acordo com a atividade: no primeiro grupo, predominam atividades que promovem, especialmente, a *esfera motivacional* e *das necessidades*, por meio da assimilação dos objetivos, dos motivos e das normas que residem na atividade humana, nas relações entre as pessoas. De fato, é a assimilação do *sentido* da atividade humana. Por sua vez, são atividades realizadas na relação *criança-adulto social*. O segundo grupo é constituído por atividades que envolvem a *esfera das possibilidades técnicas* e *operacionais*, por meio da apropriação dos procedimentos socialmente elaborados, de ação com os objetos e seus modelos. Poderíamos afirmar que ocorre o desenvolvimento intelectual pela via da relação *criança-objeto social*.

Com base nessa estrutura, as três épocas do desenvolvimento humano são constituídas por: *a primeira infância, a infância e a adolescência*. Cada época se constitui em dois períodos – o da esfera afetiva motivacional e das necessidades e o da esfera das possibilidades técnicas e operacionais – ligados regularmente entre si. A compreensão dessas épocas permite entender a passagem de um período a outro, que, segundo Elkonin (1987b, p.123), "[...] transcorre quando surge uma falta de correspondência entre as possibilidades técnicas operacionais da criança e os objetivos e motivos da atividade, sobre a base dos que se formaram".

Nesse processo de desenvolvimento, as passagens imprimem as ações da criança frente a suas relações com a realidade, marcadas por reorganizações nessa relação, que se caracterizam por ruptura, por salto ou por superações. São essas características que possibilitam a mudança da atividade dominante e, consequentemente, a transição periódica: "[...] surge uma contradição explícita entre o modo de vida da criança e suas potencialidades, as quais já superaram este modo de vida. De acordo com isso, sua atividade é reorganizada e ela passa, assim, a um novo estágio no desenvolvimento de sua vida psíquica" (Leontiev, 1988a, p.66).

Em cada período do desenvolvimento, há uma *situação social de desenvolvimento* que regula todo modo de vida da criança ou sua existência social. No início de cada período da vida, a relação estabelecida entre a criança e o meio que a rodeia, especialmente o social, é totalmente peculiar, específica e irrepetível. Essa relação é denominada de *situação social de desenvolvimento* que é o ponto de partida para todas as mudanças dinâmicas que se produzem no desenvolvimento durante o período. É ela que determina plenamente e por inteiro as "formas e a trajetória que permitem a criança adquirir novas propriedades da personalidade, já que a realidade social é a verdadeira fonte do desenvolvimento, a possibilidade de que o social se transforme em individual" (Vigotski, 1996, p.264, grifos nossos).

Compreender a *situação social do desenvolvimento* auxilia na compreensão do nível real de desenvolvimento que se determina em cada idade. Vygotski (ibidem) esclarece que a idade cronológica não é critério seguro para estabelecer esse nível real de desenvolvimento. Entretanto, ao estabelecer, por via investigativa, esse nível, esclarecem-se as questões práticas relacionadas com a educação e a aprendizagem da criança. Nas considerações de Elkonin (1974), "Vygotsky foi o primeiro psicólogo soviético a introduzir proposições a respeito do *papel fundamental da educação* no desenvolvimento psíquico da criança", portanto, quando consideramos as particularidades psicológicas da idade das crianças, não significa nos orientarmos pelo nível de desenvolvimento já alcançado, ou seja, as funções e propriedades já desenvolvidas da criança, e sim orientar-se em direção do novo, de novas formações. Vygotski (1996, p.269-70) define esse processo como *zona de desenvolvimento próximo*: "[...] a esfera dos processos imaturos, mas em vias de maturação". Para isso, descreve o seguinte exemplo: sabemos que a um "bebê de quatro meses não se pode ensinar a falar e nem ler e escrever a um bebê de dois anos, porque nessa idade não está maduro para tal ensino, isto é, não se desenvolveu nele, como premissas, as propriedades e funções imprescindíveis para o aprendizado dado".

Nesse sentido, devemos acreditar no ensino que se apoia, por um lado, nas funções e propriedades já desenvolvidas na criança, especialmente, naquelas que estão por vias de se desenvolver: "[...] só se pode ensinar à criança aquilo que ela já for capaz de aprender" (Vigotski, 2001, p.332). Assim, o professor não deve ensinar à criança o que esta sabe fazer por si mesma, mas *aquilo que não sabe* e poderá fazer se for ensinada. "O próprio processo de aprendizagem se realiza sempre em forma de colaboração da criança com os adultos e constituí um caso particular de interação das formas ideais e reais" (Vygotski, 1996 p.271).

Compreendemos como *forma ideal* aquilo que a criança não tem em um determinado momento do desenvolvimento, ela só tem a *forma real*. Por exemplo: uma criança recém-nascida não tem fala, ela tem algumas vocalizações. Como tem somente as vocalizações e o adulto é o portador da fala, a criança olha para isso como *forma ideal*; pela interação com o adulto que fala, a criança vai se apropriando da forma *ideal* que passará a ser *real* quando dela se apropriar. O desenvolvimento da criança acontece justamente pela interação da forma real e ideal.

Diante dessa perspectiva, Vygotski (ibidem, p.268) estabelece algumas vias para se atingir a zona de desenvolvimento próximo, *a forma ideal*, sendo uma delas a imitação. "A criança, valendo-se da imitação, pode realizar, na esfera intelectual, muito mais do que pode fazer em sua própria atividade". Sua capacidade de imitar operações intelectuais não é ilimitada, mas modifica-se com "estrita regularidade em consonância com o curso de seu desenvolvimento psíquico, de modo que em cada etapa existe para a criança uma determinada zona de imitação intelectual relacionada com o nível real de desenvolvimento".

A imitação, da qual fala o autor supracitado, não se refere a uma imitação mecânica, automática, sem sentido, e sim a uma imitação racional, baseada na compreensão da operação intelectual que se imita. E amplia esse entendimento, afirmando que a imitação pode aplicar-se a toda atividade que a criança não realiza sozinha, mas em colaboração com um adulto ou com crianças mais experientes. A imitação, nesse sentido, poder ser uma via para que a criança realize aquilo que não por pode fazer sozinha, como também pode aprender sob a direção ou a colaboração do adulto ou com a ajuda de perguntas orientadoras. Portanto, tudo aquilo que se pode realizar contando com a colaboração do adulto e em sua direção hoje – plano interpsíquico –, poderá ser realizado por si mesmo no dia de amanhã – plano intrapsíquico. Essa investigação demonstrou "[...] que aquilo que está situado na zona de desenvolvimento [próximo] em um estágio de certa idade realiza-se e passa ao nível do desenvolvimento [real] em uma segunda fase" (Vigotski, 2001, p.331).

Conforme as proposições apresentadas e defendidas, amparados pelos autores, podemos induzir que o ensino influi e *passa à frente do desenvolvimento conduzindo-o,* e as relações entre estes dois processos têm um caráter específico em cada período. Em síntese, o ensino "[...] ocorre em todas as fases do desenvolvimento da criança, mas [...] em cada faixa etária ela tem não só formas específicas, mas uma relação totalmente original com o desenvolvimento" (ibidem, p.337). Complementando, a partir da fala de Vygotski (1996, p.270), o "[...] meio social origina todas as propriedades especificamente humanas da personalidade que a criança vai adquirindo" e a fonte do desenvolvimento social da criança se realiza no processo da interação entre as formas *ideais e reais,* e isso é determinado pela *situação social de desenvolvimento.*

Com base no referencial vigotskiano e a apreensão da categoria da atividade, Elkonin (1987b), amplia seu entendimento sobre *a periodização do desenvolvimento,* definindo as *épocas:* a) a primeira infância abarca: crise pós-natal; primeiro ano (dois meses a um ano); crise de um ano; um ano a três anos; e crise dos três anos. b) a infância compreende: idade dos três aos sete anos, ou seja, idade pré-escolar; crise dos sete anos; c) a adolescência que abrange: da idade escolar primária até a juventude.

Assim, essas épocas do desenvolvimento dividem-se por períodos, de acordo com a atividade que o indivíduo realiza: a) a época chamada *primeira infância* é composta pelos períodos de comunicação emocional direta, em que predominam os objetivos, os motivos e as normas – a *esfera motivacional e das necessidades* (1º grupo) e a atividade objetal manipulatória, em que prevalecem os procedimentos socialmente elaborados de ação com os objetos – a *esfera das possibilidades técnicas e operacionais* (2º grupo); b) a época *infância* compreende a atividade jogo de papéis (1º grupo) e atividade de estudo (2º grupo); c) a época *adolescência* abarca os estágios de comunicação íntima pessoal (1º grupo) e atividade profissional-de estudo (2º grupo).

Resumindo. Cada período do primeiro grupo seria seguido, necessariamente, por um período do segundo grupo. De tal modo, após cada período em que predomina o desenvolvimento afetivo da esfera motivacional e das necessidades, segue-se um período em que prevalece o desenvolvimento intelectual da esfera das possibilidades técnicas operacionais. Em cada época, há a fusão do desenvolvimento afetivo/intelectual.

Para exemplificarmos essa análise, adotaremos o gráfico elaborado por El'konin (1999e, p.28).

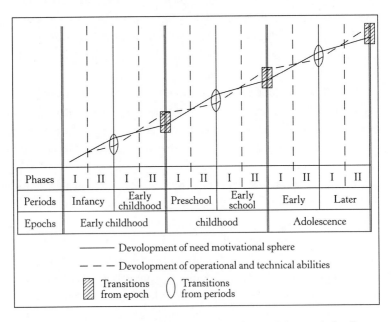

Gráfico 1 – Representação de forma gráfica do desenvolvimento infantil proposto por Elkonin.

No gráfico, estão representados: as épocas, os períodos e as fases. Cada época consiste em dois períodos ligados entre si. Em cada período, desenvolve-se com preponderância uma das esferas. A linha pontilhada crescente representa o desenvolvimento da esfera das possibilidades técnicas e operacionais e a outra linha corresponde ao desenvolvimento da esfera motivacional e das necessidades. O cruzamento das linhas demonstra que, em cada período, está latente uma das esferas do desenvolvimento em face da outra. A transição de um período ao outro se deve a uma falta de correspondência entre as possibilidades técnicas e operacionais com as necessidades e motivos na atividade da criança. As passagens de uma fase a outra dentro de um mesmo período ainda estão muito pouco estudadas (Elkonin, 1987b).

Entretanto, cumpre esclarecer que esses princípios teóricos, que são resultados de pesquisas experimentais, não devem ser compreendidos como definitivos e acabados. Devem ser entendidos como hipóteses teóricas e como possibilidades práticas, uma vez que os períodos do desenvolvimento humano sofrem determinadas influências sociais, o que ajuda a ter pistas quanto à vinculação dessas hipóteses às diferentes etapas de ensino.

Elkonin (ibidem) ressalta que os períodos do primeiro grupo – comunicação emocional direta; o jogo de papéis e comunicação íntima pessoal dos adolescentes – "[...] se diferenciam substancialmente por seu conteúdo concreto, pela profundidade com que o sujeito penetra na esfera dos fins e motivos da atividade dos adultos, penetração que representa uma peculiar escala na assimilação consecutiva que o indivíduo faz desta esfera". Entretanto o que há de comum nessas atividades é o seu conteúdo fundamental, ou seja, em sua realização, "[...] tem lugar o desenvolvimento preponderante, nas crianças, da esfera motivacional e das necessidades" (ibidem, p.121).

Por similar análise, Elkonin (ibidem, 122) reitera que os períodos do segundo grupo – objetal-manipulatório; atividade de estudo e a atividade profissional-de estudo – são, externamente, pouco parecidas entre si, como por exemplo, qual é a similaridade existente entre a assimilação da ação objetal com uma colher ou com um copo e o domínio da matemática ou da gramática? Ele responde que "o geral e essencial entre elas é que todas aparecem como elementos da cultura humana. Têm uma origem e um lugar comum na vida da sociedade, sendo o resultado da história precedente". E reitera que por meio da apropriação dos "procedimentos socialmente elaborados de ação com estes objetos se produz a orientação cada vez mais profunda da criança no mundo objetal e a formação de suas forças intelectuais, a formação da criança como componente das forças produtivas da sociedade".

É indispensável sublinhar que quando se revela e expõe a importância da atividade dominante para o desenvolvimento da criança, isto não significa que não ocorra nenhum desenvolvimento em outras direções simultaneamente. "A vida da criança em cada período é multifacetada e as atividades, por meio das quais se realiza, são variadas". Por isso mesmo, em cada período do desenvolvimento, surgem novos tipos de atividade, novas relações da criança com a realidade. "Seu surgimento e conversão em atividades dominantes não eliminam as existentes anteriormente, mas sim somente muda seu lugar no sistema geral de relações da criança para a realidade, as quais se tornam mais ricas" (Elkonin, 1987b, p.122).

Com o exposto, devemos considerar uma importante contribuição deixada por Vigotski sobre o processo do desenvolvimento infantil. Explica que a atividade dominante não desaparece de um período ao outro, mas somente muda de lugar, no sistema das relações humanas, na vida da criança: "Na idade escolar, a brincadeira não desaparece, mas ela se dissemina em atitudes por meio da realidade" (Vygotsky, 2002, p.23).

Todavia, a criança não se limita, na realidade, a mudar de lugar no sistema das relações sociais. Ela se torna também consciente dessas relações e as interpreta. O desenvolvimento de sua consciência encontra expressão em uma mudança na motivação de sua atividade, velhos motivos perdem sua força estimuladora, e nascem os novos, conduzindo a uma reinterpretação de suas ações anteriores. A atividade que costumava desempenhar o papel principal começa a se desprender e a passar para um segundo plano. Uma nova atividade principal surge, e com ela começa também um novo estágio de desenvolvimento. Essas transições, em contraste com as mudanças intraestágios, vão além, isto é, as mudanças em ações, operações e funções para mudanças de atividade como um todo. (Leontiev, 1988a, p.82)

Compartilhamos dos pressupostos de Vygotski (1996) quando afirma que o desenvolvimento psíquico compõe-se de formações globais e dinâmicas que modificam a própria estrutura interna como um todo e não pela soma de partes isoladas. Nesse sentido, em cada período, há sempre uma nova formação principal que serve como uma espécie de guia para todo o processo de desenvolvimento daquela época, que se caracteriza pela reorganização de toda a personalidade da criança sobre uma base nova.

Para auxiliar na compreensão dessa premissa, destacamos que o desenvolvimento, em cada período, perpassa pelas *linhas centrais do desenvolvimento*, que compreendem o processo de desenvolvimento relacionado com a nova formação principal, bem como pelos processos de desenvolvimento secundários, denominados *linhas acessórias do desenvolvimento*. Com base nessa formulação, Vygotski (ibidem, p.262) entende que os processos que são linhas centrais do desenvolvimento em um período, se convertem em linhas acessórias do desenvolvimento no período seguinte e vice-versa. isto é, "as linhas acessórias do desenvolvimento de uma idade passam a ser principais em outra, já que se modificam seu significado e importância específica na estrutura geral do desenvolvimento, transformando sua relação com a nova formação central".

Mediante essas contribuições, podemos ratificar que as linhas centrais do desenvolvimento se expressam na atividade dominante e que as linhas acessórias interferem no desenvolvimento das atividades secundárias, podendo tornar-se dominantes. Elkonin e Zaporozhéts (1974, p.xxi) apossam-se desse entendimento, no qual reiteram que as atividades dominantes são sempre combinadas com vários tipos de participação em tarefas mutuamente úteis. "Assim, uma criança pré-escolar não somente brinca, mas aprende e também toma parte nas formas mais simples de tarefas. O caráter destas atividades deve ser levado em conta quando se estudar desenvolvimento psíquico da criança".

Essas premissas fornecem subsídios para posteriores análises sobre as atividades da criança, embasadas em Elkonin, tanto nas atividades dominantes quanto nas secundárias, que abarcam as tarefas mútuas e socialmente úteis.

Tecidas essas considerações, Elkonin (1987b, p.123-4) lança duas vias que ressaltam a importância da periodização do desenvolvimento psíquico: a importância teórica e prática.

Em primeiro lugar, vemos sua principal importância teórica porque esta hipótese permite superar a disrupção, existente na psicologia infantil entre o desenvolvimento dos aspectos motivacionais e das necessidades e dos intelectual-cognitivos, permite mostrar a unidade desses aspectos no desenvolvimento da personalidade. Em segundo lugar, esta hipótese possibilita considerar o processo de desenvolvimento psíquico como transcorrendo segundo uma espiral ascendente e não em forma linear. Em terceiro lugar, abre o caminho para estudar as vinculações existentes entre períodos isolados, para estabelecer a importância funcional de todo período precedente para o início do seguinte. Em quarto lugar, nossa hipótese está orientada a dividir o desenvolvimento psíquico em períodos e estágios de maneira que a divisão corresponda às leis internas deste desenvolvimento e não a fatores externos com relação a ele.

A importância prática reside em solucionar a questão sobre as rupturas existentes em alguns períodos do desenvolvimento infantil, buscando alternativas para a melhoria do sistema de ensino à guisa da relação entre os segmentos escolares. Em síntese, busca a continuidade da passagem de um período a outro no sistema escolar (ibidem).

Além da questão da continuidade de um período ao outro no sistema escolar, que ainda carece de refinamento prático para a solução desse problema, outra questão, é que para Elkonin (ibidem), o sistema de ensino privilegia a separação entre trabalho intelectual e trabalho material. O autor levanta a ressalva de que, na relação criança-sociedade, exposta anteriormente, durante o decurso do desenvolvimento histórico esse processo bifurca-se, desagrega-se, forma-se um desenvolvimento hipertrofiado e torna-se ainda mais acentuado na sociedade de classes.

A sociedade de classes acentuou efetivamente a divisão do trabalho em material e intelectual e, a partir disso, "[...] a consciência *pode* realmente imaginar ser algo diferente da consciência da práxis existente, representar *realmente* algo sem representar algo real" (Marx; Engels, 1987, p.45, grifos originais). Portanto, essa divisão produz, ao mesmo tempo, a separação entre o homem singular trabalhador e o produto de seu trabalho. Sendo assim, o produto do trabalho desses homens aparece não como seu, "[...] mas como uma força estranha situada fora deles" (ibidem, p.49).

No sistema escolar das sociedades de classes antagônicas, esse processo fica claro quando a educação das crianças as conduzem, fundamentalmente, umas a serem "[...] como executoras do aspecto operacional-técnico da atividade de trabalho e outras, predominantemente, como portadoras das tarefas e dos motivos desta mesma atividade" (Elkonin, 1987b, p.115). Esse olhar de Elkonin ao sistema escolar abre-nos a possibilidade de percebermos se, na atual fase do capitalismo, ainda permanece essa divisão ou se não acentuou a prevalência do aparato prático e a negação da formação intelectual. Para esclarecermos a esse respeito, recorremos a Martins (2004), que discorre sobre a *redução da educação à formação de competências,* em que a função educacional atual se converte em adaptação passiva dos indivíduos às exigências do capital. O trabalho como atividade vital humana – ação material, consciente e objetiva – na qual o homem se garante enquanto indivíduo singular e coletivo, desenvolvendo-se de modo livre e completo, é obscurecido em detrimento do atendimento das demandas neoliberais.

Não está em causa, naturalmente, o debate dessas questões, mas apenas realçar que o pensamento elkoniano esteve voltado para a formação integral a serviço da sociedade comunista, conforme exposto por Marx e Engels (1987, p.47).

Na sociedade comunista, porém, onde cada um não tem uma esfera de atividade exclusiva, mas pode aperfeiçoar-se no ramo que lhe apraz, a sociedade regula a produção geral, dando-me assim a possibilidade de fazer hoje tal coisa, amanhã outra, caçar pela manhã, pescar à tarde, criar animais ao anoitecer, criticar após o jantar, segundo meu desejo, sem jamais tornar-me caçador, pescador, pastor ou crítico.

Pensando na formação multilateral do indivíduo, como um todo, Elkonin (1987b) salienta as possibilidades do desenvolvimento humano, de acordo com as atividades que realiza, ressaltando tanto o papel da atividade dominante como as secundárias. Assim sendo, a seguir, serão esboçadas como Elkonin entendia a dinâmica e as características de cada atividade desenvolvida pelo indivíduo no decorrer de seu desenvolvimento.

Atividade comunicação emocional direta

Seguindo o pensamento investigativo de Elkonin sobre a interconexão entre a esfera motivacional e das necessidades – relação criança-adulto social – e a esferas das possibilidades técnicas e operacionais – relação criança-objeto social –, percebe-se que nessa atividade manifesta-se o desenvolvimento da primeira esfera. A conexão reflete as relações humanas, portanto, a relação criança-adulto social.

Ao nascer, segundo Elkonin (1969b), a criança encontra-se em novas condições de vida que diferem substancialmente das condições do desenvolvimento intrauterino. Para poder adaptar-se às novas condições, a criança dispõe de alguns reflexos incondicionados como alimentação, defesa e orientação. Entretanto, tais reflexos não garantem adaptação às novas condições de vida: "A criança, ao nascer, é o mais indefeso de todos os seres vivos. Não poderia viver sem os cuidados dos adultos. Somente o cuidado dos adultos substitui a insuficiência dos mecanismos de adaptação que há no momento de nascer" (ibidem, p.504).

Sob essas condições iniciais, marcadas pela necessidade de sobrevivência, o período pós-natal é caracterizado como um período crítico. É crítico pois, no momento do parto, há a separação física da criança com a mãe, porém a própria condição de vida de criança, nesse momento, as circunstâncias concretas de sobrevivência, faz com que não haja a separação biológica da criança com a mãe. Durante essa a situação social de desenvolvimento, por um determinado período de tempo, a criança segue sendo um ser biologicamente dependente de suas principais funções vitais. "Ao longo desse período, a atividade e a própria existência da criança têm um caráter tão peculiar que este mero fato permite considerar o período pós-natal como uma idade especial, dotada de todos os traços distintivos da idade crítica" (Vygotski, 1996, p.275).

O período pós-nascimento é de extrema importância para o desenvolvimento da criança. Nessa condição de pós-nascimento, a vida da criança está assegurada pelos mecanismos inatos. Seu sistema nervoso está formado de maneira a adaptar o organismo às novas condições externas. São os reflexos incondicionados que vão assegurar o funcionamento dos principais sistemas do organismo. São eles: o reflexo da sucção, da preensão e do impulso, que se manifestam nos dias imediatamente posteriores ao nascimento. Como bem destaca a pesquisadora soviética, embasada nos estudos da Escola de Vigotski, Mukhina (1996, p.76), a etapa imediatamente posterior ao nascimento é a única na vida do homem já que se encontra "em estado puro as formas inatas e instintivas de comportamento, cujo fim é satisfazer as necessidades orgânicas (de oxigênio, alimentação, calor)". Essas necessidades orgânicas apenas asseguram sobrevivência da criança, *mas não constituem a base de seu desenvolvimento psíquico* (ibidem, grifos nossos).

No primeiro mês de vida, sob influência externa, começam a se formar os reflexos condicionados sobre a base dos incondicionados, com os quais a criança nasce e tem sua importância para a formação da atividade nervosa superior, mas tais particularidades biológicas inatas não determinam o curso do desenvolvimento psíquico (Elkonin, 1969b). Com igual sentido, Vygotski (1995, p.86) expõe que o princípio do reflexo condicionado é insuficiente para explicar a conduta do homem do ponto de vista psicológico, haja vista que esse mecanismo ajuda somente a compreender como as conexões naturais regulam a formação de conexões no cérebro e a conduta no aspecto puramente natural e não histórico.

A vida social cria a necessidade de subordinar a conduta do indivíduo às exigências sociais e forma, ao mesmo tempo, complexos sistemas de sinalização, meios de conexão que orientam e regulam a formação de conexões condicionadas no cérebro de cada indivíduo. A organização da atividade nervosa superior cria a possibilidade de regular a conduta externamente.

Nas palavras de Vygotski (1995), é a sociedade e não a natureza que deve figurar, primeiramente, como o fator determinante da conduta do homem. É nisso que consiste toda a premissa do desenvolvimento cultural da criança.

Há um salto qualitativo na base do desenvolvimento psíquico na criança a partir do momento em que a satisfação de suas necessidades orgânicas torna-se secundária, e esta, por influência direta de seu modo de vida e de educação, começa a desenvolver novas *necessidades* que se configuram não mais como biológicas, mas sociais. A característica fundamental do "[...] recém-nascido é a sua capacidade ilimitada para assimilar novas experiências e adquirir as formas de comportamento que caracterizam o homem" (Mukhina, 1996, p.76). Desse modo, o desenvolvimento psíquico da criança começa a se formar no processo de educação e ensino, efetivado pelos adultos, que, além de satisfazerem as necessidades imediatas da criança, organizam sua vida e criam condições para que seja transmitida a *experiência social* (Elkonin, 1969b). Ao assimilar essas novas experiências, surge uma nova e primeira formação central e básica do período pós-natal que é a vida psíquica individual do recém-nascido.

Há dois momentos que devemos assinalar nessa formação nova: a vida é inerente à criança já no período de desenvolvimento embrional, o novo que surge no período pós-natal é que essa vida se converte em existência individual, se separa do organismo em cujo seio foi engendrada e, como toda existência individual do ser humano, está imersa na vida social das pessoas que a rodeiam. Este é o primeiro momento. O segundo consiste, em que essa vida individual, por ser a primeira forma de existência da criança, a mais primitiva socialmente é, ao mesmo tempo, psíquica, já que somente a vida psíquica pode ser parte da vida social das pessoas que rodeiam a criança. (Vygotski, 1996, p.279)

Quando partimos do imediato para analisar uma criança recém-nascida – o bebê –, pode parecer um ser *associal*, pela falta do meio considerado fundamental para a comunicação social: a linguagem. Dá-nos a impressão de parecer um ser de natureza puramente biológica, *associal*. Essa opinião, desenvolvida por várias teorias, é considerada errônea na concepção de Vygotski (ibidem). Para o autor, o bebê é um ser socializado ao máximo, uma vez que suas investigações demonstram que, já no primeiro ano do bebê, por sua situação social de desenvolvimento única e irrepetível, há uma sociabilidade totalmente específica e profunda, determinada por dois momentos fundamentais: o primeiro momento consiste em um conjunto de peculiaridades do bebê que se define quase sempre como uma total incapacidade biológica. "O bebê é incapaz de satisfazer qualquer uma de suas necessidades vitais, suas necessidades mais importantes e elementares podem ser satisfeitas somente com a ajuda dos adultos que lhe cuidam". São os adultos que dão de comer, carregam-no nos braços, mudam de postura. O caminho por meio dos outros, ou seja, pelos adultos, é a via principal da atividade da criança nessa idade. Praticamente tudo na conduta do bebê está entrelaçado e entertecido no social. Tal é a *situação objetiva de seu desenvolvimento*. O segundo momento que se caracteriza pela situação social do desenvolvimento no primeiro ano consiste no seguinte: por mais que a criança dependa, exclusivamente, dos adultos, todo o seu comportamento está imerso no social, e carece, todavia, dos meios fundamentais da comunicação social na forma de linguagem humana. "Precisamente essa segunda característica, em união com a primeira, confere a mencionada peculiaridade à situação social em que se encontra o bebê" (Vygotski, 1996, p.285).

Essa peculiaridade do desenvolvimento do primeiro ano da criança embasa-se na contradição em ter sua máxima sociabilidade em conta de sua condição e de suas mínimas possibilidades de comunicação.

Essa situação objetiva, ou seja, a dependência do bebê com os adultos que cuidam dele, em todas as circunstâncias, configura-se em uma relação social muito peculiar. Portanto, o "primeiro contato da criança com a realidade (inclusive quando cumpre as funções biológicas mais elementares) está socialmente mediado" (ibidem). Esse momento peculiar, desde o nascimento até o segundo e terceiro mês de vida da criança, encontra-se em um momento de crise pós-natal. As novas formações iniciam-se com o final dessa crise. Nessa nova fase, novas mudanças se produzem: "[...] estabiliza-se o brusco descenso da curva do sono, do número de horas diurnas e noturnas, diminui a cifra máxima de reações negativas ao dia, a ingestão de alimentos é menos ávida, há momentos em que a criança interrompe a deglutição e abre os olhos". Agora, já se produziram todas as condições para uma atividade que ultrapasse os limites do sono, da alimentação e o choro (ibidem, p.286).

Fica evidenciado que a atividade dominante que o bebê recém-nascido desenvolve é a *comunicação emocional direta*. Elkonin (1987b), para entender essa atividade dominante, recorreu às investigações experimentais de vários psicólogos soviéticos, analisando-as em detrimento de outras teorias ocidentais que também se ocupavam em revelar qual a atividade que o bebê realiza e, consequentemente, por meio desta, provoca mudanças em seu desenvolvimento. Em sua análise, o autor afirma que a ideia mais frutífera sobre essa questão encontra-se nos trabalhos da psicóloga soviética Lísina (1929-1983). Essa autora demonstrou que, nas crianças pequenas, existe uma peculiar atividade de comunicação expressa em uma forma *emocional direta*. A partir do terceiro mês de vida, com o surgimento do *complexo de animação* que, anteriormente, considerava-se uma simples reação ante o adulto (o estímulo mais notável e complexo), "na realidade constitui uma ação complexa, que tem por objetivo a comunicação com os adultos e que se realiza por meios especiais" (Elkonin, 1987b, p.116).

Para responder à questão sobre a gênese da comunicação, Lísina (1987) apoia-se em Vigotski, Leontiev, Elkonin e Zaporozhéts, afirmando que a comunicação com os adultos é a condição mais importante para o desenvolvimento psíquico da criança. Considera que esse desenvolvimento é um processo de assimilação da experiência histórico-social acumulada pelas gerações precedentes. Para acumular essa experiência é preciso a interação da criança com o adulto, considerado como *portador vivente* dessa experiência. A autora conceitua comunicação como uma atividade mutuamente orientada de duas ou mais pessoas na atividade, cada uma das quais atua como sujeito, como indivíduo. Destaca que a comunicação é um tipo peculiar de atividade no desenvolvimento psíquico do indivíduo, a qual se torna a primeira atividade dominante da criança. Pode ser definida como atividade de *comunicação emocional direta*: emocional, porque se reduz à expressão mútua de emoções que a criança e o adulto dirigem um ao outro; e direta, porque a comunicação aqui não é mediatizada por nenhuma outra atividade comum da criança e o adulto.

Essas premissas estão calcadas nas preconizações de Vygotski (1995) sobre o desenvolvimento da linguagem como uma das funções mais importantes do comportamento cultural da criança, subjacente à acumulação de sua experiência cultural.

Os primeiros passos do desenvolvimento da linguagem estão relacionados com os reflexos incondicionados: a reação inata embasa todo o desenvolvimento posterior das reações condicionadas. Segundo Vygotski (ibidem, p.170) "o reflexo do grito, a reação vocal da criança é um reflexo incondicionado, a base hereditária sobre a qual se edifica a linguagem do adulto. Como sabemos, já se observa no recém-nascido". O autor ainda reitera que, nas primeiras semanas do recém-nascido, produz-se uma mudança nos reflexos incondicionais para condicionados. A reação vocal condicionada começa a diferenciar-se ao ouvir vozes familiares e não familiares:

"A princípio, a reação vocal se manifesta ao ver qualquer pessoa, posteriormente se diferencia e aparece unicamente quando vê a mãe ou as pertinências relacionadas com a sua nutrição". Um ponto a ressaltar da reação vocal é que esta não se desenvolve isoladamente, é sempre parte orgânica de todo um grupo de reações, ou seja, uma série de movimentos que se expressam em uma reação emocional geral na existência ou na perturbação do equilíbrio da criança com o meio. A primeira função da reação vocal é a *emocional*. Essa premissa encontra-se na base tanto dos estudos de Elkonin quanto de Lísina.

Seguindo os apontamentos de Vygotski (1995, p.171), a segunda função que aparece quando a reação vocal se converte em reflexo condicionado é a função de *contato social*.

Já no primeiro mês de vida, se forma na criança um reflexo especial, isto é, um reflexo vocal educado, condicionado, como resposta à reação vocal das pessoas de seu entorno. O reflexo vocal condicionado, educado, juntamente com a reação emocional ou no lugar dela, começa a cumprir, como expressão do estado orgânico da criança, o mesmo papel que cumpre com relação a seu contato social com as pessoas de seu entorno. A voz da criança se converte em sua linguagem ou no instrumento que constitui a linguagem em suas formas mais elementares.

Observamos, assim, dois momentos que caracterizam o desenvolvimento da linguagem da criança ao longo do primeiro ano: a linguagem embasada no sistema de reações incondicionadas, de forma instintiva e emocional, que, aos poucos, em um segundo momento, vai se diferenciando em reação vocal condicionada que reorganiza a própria função da reação. Se esse primeiro processo é marcado pela reação orgânica e emocional, esta se transforma e começa a cumprir a função de contato social. Entretanto Vygotski (ibidem) ressalta que essas reações vocais não se constituem em linguagem no verdadeiro sentido da palavra.

Conforme viemos relatando ao longo do texto, embasados em Vygotski (1995; 1996) e Elkonin (1969b), o bebê, em seus primeiros dias, necessita da ajuda e da atenção dos adultos. Segundo observações de Lísina (1987), no final do primeiro mês, começa a estruturar-se algum componente da necessidade de comunicação emocional. O bebê entra em comunicação com as pessoas de seu meio circundante a partir da sexta a oitava semana de vida. É considerada uma atividade comunicativa, haja vista, que o bebê se dirige ao adulto como objeto dessa atividade. Entretanto, vale indagarmos: quais são as condições que influenciam o surgimento da atividade de comunicação ou comunicativa no bebê, já que está ausente, nos primeiros momentos de seu nascimento? Nas investigações de Lísina (1987, p.280-2), são duas as condições: em primeiro lugar, quando nasce, o bebê tem a necessidade objetiva de atenção e cuidado por parte das pessoas que o circundam, precisa destes para sobreviver e satisfazer suas simplíssimas necessidades orgânicas. Portanto, o bebê aprende a *utilizar* o adulto para eliminar sua falta de conforto e para obter o que necessita. Para tanto, apela a diferentes gritos, choramingos, gestos e movimentos. A mãe ou a pessoa mais próxima aprende a reconhecer esses sinais e satisfaz os anseios do bebê. Justamente, nesse processo de satisfação da necessidade, o adulto dirige-se ao bebê falando com ele, acariciando-o e buscando ser compreendido. O processo de comunicar-se com o bebê, mesmo que ele, em um primeiro momento, não demonstre nenhum gesto de compreensão, nem realize uma atividade comunicativa, faz com que a criança vá tomando parte nessa atividade. Não está em evidência que a criança saiba de quem depende e que estabeleça com essa pessoa relações vantajosas para si. "O importante é que o adulto, sendo imprescindível para a criança, o introduz paulatinamente em uma esfera de novas inter-relações, donde se converte em sujeito, relacionando-se com ele, na qual a criança experimenta uma alegria especial".

Além da satisfação das necessidades da criança, realizada por completo pelos adultos que cuidam dela, outra forma específica surge da relação com esses adultos. Essa relação ocorre quando o adulto aparece ou a criança ouve-o, esta tende a fixar seus olhos, acompanhando-o com alguma reação, por exemplo, sorrindo ou tentando localizá-lo a partir do som ouvido. Essa é a primeira forma de reação emocional positiva da criança dirigida ao adulto e é denominada por Elkonin (1969b) de *complexo de animação*. Esse complexo se estabelece a partir do terceiro mês, sendo considerado como manifestação externa do prazer, das vivências positivas experimentadas pela criança, como o sorriso, as vocalizações expressivas, o riso e uma excitação motora geral. Lísina (1987, p.287-8) explica que

> Estes fatos permitiram a Elkonin (1960) afirmar que o complexo de animação cumpre a função de comunicação do bebê com os adultos circundantes. [...] Os componentes do *complexo de animação* servem de base para que a criança comece a diferenciar o meio circundante à pessoa adulta (concentração), realizar a comunicação mímica (sorriso) e especificamente vocal (vocalizações pré-linguísticas) com o adulto e atrair ativamente ao adulto à comunicação (excitação motora).

O complexo de animação manifesta-se no momento em que a criança concentra seu olhar no rosto que se inclina sobre ela, há um sorriso, move animadamente, os braços e as pernas. Há as primeiras manifestações de sons. Nesse processo, há uma necessidade de comunicação com o adulto, que pode ser destacada como a primeira necessidade social da criança. Elkonin (1969b, p.505) assinala que a criança reage com o complexo de animação unicamente perante os adultos que cuidam dela. "Nenhuma outra pessoa, e muito menos os objetos que a rodeiam, motiva esta reação". O autor acrescenta que não é apenas essa simples reação da criança ante o adulto que configura esse complexo de animação, e sim esse processo se constitui em uma "[...] ação complexa, que tem por objetivo a comunicação com os adultos e que se realiza por meios especiais". Logo, o adulto é centro desse processo de complexo de animação. A necessidade da criança de comunicação emocional direta tem enorme importância para o desenvolvimento da criança, por isso é a atividade dominante do período. O adulto motiva a criança a agir com ele, começando a lhe mostrar o mundo material, dos objetos humanos, desvendando como manipular os objetos, como realizar a ação e orientando no uso de tais objetos, mesmo que seja primariamente. É primário, porque a criança, nesse período, ainda não conta com os movimentos sensório-motores para executar tal ação, mas vai assimilando-os paulatinamente no processo de interação. Outra questão, o que interessa à criança, nesse período, não é realizar a ação com perfeição, mas estar em comunicação com os adultos. Esse é o seu objetivo e, por conseguinte, seu motivo. Como bem complementa Mukhina (1996, p.84), a dependência de estar com o adulto "[...] determina que a criança veja a realidade (e a si mesma) sempre através do prisma das relações com outra pessoa". Por isso, desde o começo da vida da criança, as suas atitudes e relações com a realidade têm um caráter social.

O primeiro ano de vida da criança é marcado pela formação dos sistemas sensoriais, que estão implicitamente ligados, desde o começo, à relação entre a criança e os adultos que lhe oferecem cuidados, possibilitando a ela um processo de intensa aprendizagem. Desde os mais simples movimentos, quando o adulto se inclina sobre a criança, aproxima e afasta seu rosto, pega, mostra e estende a ela algum objeto de cor viva, provoca na criança um motivo para que fixe seu olhar no rosto do adulto ou no objeto, até a conquista de segurar e apalpar o objeto, estão voltados para um intenso desenvolvimento e com inúmeras possibilidades de relação entre a criança e o adulto. Essas ações são consideradas de comunicação, já que envolvem a criança e o adulto. A relação criança-adulto começa a ser cada vez mais profunda e suas ações adquirem o caráter de *atividade conjunta*. Essa atividade pode ser assim ilustrada: a criança não consegue apanhar algo por si própria e é o adulto quem irá dirigir e orientar suas ações. Nesse sentido, a criança começa a desenvolver a capacidade de imitar as ações dos adultos e ante esse processo, abrem-se inúmeras possibilidades para o ensino (Elkonin, 1969b; 1998). Essas ações de que a criança vai apropriando-se na relação orientada pelo adulto formam a base de seu *desenvolvimento psíquico*. Nas palavras de Mukhina (1996, p.84), "[...] já no primeiro ano, manifesta-se claramente a lei geral do desenvolvimento psíquico, segundo a qual processos e qualidades psíquicos se formam na criança sob a influência decisiva das condições de vida, da educação e do ensino".

Após análises dos dados reunidos, Lísina (1987) afirma que há outras manifestações de alegria e prazer quando a criança interatua com os adultos: um exemplo é o prazer de ver cores, brinquedos que se movem, diversos sons melódicos. Frente a esses estímulos, as crianças ficam imóveis, sorriem ou balbuciam. Essas manifestações aos estímulos podem ser consideradas *linhas acessórias do desenvolvimento* ou atividades secundárias. Inicia-se a aprendizagem das primeiras ações como: a concentração dirigida para o objeto em movimento em diferentes direções e distâncias, a convergência dos olhos e a contemplação. Estes são os primeiros movimentos que se desenvolvem, ou seja, o desenvolvimento dos sistemas sensoriais. Esse desenvolvimento é anterior ao da esfera dos movimentos das mãos. Pode-se pressupor, conforme teoriza Elkonin (1998), que a formação do ato de agarrar baseia-se na concentração do olhar no objeto.

Com os sistemas sensoriais já relativamente constituídos e dirigíveis, o desenvolvimento das coordenações visomotoras e do ato preênsil começa a se formar, mesmo que ainda caótico. O processo de preensão e apalpação com as mãos provoca a sensibilidade tátil e transforma a palma da mão da criança em um aparelho receptor que funciona de maneira ordenada. Elkonin destaca a importância fundamental do ato de querer apreender os diversos objetos a distância, com sua subsequente sujeição, apalpação e contemplação simultânea. Esse ato "radica-se no fato de que, durante esse processo, se constituem as ligações entre a imagem reticular do objeto e suas verdadeiras dimensões, forma e distância" (ibidem, p.209).

O essencial para o desenvolvimento e aperfeiçoamento dos movimentos com objetos nessa fase é o surgimento de diversos movimentos reiterativos e concatenados, que começam com palmadas nos objetos, examinando-os, e tornam-se cada vez mais variados. Convém esclarecer que todo esse processo não se desenvolve se for deixada a criança em sua oscilação monótona com seu corpo, com seus atos de sucção dos dedos.

A formação primária da preensão e seu ulterior aperfeiçoamento transcorrem na *atividade conjunta com os adultos*. É precisamente o adulto quem cria as diferentes situações em que se aperfeiçoa a direção psíquica dos movimentos das mãos baseados na percepção visual do objeto e em sua distância. Os adultos que se ocupam de uma criança frequentemente não se dão conta de que lhe oferecem, no completo sentido da palavra, exercícios conjuntos para formar o movimento preênsil: o adulto suscita a concentração no objeto, coloca-o a uma distância na qual a criança começa dirigindo a mão para ele, e afasta-o, obrigando a criança a estirar-se na direção dele; se a criança estende as mãos para o objeto, o adulto desloca-o até que entre em contato com as mãos da criança etc. Transcorre precisamente desse modo o desenvolvimento da orientação da criança no espaço e a direção independente dos movimentos baseados nessa orientação. Em todas essas situações, o centro é o adulto. (Elkonin, 1998, p.209-10, grifos nossos)

Desse modo, desde os primeiros movimentos de manipulação até os mais elaborados decorrem da atenção pedagógica que é prestada. Se prestada tal atenção, segundo os dados pesquisados por Elkonin e colaboradores, as ações reiterativas e concatenadas, durante o primeiro ano da criança, podem ser assim caracterizadas: as possibilidades de manipulações que se formam durante o primeiro ano se desenvolvem desde que se desenvolvam as premissas necessárias, ou seja, as faculdades de concentrar-se, examinar, apalpar, ouvir etc.; e com a formação do ato de agarrar, a atividade orientadora e exploradora adquire uma nova configuração quando a criança começa a se orientar pelos novos objetos. As ações da criança "[...] são estimuladas pela novidade dos objetos e sustentadas pelas novas qualidades dos objetos que vão sendo descobertas durante a sua manipulação" (ibidem, p.214). O aprender a agarrar e manipular os objetos não significa que as crianças compreendem o significado social de uso dos objetos, mas apenas sentem-se atraídas pelas qualidades externas deles. Aqui aparecem as premissas da atividade objetal manipulatória, porém, mesmo ante essas diferentes situações de atividades e conquistas, que designamos como secundárias, é a atividade de comunicação, o complexo de animação que é mais intenso e fundamental, ou seja, dominante.

Convém esclarecer que todas essas conquistas, desde o primeiro ano, são as bases para o posterior desenvolvimento da atividade lúdica, pesquisada por Elkonin (1998). Ele demonstra que a progressiva evolução da atividade lúdica está profundamente relacionada com o desenvolvimento da criança como um todo. Nesse sentido, só é possível falar da evolução do jogo de papéis quando, na criança, já estão formadas "as coordenações sensório-motoras fundamentais que oferecem a possibilidade de manipular e atuar com os objetos. Sem saber sustentar um objeto na mão é impossível qualquer ação com ele, incluindo a lúdica" (ibidem, p.207).

O processo de aprendizado com os objetos, que implicitamente se encontra na atividade de comunicação emocional direta, "[...] é uma condição importantíssima para o desenvolvimento das ações com os objetos na primeira infância. Já traz implícita a atitude com o adulto como depositário de modelos de ações com os objetos" (ibidem, p.216).

Posteriormente, durante o desenvolvimento da atividade objetal manipulatória, na qual já está formado o ato preênsil, as ações de comunicação não se dissolvem na atividade conjunta entre a criança e o adulto, não se fundem com a interação prática com os adultos, mas conservam seu peculiar conteúdo e seus meios de realização.

Há uma ressalva sobre o denominado *déficit de comunicação emocional* (como, provavelmente, também seu excesso) da qual fala Elkonin (1987b). Investigações provaram que ambas situações – déficit ou excesso – podem exercer uma influência decisiva no desenvolvimento psíquico nesse período (ibidem).

Se a necessidade da criança em relação ao adulto constitui a condição indispensável para o surgimento da comunicação nas crianças, a iniciativa antecipadora do adulto, que se dirige ao bebê como se fosse um sujeito e que modela ativamente a nova conduta infantil, constitui a condição decisiva neste processo e, no conjunto de ambas, são suficientes para que apareça a atividade comunicativa. Em consequência, é o adulto quem atrai a criança à comunicação e logo, no processo desta mesma atividade, nos pequenos se engendra, paulatinamente, a nova necessidade de comunicação, diferente de todas as que existiam no bebê desde os primeiros contatos com os circundantes. (Lísina, 1987, p.282)

Diante das relações estabelecidas, a criança manifesta novas formas de comportamento: "a experimentação lúdica, o balbucio, a atividade inicial dos órgãos sensoriais, a primeira reação ativa ante a postura, a coordenação de dois órgãos que atuam simultaneamente, as primeiras reações sociais que se manifestam em gestos expressivos de prazer ou surpresa" (Vygotski, 1996, p.286).

Nessa situação, a criança substitui a passividade perante o mundo de quando nasce, depositando um interesse receptivo cada vez mais patente. Ela, por meio das mediações dos adultos, começa a perceber-se no mundo exterior, demonstrando interesse e aprimorando suas possibilidades para ultrapassar, em suas atividades, os estreitos limites de suas atrações diretas e tendências instintivas.

O bebê, desde que nasce, se encontra em uma situação de desenvolvimento especial, todo seu comportamento está imerso no social, deve recorrer a outras pessoas para satisfazer suas próprias necessidades e conseguir algo. Devido a isso, as relações sociais do recém-nascido não podem separar-se nem diferenciar-se da situação global, geral, a que pertence. Mais tarde, quando começam a diferenciar-se, seguem conservando sua índole inicial, no sentido de que sua comunicação com o adulto é a esfera fundamental na qual se revela a própria atividade da criança. Quase toda a atividade pessoal do bebê se integra em suas relações sociais. Sua atitude ante o mundo exterior se revela sempre através de outras pessoas. Cabe dizer, portanto, também seria certa a tese contrária: todas as manifestações sociais do bebê estão imersas na atual situação concreta, formando com ela um todo único e indivisível. (ibidem, p.303).

Toda essa peculiar e específica situação de sociabilidade do bebê é porque sua comunicação social não está separada de todo o processo de sua comunicação com o mundo exterior: com os objetos humanos e com a satisfação de suas necessidades vitais. Mas esta comunicação está privada do meio mais essencial: a linguagem humana propriamente dita. A comunicação social está embasada em uma comunicação visual-direta, ativa, sem palavras. Ao invés de uma comunicação baseada no entendimento mútuo, trata-se de manifestações emocionais, transferências de afetos, de reações positivas e negativas entre o bebê e o adulto. Nesse sentido, *o adulto é o centro de qualquer situação no primeiro ano*. Todas as atividades da criança realizam-se, sobretudo, com e na presença do adulto. Na ausência do adulto, é como se a criança fosse indefesa, toda a sua atividade frente ao mundo paralisa-se ou limita-se em alto grau. Por esse motivo, é cabível falar que *a outra pessoa é para o bebê o centro psicológico de toda a situação*. "O sentido de cada situação está determinado para o bebê por esse centro principalmente, isto é, por seu conteúdo social, ou, melhor dito, pela relação da criança com o mundo". A criança é dependente e resultado de suas *relações diretas e concretas com o adulto* (Vygotski, 1996, p.304; Elkonin, 1969b).

Essa necessidade de comunicação que, num primeiro momento, é visual, com vocalizações, possibilita o desenvolvimento das bases da linguagem no momento em que a criança começa a imitar os fonemas da linguagem humana. O balbucio é um exemplo dessa necessidade da criança em se comunicar e serve para a aprendizagem de novos sons. "No processo de ação mútua com os adultos, aparece na criança *a compreensão primária da linguagem humana, a necessidade de comunicação verbal e a pronúncia das primeiras palavras*" (Elkonin, 1969b, p.507, grifos originais).

Como bem define Elkonin (ibidem), para que a criança comece a compreender a linguagem, o melhor meio é a orientação visual. Ao denominar um objeto e ao mesmo tempo olhá-lo e atuar com ele, estabelece-se uma relação entre a palavra e o objeto. A reação da criança, nesse processo, é mexer a cabeça até o objeto nomeado, mirando-o, observar e procurar tê-lo em mãos quando o adulto lhe pergunta *Onde está tal coisa?* Após várias repetições do nome do objeto, ao mesmo tempo em que lhe mostra, faz que a criança estabeleça uma relação entre a palavra dita e o objeto definido por essa palavra. Para Vygotski (1996) esses gestos indicativos, que antecedem a linguagem, são um meio de comunicação que conduz à generalização. "Ao término do primeiro ano de vida, a criança estabelece a relação entre o objeto e seu nome. Essa relação se expressa por meio da busca e do encontro do objeto nomeado. Essa é a forma inicial de compreensão da linguagem" (Mukhina, 1996, p.86).

A atividade dominante desenvolvida nesse período – a comunicação emocional direta – constitui-se como a via principal de uma nova formação central da primeira infância que está vinculada à linguagem. Essa nova formação tem origem nas relações da criança com os adultos e da colaboração com eles. "São eles que impulsionam a criança a uma nova via de generalização, de domínio da linguagem etc. E o domínio da linguagem leva a uma configuração nova de toda a estrutura da consciência (ibidem, p.356)".

A par da linguagem, inicia-se, ante a criança, um amplo processo de compreensão e de tomada de consciência da realidade circundante, como com o jogo, a percepção, o surgimento e a consolidação do mundo formado por objetos, atribuindo-lhes sentido (Vygotski, 1996).

Como observamos, na trajetória do desenvolvimento da criança, em seu primeiro ano, sua atividade no mundo exterior é sempre mediada por outra pessoa. Essa condição coloca a criança diante de outras possibilidades que vão se incrementando no curso de seu desenvolvimento. Na segunda metade do primeiro ano, a criança desenvolve intensamente sua mobilidade no espaço; aperfeiçoa seus movimentos; adquire força em seus braços e pernas; começa a engatinhar. Ao final do primeiro ano, já se torna possível o andar; desenvolvem-se novos setores do cérebro; aparecem novas formas de conduta e novas formas de comunicação com os demais. Todo esse processo é de grande importância para seu desenvolvimento, por ampliar o círculo de suas percepções e possibilidades, tornando possível o acesso direto com os objetos que antes eram inacessíveis sem a ajuda dos adultos.

Neste período, todas as aquisições da criança aparecem *sob a influência direta dos adultos*, que não somente satisfazem todas as suas necessidades, como organizam também seu contato variado com a realidade, sua orientação nela e as ações com os objetos. O adulto traz à criança distintas coisas para que as contemple, toca junto com ela o jogo sonoro, coloca em sua mão os primeiros objetos para que os manipule, a criança aprende a sentar-se com a ajuda dos adultos, o adulto o apoia em seus primeiros intentos de pôr-se de pé e andar etc. (Elkonin, 1969b, p.507, grifos originais)

Com toda essa situação social de desenvolvimento, novas formas de comunicação com o adulto vão se ampliando, quando este insere a criança no mundo dos objetos humanos, ensinando-a a manipulá-los. Num primeiro momento, só a relação com o adulto garante o desenvolvimento da atividade, esse adulto provoca nela a necessidade de se inserir no mundo dos objetos humanos, o que faz que a atividade dominante passe a ser secundária, por surgirem novos motivos, como aprender a manipular e utilizar os objetos humanos.

A passagem da atividade da comunicação emocional direta para a atividade objetal manipulatória acontece pela mudança nos motivos e nas necessidades inseridos pela relação da criança com o adulto.

Atividade objetal manipulatória

Após o intenso desenvolvimento do período anterior, que tem por base o desenvolvimento preponderante da esfera motivacional e das necessidades, nesse período, com preponderância, desenvolve-se a esfera das possibilidades operacionais técnicas da criança: assimilar os modos socialmente elaborados de ações com os objetos. É a atividade na relação criança-objeto social.

As aquisições da criança, em seu primeiro ano, alteram fundamentalmente suas relações com o meio social e suas atividades. As conquistas mais importantes no primeiro ano são: o andar, a compreensão e a assimilação primária da linguagem e, de maneira mais intensa, o desenvolvimento da atividade objetal manipulatória.

A aparição do andar independente não somente amplia o círculo dos objetos com os quais a criança se encontra diretamente, mas muda também o caráter da conduta com muitos outros que antes não lhe eram acessíveis. Agora, não somente pode olhá-lhos, mas pode aproximar-se e atuar com eles. Também mudam as possibilidades de contato com os adultos: a criança já não tem que esperar que se aproximem, ela mesmo pode aproximar-se e exigir ajuda e atenção por parte deles. Sobre a base de uma convivência com os adultos em todos os aspectos da vida, tem lugar uma formação rápida da linguagem da criança. Na medida em que domina as ações com os objetos e sobre a base de um desenvolvimento intenso da linguagem, tem lugar a formação de todos os processos psíquicos e o desenvolvimento da personalidade da criança. (Elkonin, 1969b, p.508)

As ações com os objetos que a criança realiza no primeiro ano, sob a direção dos adultos, permitem-lhe que aprenda somente a utilizar as propriedades externas dos objetos, ou seja, da mesma forma que manipula o lápis, manipula também a colher ou um pau. Portanto, a passagem para a primeira infância engendra uma nova forma de atitude frente ao mundo dos objetos: estes se tornam não mais como simples objetos apalpados, mas instrumentos que têm uma forma determinada para seu uso, socialmente elaborada, e necessita-se aprender a cumprir a função que lhes designou a experiência social (Mukhina, 1996). Essa ideia pode assim ser ilustrada por Elkonin (1969b, p.508, grifos originais):

> Sob a direção dos adultos e em constante contato com eles, *a criança aprende a atuar com os objetos,* por meio dos quais satis-

faz suas variadas necessidades (comer com a colher, beber com a xícara, abotoar os botões, colocar as meias etc.). No começo, os adultos executam as ações junto com a criança, e, somente de uma maneira progressiva a deixam com liberdade, vigiando e corrigindo constantemente seus movimentos. Quando a organização e o método de ensino são bons, a criança aprende com perfeição as maneiras corretas de atuar com os objetos.

Em função do interesse da criança em manipular os objetos, em assimilar novas ações com eles, o adulto, nesse processo, deixa de ser o centro da situação social de desenvolvimento e passa a ser, para a criança, o que vai possibilitar a ela aprender e dominar as ações socialmente elaboradas dos objetos. É o adulto que mostra às crianças como realizar as ações e as cumpre junto com elas. O adulto, nesse contexto, passa a ser somente um elemento, ainda que o mais importante preceptor e mediador, da situação da ação objetal. "A comunicação emocional direta com ele passa aqui a um segundo plano e em primeiro plano aparece a colaboração prática. A criança está ocupada com o objeto e com a ação com ele" (ibidem). Produz-se, desse modo, a passagem para a atividade objetal manipulatória, sendo que esta será a atividade dominante durante todo esse período.

Algumas investigações, reitera Elkonin (ibidem), demonstram a *sujeição* da criança à ação imediata e, nesse processo, observa-se um peculiar *fetichismo objetal*: "é como se a criança não percebesse o adulto, o qual está oculto pelo objeto e suas propriedades".

A particularidade da atividade objetal manipulatória é que, por meio desta, a criança descobre, pela primeira vez, a função do objeto e seu destino. Quando a criança abre e fecha infinitas vezes uma caixa ou uma porta, essas ações são simples manipulações que não revelam a função desse objeto. Nesse processo, o adulto desenvolve um papel fundamental, que é o de revelar qual é a função desse objeto, no caso, aqui, da caixa ou da porta. Compreender o destino do objeto é compreender qual é o destino conferido ao objeto pela sociedade (Mukhina, 1996).

No processo de aprendizagem, a criança manipula os objetos sem lhes denotar funções, nem compreendendo o significado *permanente* do objeto, ou seja, seu destino social. "A princípio, a criança sabe manejar um pequeno grupo de coisas. Para ela resulta um círculo mais amplo de brinquedos que representa objetos reais e que tem funções parecidas a estes (o que, em geral, não tem funções fixas)". Esses brinquedos não lhe exigem que se realizem ações tão precisas como com os objetos reais; ao utilizá-los, tem lugar condições mais livres: brincar de beber em uma taça não exige a rigorosidade e a coordenação de movimentos que são necessários para beber realmente. "Por isto, ao atuar com os brinquedos, a criança não fixa tanto as maneiras de atuar com eles quanto as funções dos objetos que eles representam, ou seja, aquilo para o que o utilizam" (Elkonin, 1969b, p.508).

A criança não transfere suas ações com os brinquedos para os objetos reais e não há uma preocupação em apreender as ações com os objetos. É o adulto quem será o elemento mediador desse processo, incitando na criança o interesse para atuar com os objetos de maneira socialmente elaborada.

A atividade objetal manipulatória tem três fases: a primeira é o uso indiscriminado do objeto, em que a criança realiza com ele qualquer ação que domina; na segunda, a criança utiliza o objeto de acordo com sua função direta e, na terceira, a criança manipula e utiliza os objetos livremente, é como se retornasse a primeira fase, só que já conhecendo a função principal do objeto, o destino social que lhe é conferido. Elkonin (ibidem, grifos originais) assim sistematiza esse processo:

> Na etapa inicial da aprendizagem das ações com os brinquedos, a criança reproduz as ações indicadas pelos adultos somente com aqueles objetos e naquelas condições em que lhes haviam mostrado. Se o adulto mostrar à criança como dar de beber à boneca com um barrilete, no começo, ela dará de comer à boneca somente com o barrilete e não utiliza outras coisas; se lhe mostram como se dá de comer ao gatinho ou ao cachorrinho, ela dará de comer somente a estes *ani-*

mais. No entanto, posteriormente, as ações se generalizam e se executam não somente com aqueles objetos que haviam mostrado, mas também com outros parecidos. Agora, a criança lhe dá de beber não somente ao cachorrinho e ao urso, mas também ao cavalo, à boneca e ao cubo de maneira; e não somente com o barrilete com que lhe haviam mostrado a ação, mas também com a xícara, com a taça etc.

É no esteio dessa relação criança-adulto que a criança começa a compreender a utilização dos objetos cotidianos e, ao mesmo tempo, começa a assimilar as regras de comportamento social. Nesse processo de aprendizagem, domina as ações com orientação constante do adulto, que lhe demonstra a ação, dirige sua mão e chama atenção sobre o resultado (Mukhina, 1996).

Com o aprimoramento das atividades sensório-motoras, nas manipulações com os objetos e brinquedos em atividade conjunta com os adultos, as crianças vão aprendendo as ações planejadas e designadas pela sociedade aos objetos de uso cotidiano. Todavia, essas manipulações primárias não são consideradas ainda como brincadeira, mas como "[...] exercícios elementares para operar as coisas, nas quais o caráter das operações é dado pela construção especial do objeto" (Elkonin, 1998, p.215).

A partir dos três anos, ao término da primeira infância, surgem novas atividades, há um novo tipo de ações com os objetos, que, posteriormente, começam a determinar o desenvolvimento psíquico: *a brincadeira e a formas produtivas de ação* (o desenho, a modelagem, a construção). Isso procede pela via da aprendizagem das ações com os objetos, quando aos poucos, as crianças começam a reproduzir as ações dos adultos, o que, em grande medida, motiva o interesse delas por essas ações e pelas funções sociais que realizam. Isto se manifesta, particularmente, ao final deste período; as crianças começam a querer atuar com os mesmos objetos com que trabalham os adultos: o martelo, a pá, o lápis do pai etc. têm uma força atrativa especial. "Assim, se manifesta *a tendência da criança a tomar parte na atividade dos adultos*, a saber manejar os objetos de trabalho" (Elkonin, 1969b, p.509, grifos originais).

A própria origem do jogo de papéis tem uma relação direta com a formação, dirigida pelos adultos, das ações com os objetos. Porém, essas ações não se caracterizam simplesmente pelas manipulações das características externas, como no processo explicado anteriormente na atividade emocional direta. O que caracteriza as ações que dão origem ao jogo de papéis são as ações com os objetos que têm importância social e evidenciam os "[...] modos sociais de utilizá-los que se formaram ao longo da história e agregados a objetos determinados. Os autores dessas ações são os adultos". Nos objetos, não está escrito ou indicado diretamente os modos de emprego, sendo assim, a criança não pode descobri-los por meio de simples manipulações, sem orientação do adulto, sem um *modelo de ação*. "O desenvolvimento das ações com os objetos é o processo de sua aprendizagem sob a direção imediata dos adultos". Não se pode negar que a criança, ao manipular os objetos soltos, ao cumprir tarefas por sua própria conta, utilizando o emprego de instrumentos, não possa descobrir as funções desses objetos; no entanto, não é essa a forma fundamental de aprendizagem. Na realização da atividade conjunta, "os adultos organizam, em conformidade com um modelo, as ações da criança e, em seguida, estimulam e controlam a evolução de sua formação e execução" (Elkonin, 1998, p.216).

Durante a aprendizagem das ações com os objetos, na atividade conjunta, os adultos são o modelo de ação à criança e, nesse processo de formação das ações com os objetos, "[...] a criança aprende primeiro o esquema geral de manipulação destes com a sua designação social, e só depois se ajustam às operações soltas à forma física do objeto e às condições de execução das mesmas" (ibidem, p.220).

Gradualmente, as crianças vão aprendendo ações com objetos cada vez mais diferentes e diversos. Quando, em sua brincadeira, a criança manifesta a substituição aparente de um objeto por outro, revela uma extraordinária importância, primeiro para saber qual foi o objeto da ação aprendida pela criança e quais foram as condições para realizá-la. Segundo, esse processo indica as premissas da evolução do jogo de papéis.

Há dois tipos de substituição das ações com os objetos: a) pode haver a substituição da ação com o objeto, aprendida em determinadas condições, para outras condições. Exemplificando: "[...] a criança aprendeu a pentear com um pente de verdade a própria cabeça, e passa em seguida a pentear a boneca, o cavalo de papelão, o urso de pelúcia...". b) em outra situação, acontece o mesmo, mas agora com um objeto substitutivo, por exemplo, pentear, não mais com um pente, mas pode ser com uma régua de madeira, a boneca, o ursinho, pentear-se a si mesma (Elkonin, 1998, p.223-4).

Elkonin (ibidem, p.224, grifos nossos) afirma que a substituição, pela primeira vez, de um objeto por outro ocorre pela necessidade de completar a situação usual da ação com algum objeto que não há em um momento dado, está ausente. É interessante ilustrar esse processo com o exemplo de uma brincadeira.

> Nas etapas primárias, essa substituição faz-se com os próprios e pequenos punhos. Assim, por exemplo, Lida (2[anos]; 1 [mês]) dá de comer à boneca com um púcaro, depois corre até o piano e diz "camelo" (caramelo) e afasta-se correndo dali com os punhos à frente, aproxima um da boca da boneca e diz "camelo". As crianças nos jogos deste período mencionam de maneira análoga a alimentação imaginária. Por exemplo, Edia (2; 5) dá de comer à boneca num púcaro vazio, dizendo: "Isto é marmelada, come". A menção de estados imaginários da boneca ("ela está doente"), de propriedades dos objetos ("a sopa está quente", "a marmelada está boa"), não é outra coisa *senão o primeiro indício de criação de uma situação lúdica*.

No momento em que aparece a denominação de brinquedos substitutivos, que complementam os fundamentais, duas etapas podem ser visualizadas: a) as crianças mencionam esses objetos somente depois de observar os adultos fazerem alguma coisa com eles; b) as crianças nomeiam os objetos somente após terem realizado algo com algum deles. Nesse período, as crianças ainda não denominam os objetos substitutivos antes de incluí-los na brincadeira, antes de atuarem com eles. Elas nunca nomeiam, ludicamente, os objetos, sem antes terem executado alguma respectiva ação com eles. Outra especificidade da brincadeira das crianças, nesse período, é que, ao utilizar os objetos em determinada ação, estes precisam ter uma mínima semelhança entre os substitutivos com o representado. Não há, necessariamente, semelhanças de cor, tamanho, forma e outras características. É suficiente para a criança poder usar o objeto substitutivo nas ações que costumam ser feitas com os objetos autênticos. O essencial na utilização de objetos substitutivos na brincadeira é que os objetos que carecem de algum uso específico determinado – como exemplo palito como termômetro, seringa etc.; o carretel como sabão, jarro etc. – "se insiram no jogo como material complementar dos brinquedos temáticos (bonecas, figuras de animais etc.) e atuem como meios de execução de tal ou tal ato com os brinquedos temáticos fundamentais" (Elkonin, 1998, p.226).

A essência do exposto é a demonstração de como principia a *ação lúdica*. Seu desenvolvimento posterior depende do surgimento e aprimoramento do *papel* que a criança possa assumir para poder executar alguma ação. Na brincadeira apresentada anteriormente, demonstramos a "[...] execução de uma série de ações realizadas pelos adultos, mas as crianças não se põem os nomes dos adultos cujas ações executam realmente no jogo". Nesse momento, as crianças se autodenominam durante a brincadeira: "Volódia (2; 3) leva à boca do cavalinho uma xícara de madeira e diz: *Vólodia dá de comer*". Esse autodenominar-se é indício de que a criança realiza, verdadeiramente, uma determinada ação, contudo, compreende ser *ela* quem, precisamente, a realiza (ibidem, p.226-7, grifos originais).

Nesse processo, a criança vai incorporando os nomes dos adultos durante a reprodução das ações, mas, quando apenas se atribui o nome do adulto, isso não significa que assumiu o papel deste. Demonstra apenas uma comparação de seus atos com os do adulto, e a semelhança entre eles. Assim, por exemplo, Tânia (2; 5) ajuda a professora durante a refeição a dar de comer às crianças: "A educadora diz-lhe: 'Tânia, você é a tia Básia' (o nome de outra educadora). Tânia repete: 'Tânia é a tia Básia, a tia Básia' e, apontando para si mesma, articula: 'Sou a tia Básia'". Ao se darem outros nomes e ressaltarem suas ações, encontrando semelhança entre seus atos e os dos adultos, dão indícios do surgimento do *papel no jogo* (Elkonin, 1998, p.227).

O aparecimento do papel no jogo pode ser visualizado no final da primeira infância quando se apresentam duas séries de fatores:

> Em primeiro lugar, põe-se à boneca o nome de uma personagem. Com isso, a criança a destaca dos outros brinquedos como suplente de pessoa. Assim, Volódia (2; 6), quando deitou a boneca perto de outra boneca, grande, na cama, onde a primeira dorme, senta a segunda numa cadeira à beira da dormente e diz, com um sorriso nos lábios, à educadora: 'Esta é a babá'. Em segundo lugar, a criança começa a falar em nome da boneca. Por exemplo, Volódia (2; 11) coloca as duas bonecas cara a cara e fala com elas: 'Bom dia, Kólia, já estou aqui'. Nessas manifestações vemos indícios da futura fala protagonizada, que não se articula em nome do personagem interpretado pela criança, mas por intermédio do boneco. (ibidem, 227-8).

Essa situação lúdica, com o surgimento do papel, é a base para a complexificação da estrutura das ações lúdicas. Nesse momento, essas ações são de *um ato*: a criança ou dá de comer à boneca, ou lava-a, ou a penteia. Essas ações, por vezes, são repetitivas com um mesmo objeto ou brinquedo, sem, no entanto, mudar de conteúdo. "O típico dessas ações é justamente constituírem uma série de ações soltas sem relação alguma entre si. Não há nenhuma lógica em seu acontecer: primeiro a menina embala, depois caminha, logo dá de comer à boneca e, por último, leva-a a passear no carrinho" (ibidem, p.228).

As ações soltas, sem uma continuidade lógica cotidiana, são essenciais para o desenvolvimento das brincadeiras. No decorrer desse desenvolvimento, as brincadeiras tornam-se cada vez mais concatenadas e as crianças vão apropriando-se da continuidade lógica das ações que se processam no dia a dia de uma pessoa. Geralmente, no centro dessas ações, está a boneca como suplente de alguma pessoa: "Volódia (2;11) coloca a boneca numa gaveta que faz de banheira, dá-lhe banho, toma-a nos braços e fala assim: 'Kátia tomou banho, agora vai dormir'; e deita-a em seguida na caminha". Observamos nesse exemplo que as ações de dar banho e, em sequência, pôr na cama, têm a mesma continuidade lógica com que essas ações se realizam na vida, ou seja, "[...] a lógica das ações lúdicas que começa a refletir a lógica da vida da pessoa" (Elkonin, 1998, p.229-30).

No decorrer da aprendizagem, a interação com os objetos com alguma função determinada, como a xícara que se bebe e com os brinquedos com que executam e reproduzem as ações apreendidas, proporciona que a criança vá conhecendo cada vez mais novas funções do objeto e, com isso, suas ações lúdicas complexificam-se. Elkonin (ibidem, p.230) afirma que, durante as brincadeiras, as crianças não aprendem como melhor usar os objetos, como o pente, a colher etc. "A aprendizagem dessas habilidades transcorre durante o uso desses objetos e na atividade prática". A hipótese que se levanta é que, nas ações lúdicas, a criança não aprende a conhecer novas propriedades físicas, externas dos objetos. Conhecer e aprender sobre os objetos da realidade e seu uso se dá por meio da atividade conjunta e do adulto desempenhando o papel fundamental de mediador. Na brincadeira, a criança reproduz o que aprendeu, em especial, sobre o significado dos objetos, sua função social e seu uso.

Por mais que se tenha aprendido várias funções com objetos e que se reproduza nos brinquedos, o que falta é a continuidade lógica que se registra no cotidiano. Nesse período, com base em dados levantados pela pesquisadora Fradkina, do grupo de Elkonin, assim pode ser caracterizado sobre o desenvolvimento da ação lúdica: "[...] como o trânsito da ação univocamente determinada pelo objeto, passando pela utilização variada deste, para as ações ligadas entre si por uma lógica que reflete a lógica das ações reais na vida das pessoas. Isso já é *o papel em ação*" (ibidem, p.230).

A relevância dos dados teóricos e experimentais sobre o desenvolvimento da brincadeira, nesse período na vida de criança, demonstra que essa atividade surge com a ajuda dos adultos e não de maneira espontânea, assim como todas as demais habilidades adquiridas nesse processo.

Prosseguimos, enumerando outros processos de aprendizagem na vida da criança, que a desenvolvem. Ao aprender as funções e o uso dos objetos, as ações com eles não se refletem somente nas brincadeiras da criança, os adultos começam a exigir dela mais independência em suas ações. A criança torna-se mais independente em algumas ações cotidianas, como comer sozinha, vestir-se etc. Esse processo mobiliza a criança a realizar cada vez mais ações que antes executava com a ajuda dos adultos. Elkonin (1969b) reitera que essa tendência à independência deve ser promovida por todos os meios, em especial, pela educação.

O desenvolvimento da linguagem está umbilicalmente relacionado com o processo de aprendizagem com os objetos, que se divide em duas etapas: a) na primeira, abarca a primeira metade do segundo ano, que tem o desenvolvimento, em especial, da *compreensão da linguagem dos adultos dirigida à criança*. A linguagem própria da criança ainda se desenvolve com muita lentidão; b) na segunda, que envolve a segunda metade do segundo ano e todo o terceiro ano, junto a essa compreensão se desenvolve com muita intensidade *a linguagem ativa da criança* (Elkonin, 1969b, p.509).

Sobre essa questão, Elkonin (1987b) teoriza que, à primeira vista, há uma contradição entre o desenvolvimento intenso da criança e suas limitadas formas de comunicação. Em um primeiro momento, a criança é um ser privado da palavra, utilizando outras formas de comunicação com os adultos, como, por exemplo, os meios emocionais mímicos, pelos quais a linguagem se desenvolve lentamente. A partir do momento em que assimila os primeiros sons, os fonemas, há um salto qualitativo no desenvolvimento da linguagem da criança, que se converte em um ser falante, utilizando formas gramaticais relativamente ricas. A linguagem passa a ser utilizada pela criança "[...] para organizar a colaboração com os adultos dentro da atividade objetal conjunta" (ibidem, p.117).

A propósito, a comunicação entre a criança e o adulto, nesse processo de assimilação da linguagem, só é possível em situações concretas: "A palavra pode ser utilizada na comunicação somente quando o objeto está à vista. Se o objeto está à vista, a palavra se torna compreensível" (Vygotski, 1996, p.328).

Essa compreensão das palavras que denominam objetos exteriormente diferentes conduz a criança à *generalização*. Significa dizer que é pelo ato da comunicação que se origina o desenvolvimento da generalização. Segundo Vygotski (ibidem, p.356) "ao longo de toda a infância se conserva o predomínio da linguagem passiva sobre a ativa. A criança aprende a compreender a linguagem antes de generalizar". No processo de compreensão da linguagem, há o desenvolvimento da linguagem ativa da criança, a qual toma iniciativa, exige a denominação dos objetos e tenta pronunciar palavras que designem tais nomes. Nessas tentativas, as palavras pronunciadas pela criança pouco se parecem com a dos adultos, e algumas sílabas denotam em uma série de outros significados. É o que Vygotski (ibidem) denomina de *linguagem autônoma*. O surgimento dessa linguagem tem três fontes possíveis: da linguagem das mães ou de quem cuida das crianças, que inventam palavras para se comunicar com a criança, acreditando que serão mais bem compreendidas; são palavras corretas, que, ao usá-las, a criança altera; e são palavras inventadas pela criança (Mukhina, 1996).

Elkonin (1969b) expõe que, se o desenvolvimento está condicionado, em primeiro plano, pelo caráter das relações entre adultos e crianças, e tendo em vista o desenvolvimento da linguagem autônoma, sabidamente, os adultos são os responsáveis tanto pelo atraso da linguagem, quando estes não se relacionam com as crianças, quanto pela permanência da linguagem autônoma. Assim, o papel do adulto é ensinar as crianças a utilizar corretamente as palavras, ampliar seu vocabulário e mediar a pronúncia das palavras para que fiquem cada vez mais compreensíveis.

Conforme o exposto acerca do desenvolvimento da linguagem, o autor supracitado reforça que, na primeira infância, esse desenvolvimento configura-se em quatro momentos: em um primeiro momento, que se refere à primeira metade do segundo ano, é um período das orações em uma só palavra. A criança fala palavras isoladas, que podem expressar tanto algum objeto quanto alguma oração, como, por exemplo, a palavra boneca pode significar *dá-me a boneca* ou *a boneca caiu*, ou ainda, tudo que pertence à boneca, como roupas, utensílios para dar de comer etc. Nesse período, a criança, frequentemente, utiliza uma mesma palavra para distintos objetos. Isto conduz à generalização primária dos signos dos objetos que têm maior impacto no desenvolvimento da criança. A compreensão dessas palavras de significação múltipla é possível unicamente relacionando-se com toda a situação em que se pronunciam. Em um segundo momento, que se situa na segunda metade do segundo ano, juntamente com a ampliação da quantidade de palavras compreendidas e utilizadas, *aparecem na criança as primeiras orações de duas e três palavras*. Nesse período, o meio de relações da criança está reduzido a um pequeno círculo de adultos capazes de compreender sua linguagem. Ao mesmo tempo, a linguagem é acompanhada de muitas ações: a criança balança a boneca, encilha o cavalo etc. O terceiro momento, que perpassa pelo final do segundo ano, é marcado pelo começo de uma nova etapa no desenvolvimento da linguagem. A criança aprende a estrutura gramatical da oração, embora suas orações contenham poucas palavras, elas já são coordenadas entre si, seguindo as regras gramaticais. Até o final do terceiro ano, que abarca o quarto momento do desenvolvimento da linguagem, Elkonin (ibidem, p.511) reforça que, se *as condições de educação foram boas*, além da ampliação do vocabulário, seu conteúdo já encontra nas formas fundamentais da oração e inclusive com as conjunções. Esse processo provoca um avanço no desenvolvimento psíquico da criança e amplia o círculo de suas relações: as crianças tornam-se mais falantes não somente com as pessoas próximas, mas também com outras crianças e com outros adultos. Ascende o papel da linguagem na atividade independente das crianças. "Nesse período, as crianças fixam na memória com facilidade pequenos versos e cantos, reproduzindo-os com ampla perfeição, os quais são uma fonte fundamental para enriquecer sua linguagem" (Elkonin, 1969b, p.511).

Além da memória, outros processos psíquicos da criança desenvolvem-se muito intensamente: a percepção, a atenção, o pensamento e a conduta voluntária ampliam-se neste período, do mesmo modo que em toda a vida posterior das crianças, inseparavelmente ligados com o domínio maior da linguagem (ibidem).

Frisamos, até aqui, que a atividade objetal manipulatória a par do desenvolvimento da linguagem, tem ampla importância tanto para o desenvolvimento dos distintos aspectos do psiquismo infantil, como para a via principal de acesso à experiência social.

No final da primeira infância, com o amplo desenvolvimento da atividade objetal manipulatória, as ações com os objetos vão desembocando em novos tipos de ação que são a base para o surgimento do jogo de papéis.

> Um mesmo objeto começa a representar distintas coisas e as ações dependem do que representa o objeto em determinado momento. Assim, por exemplo, um palito exerce as funções de colher, faca ou de termômetro e, de acordo com isto, as ações que se realizam com ele são as de dar de comer, cortar ou medir a temperatura. Além disso, ao objeto se dá uma determinada denominação somente depois que os adultos o designaram, do mesmo modo, quando a mesma criança já atou com ele com o nome dado. No início da idade pré-escolar, aparece o fato de a criança denominar por si mesma o objeto com outro nome de acordo com a ação que vai realizar com esta coisa. (ibidem, p.509)

Assim, a passagem para a idade pré-escolar vem marcada pela mudança de motivos nas ações com os objetos para reproduzir, por meio dessa ação, as atividades realizadas pelo adulto. A ação com os objetos torna-se secundária, sendo que a principal via de realização da ação é a *tendência a tomar parte da vida dos adultos por meio das suas brincadeiras.*

Atividade jogo de papéis

No decorrer desta atividade, retorna-se à relação criança-adulto social, entretanto remodelando outras formas de relações da criança com esse adulto: o principal aqui é a criança apropriar-se das relações humanas ao reproduzi-las em seus jogos de papéis.

De todas as mudanças provocadas no seu desenvolvimento na primeira infância, as mais significativas e que são os fundamentos para a nova atividade dominante no período pré-escolar são: a aparição da tendência da atividade independente; o domínio de um círculo bastante amplo de atividades, com os objetos acessíveis para isso; e a aquisição das formas fundamentais da linguagem como meio de relação social (Elkonin, 1969b).

Esses conhecimentos adquiridos permitem à criança ser cada vez mais independente em seu dia a dia, como se vestir e comer e realizar as primeiras obrigações elementares, como recolher seus brinquedos.

> Graças à independência e às relações verbais com os adultos que se ampliaram, a criança começa a conhecer um amplo círculo de pessoas fora da família. Ante ela se abre, em certa medida, à vida de seu bairro, de sua cidade e inclusive à de seu país. Neste novo mundo que se abre ante ela, interessam-lhe, sobretudo, as pessoas, sua atividade, seu trabalho, os objetos com que atua e as relações entre as pessoas. Na criança, *cresce a tendência a tomar parte na vida e na atividade dos adultos e querer aprender na relação que tem com ele o novo mundo dos objetos humanos,* ao incorporar a atividade das pessoas e suas relações mútuas. Porém, as crianças pré-escolares ainda não aprenderam a atuar da mesma maneira que os adultos. Por isso, sua tendência a tomar parte na vida e atividade dos adultos, a manejar realmente os objetos com que atuam, realiza-se em um tipo especial de atividade característica para a idade pré-escolar, na *brincadeira,* que *é a atividade fundamental da criança neste período de desenvolvimento.* (ibidem, p.512, grifos originais)

A importância dessa atividade refere-se tanto ao desenvolvimento das FPS quanto à transformação do psiquismo da criança no conjunto, e isso inclui o desenvolvimento da personalidade. As investigações de Elkonin e seus colaboradores demonstram que, na prática da Educação Infantil, a brincadeira influencia nos aspectos mais importantes tanto no desenvolvimento psíquico e da personalidade da criança em conjunto, como no desenvolvimento de sua consciência (Elkonin, 1987a).

Essa *brincadeira* refere-se ao jogo de papéis ou jogo protagonizado, conforme detalhadamente analisado por Elkonin (1998). Nos preceitos de Elkonin (1987b), os trabalhos de Vigotski (2002) e Leontiev (1988b) foram os mais convincentes ao estabelecer que, na idade pré-escolar, a atividade dominante é a brincadeira em sua forma mais desenvolvida, que é o jogo de papéis.

A importância da brincadeira para o desenvolvimento da criança como um todo, em especial, de seu psiquismo, consiste em que, graças a procedimentos peculiares como o ato de assumir, por parte da criança, o papel da pessoa adulta e de suas funções sociais de trabalho, o caráter representativo generalizado da reprodução das ações objetais, a transferência dos significados de um objeto a outro, entre outras ações, "[...] a criança modela na brincadeira as relações entre as pessoas" (Elkonin, 1987b, p.118).

Na primeira infância, as crianças aprendem a ação com os objetos, sua função e destino social. Contudo, essa função e esse destino não se encontram na ação objetal tomada de forma isolada, *não está escrito* no objeto para que se realiza, qual é seu *sentido social*, seu *motivo eficaz*. Elkonin (ibidem) postula que só é possível se apropriar desse *sentido* "[...] quando a ação objetal se inclui no sistema das relações humanas [e] põe-se a descoberto nela seu verdadeiro sentido social, sua orientação para as outras pessoas. Tal *inclusão* tem lugar na brincadeira".

Sobre esse ponto, Leontiev (1988b), ao discutir a respeito da brincadeira na idade pré-escolar, embasa-se em Elkonin, Fradkina e Lukov, e reconhece serem estes os trabalhos que tendem a responder e o auxiliam na tarefa de estabelecer os princípios psicológicos da brincadeira desse período. Em nossa análise, Leontiev (1988b, p.125) segue o mesmo percurso em exame, corroborando que, no período que antecede a idade pré-escolar, a brincadeira é atividade secundária e a transição para se tornar a atividade dominante reside na mudança de lugar ocupado pela criança no círculo das relações entre os demais. Essa mudança está ligada ao fato de que o mundo objetivo no qual a criança está inserida continuamente expande-se. A brincadeira surge "[...] a partir de sua necessidade de agir em relação não apenas ao mundo dos objetos diretamente acessíveis a ela, mas também em relação ao mundo mais amplo dos adultos".

Esse mundo perpassa pelo mundo dos objetos com os quais a criança atua e os objetos com que os adultos atuam, e a criança não está em condições físicas para também atuar com eles. É tal situação que Leontiev (ibidem, p.121) revela ser surgimento de uma *nova* e *rara* contradição. Por um lado, a necessidade de agir com os objetos: "não basta para a criança contemplar um carro em movimento ou mesmo sentar-se nele; ela precisa *agir*, ela precisa guiá-lo, comandá-lo"; por outro lado, ela não pode *agir* como esses objetos porque ainda não *domina* as operações exigidas para tal ação, "a criança quer, ela mesma guiar o carro, [...] mas não pode agir assim, e não pode principalmente porque ainda não dominou e não pode dominar as operações exigidas pelas condições objetivas reais da ação dada". Essa hipótese de Leontiev foi antes discutida por Vigotski (2002, p.3), quando este revela que "aparecem na criança nessa idade [a pré-escolar] muitas tendências não realizáveis e desejos não realizáveis imediatamente". Para ele, uma criança de três anos tende a querer satisfazer seus desejos imediatamente. Qualquer atraso em satisfazê-los é de difícil aceitação por parte dela. Apenas se torna aceitável para ela quando são impostos limites bem definidos. Normalmente, o intervalo entre o motivo e sua realização é muito curto. Elkonin (1998, p.405) aprofunda essa hipótese elucidando que, no processo de transição da ação com os objetos para o jogo de papéis, a criança ainda não tem consciência das relações e funções sociais do adulto, bem como o sentido da atividade que desenvolvem: "Atua conforme o dita seu desejo e coloca-se objetivamente na posição do adulto, operando-se ao mesmo tempo uma orientação eficiente de emotividade nas relações e nos sentidos de seu procedimento". Do ponto de vista da esfera afetiva, enquanto o comportamento das crianças da primeira infância perante seus desejos não satisfeitos tem modos de reação e rejeição bem peculiares, na criança pré-escolar, esses desejos não satisfeitos e situações que não podem ser realizadas imediatamente continuam presentes. O que acontece então? Como a criança se comporta perante isso? Considerando, então, essa contradição, esta pode ser solucionada apenas por um único tipo de atividade: *a atividade lúdica*.

A brincadeira de papéis aparece como a atividade na qual tem lugar a orientação da criança nos sentidos mais gerais, mais fundamentais da atividade humana. Sobre esta base se forma na criança pequena a aspiração para realizar uma atividade socialmente significativa e socialmente valorada, a aspiração que constitui o principal momento em sua preparação para a aprendizagem escolar. Nisso consiste a importância básica da brincadeira para o desenvolvimento psíquico, nisso consiste sua função dominante. (Elkonin, 1987b, p.118)

Essa ideia é complementada por Elkonin (1998, p.406) ao frisar a importância da brincadeira, já que por meio dela se "[...] dá a transição das razões com forma de desejos imediatos impregnados de emotividade pré-consciente para razões com forma de desígnios sintéticos próximos da consciência".

No esforço por compreender essa atividade e os processos de transição e caracterização, abrimos um tópico a fim de expor os experimentos de Elkonin (1998) e suas conjunturas teóricas sobre o tema.

A gênese, a caracterização e a formação do jogo de papéis

As premissas do jogo de papéis surgem na primeira infância por meio da ação com os objetos. Na idade pré-escolar, o jogo de papéis desenvolve-se intensamente e atinge seu nível máximo na segunda metade desse período. Concordando com Vigotski (2002, p.23) de que "a brincadeira produz uma pequena aparência do que ela influencia e somente uma análise interna profunda faz com que ela possibilite determinar seu curso de movimento e seu papel no desenvolvimento pré-escolar", Elkonin (1998) desenvolveu, por mais de 50 anos, investigações para avançar e aprofundar essa tese.

O caminho do desenvolvimento do jogo de papéis, proposto por Elkonin (1998, p.258-9, grifos originais), embasado em dados obtidos por experimentos realizados por colaboradores seus, demonstram que

> o caminho de desenvolvimento do jogo vai da ação concreta com os objetos à ação lúdica sintetizada e, desta, à ação lúdica protagonizada: há *colher*; *dar de comer* com a colher; dar de comer com a colher *à boneca*; dar de comer à boneca *como a mamãe*; tal é, de maneira esquemática, o caminho para o jogo protagonizado.

Compreender como se dá essa passagem implica compreender os motivos e incentivos que incitam a criança a brincar, ou seja, a evolução da esfera das motivações e das necessidades foi primeiramente apontada por Vigotski (2002, p.2), que lança um exemplo: "o que se faz de grande interesse para o bebê, tem quase cessado o interesse para a criança que está por superar esta fase". O surgimento dessas novas necessidades e novos motivos para a ação é, obviamente, o fator dominante, especialmente porque é impossível ser ignorado o fato que a "criança satisfaz certas necessidades e incentivos na brincadeira; e sem entender a natureza especial desses incentivos, nós não podemos imaginar o quão especial essa atividade chamada brincadeira se faz". A fim de investigar essa hipótese, Elkonin (1998) embasa-se, inicialmente, nas características das brincadeiras das crianças desde a primeira infância, e vai tecendo suas hipóteses.

À luz dos dados levantados por Slavina e Fradkina, Elkonin (ibidem) considera um experimento de uma brincadeira elementar, com simples argumentos domésticos, como "família" ou "jardim de infância", no qual havia brinquedos temáticos para isso. As observações dessa brincadeira demonstraram que, na primeira infância, as crianças começam por examinar os brinquedos, escolhendo os que mais lhes agradam, manipulando-os individualmente, repetindo ações e sem demonstrar nenhum interesse pelos brinquedos e nem pela brincadeira de nenhuma outra criança. Na primeira infância, como já descrevemos aqui, a ação e a exploração dos objetos, em atividade conjunta com os adultos, são, *a priori*, ações repetitivas e ausentes de argumento e sequência lógica. "A criança está totalmente absorta no objeto e nos modos de com ele atuar, assim como sua importância funcional". Por isso, suas ações são tão elementares. O que falta ainda em suas brincadeiras são o papel e a situação lúdica (ibidem, p.403).

No desenvolvimento da brincadeira, quando a criança passa a utilizar seu próprio nome, denomina-se na atividade, ou seja, identifica-se com alguém que executa uma ação realizada pelos adultos com algum objeto, surgem os primeiros indícios para a preparação do jogo de papéis. "Objetivamente, isso significa que a criança vê o adulto, sobretudo, pelo lado de suas funções. Quer atuar como o adulto, sente-se dominada por esse desejo" (ibidem, p.404).

No decorrer do experimento com crianças mais velhas, Elkonin percebeu que estas costumam se colocar de acordo com os papéis, e, por conseguinte, "[...] desenvolvem o argumento do jogo em obediência a um plano determinando, reconstituindo a lógica objetiva dos acontecimentos numa ordem determinada e bastante rigorosa". Observou-se também que "as coisas, os brinquedos e o ambiente recebem significados lúdicos concretos que se conservam durante todo o jogo. As crianças jogam juntas e as ações de uma criança estão ligadas às das outras" (ibidem, p.243).

O que se evidencia aqui é que, para as crianças mais velhas, o importante é a representação do argumento e do papel. Elas cumprem os requisitos do papel e subordinam a este todas as suas ações lúdicas. As ações das crianças não são repetitivas e ausentes de sequência lógica, e sim são realizadas sujeitando-se ao argumento e ao papel. Suas ações sempre correspondem às ações das pessoas. "A sua execução não é um fim em si; possuem sempre um sentido auxiliar e limitam-se a representar o papel com caráter sintético, abreviado e íntegro". Há, portanto, nesse momento, papel e situação lúdica (ibidem, p.243).

Com base nesses experimentos, é possível pavimentar uma inferência de que a situação lúdica e o papel comunicam um novo sentido às ações das crianças com os brinquedos. A manipulação dos objetos translada-se para outro plano: a criança não mais manipula simplesmente os objetos, como na primeira infância, e sim brinca com os objetos, executando com eles determinadas ações. Nisto se destaca o verdadeiro sentido da brincadeira para ela (ibidem, p.251).

O paradoxo fundamental que se manifesta, ao passar do jogo com objetos para a interpretação de papéis, consiste em que no meio objetal imediato das crianças pode não ocorrer nenhuma mudança essencial no momento dessa transição. A criança possuía e continua possuindo os mesmos brinquedos – bonecos, pequenos automóveis, quebra-cabeças, formas para bolo etc. Mais do que isso, nas próprias ações realizadas nas primeiras etapas do desenvolvimento do jogo protagonizado, no fundo nada muda. A criança dava banho à boneca, dava-lhe de comer e punha-a na caminha para dormir. O que aconteceu, então? Todos esses objetos e atos com eles realizados estão agora inseridos num novo sistema de relações da criança com a realidade, numa nova atividade de sensações prazerosas. Graças a isso adquiriram objetivamente um novo sentido. A conversão da menina em mamãe, e da boneca em filha, dá lugar a que os atos de dar banho, dar de comer e preparar a comida se transformem em responsabilidades da criança. Nessas ações, manifesta-se então a atividade da mãe com o filho, seu amor e sua ternura ou até o contrário: isso depende das condições concretas da vida da criança, das relações concretas que a circundam. (ibidem, p.404-5)

Para compreender essa relação entre os objetos e a ação, Elkonin (ibidem) recorreu ao estudo do problema do simbolismo no jogo de papéis e adiciona mais um componente: a palavra. Quando se estuda a brincadeira, tem-se como traço típico o emprego lúdico dos objetos. Quando os objetos entram na brincadeira, eles perdem sua significação usual e adquirem uma significação lúdica conforme as crianças o denominam. Essa particularidade deu margem a muitas interpretações teóricas. O problema foi equacionado por Vigotski (2002, p.13) como divergência entre os campos do significado e da visão. "A brincadeira é um estágio transacional nessa direção. No momento crítico quando o pau – exemplo objeto – torna-se o pivô para separar o significado de um cavalo real, uma das estruturas básicas da psicologia determinante da relação da criança com a realidade é radicalmente alterada". Elkonin (1998) investigou esse problema e apontou: o objeto – a ação – a palavra.

Interessante apresentar algumas particularidades dessa *troika*: o objeto – a ação – a palavra. Os objetos oferecidos às crianças representam coisas reais. Na atividade conjunta com os adultos, esses objetos se transformam em brinquedo propriamente dito. Há uma diferença entre os brinquedos: alguns se destinam para desenvolver as coordenações visomotoras e são projetados para assegurar por si mesmos o modo de ação com eles e outros representam os objetos de cunho social, coisas reais.

Para auxiliar na compreensão da função da ação na relação entre a palavra e o objeto, Elkonin (ibidem) recorreu ao estudo de Lukov. Na investigação desse psicólogo, as crianças não representavam papel algum durante o jogo, apenas dirigiam suas ações com os brinquedos, executando as funções das pessoas e dos objetos requeridos no jogo, havendo a substituição de vários objetos no decorrer do jogo. As ações das crianças eram de acordo com os objetos, sendo esses substituídos por objetos lúdicos, recebendo respectivas denominações lúdicas. Nas crianças menores, não era nem a palavra e nem a denominação do objeto que determinava o modo de seu uso, mas o objeto em si, não com seu emprego lúdico, sua denominação, mas com seu aspecto de uso real. Já nas crianças maiores, o quadro muda. Acolhem a brincadeira e seguem com interesse, aperfeiçoando-a com iniciativas próprias. Com elas, inverte-se a *troika*: de *objeto-ação-palavra* para formar a estrutura *palavra-objeto-ação* (Lukov apud Elkonin, 1998).

Para Elkonin (ibidem, p.351), a relação dessa *troika*, com base em estudos e experimentos, revela que há um nexo entre a palavra (denominação do objeto) e o sistema de ações nela implícitas, no qual podem se estabelecer diversas relações com o sistema de nexos do objeto com seu emprego lúdico.

Há fundamento para supor que os nexos das ações com o objeto e a palavra que o significa constituem uma estrutura dinâmica unida. Isso assim é, indubitavelmente, pois caso contrário seria impossível o emprego lúdico do objeto. Mas os nossos materiais experimentais mostram, primeiro, que para inserir-se nessa estrutura dinâmica a palavra deve impregnar-se de todas as possíveis ações com o objeto e ser agente do sistema de ações com os objetos; segundo, que só tendo-se impregnado de todo o sistema de ações a palavra pode substituir o objeto; terceiro, que em determinadas condições o sistema de vínculos da palavra com as ações pode submeter-se ao de vínculos do objeto com as ações; quarto, que as relações desses dois sistemas de nexos sofrem uma profunda mudança justamente na idade pré-escolar. Pode-se supor que o jogo constituiu precisamente uma prática original de operar com a palavra, prática essa em que se produzem mudanças das relações entre o objeto, a palavra e a ação.

Nesse sentido, a ideia de simbolismo no jogo não corresponde totalmente aos fatos. Alguns investigadores pressupõem que o simbolismo é uma semelhança entre significado e significante. Os objetos são considerados símbolos e devem corresponder, de alguma forma, com o objeto ausente. Se os objetos devem ter essa semelhança, devem ser imagens suas, segundo Elkonin (1998), não há necessidade da fala. Por isso, consideram que o simbolismo lúdico não depende, em grande medida, do desenvolvimento da fala.

Nos experimentos de Elkonin (ibidem) e outros psicólogos soviéticos, como Vigotskaia (apud Elkonin, 1998), demonstra-se que a fala, no decorrer da brincadeira, regula as ações da criança, modifica a atitude dela frente à brincadeira e determina suas ações. Os objetos incorporados na brincadeira são como substitutivos dos reais, ganham uma extraordinária variedade funcional e, justamente por isso, essa semelhança é muito relativa. Tal semelhança vai depender do significado atribuído pela criança ao objeto no momento concreto da brincadeira: "A palavra com que a criança denomina o objeto polifuncional no jogo restringe imediatamente a sua designação, determina a sua função no jogo dado, o que é que com esse objeto se pode e deve fazer no jogo, que ações são exequíveis com ele" (ibidem, p.354).

Exatamente por esse entendimento que Vigotski (apud Elkonin, 1998) concorda mais com a *transferência dos significados de um objeto para outro*, e não de simbolismo.

> Tal substituição de um objeto por outro sobrevém no jogo e baseia-se nas possibilidades de executar com o objeto lúdico a ação necessária ao desenvolvimento do papel. É um componente de vital importância do jogo. Graças a essa metonímia, a ação perde o seu caráter concreto e o seu aspecto técnico operacional, tornando-se plástica e transmitindo unicamente o seu significado geral (dar de comer, pôr para dormir, cuidar do doente, comprar e vender, passear, lavar-se etc.). (Elkonin, 1998, p.355)

A explanação acima auxilia-nos a compreender o quanto a transferência de um objeto a outro, na execução de alguma ação, interfere no desenvolvimento da consciência da criança. A diferenciação das ações características da reprodução de um papel e o modo de sua realização na brincadeira adquirem um caráter de extrema importância, já que essas ações se voltam como objeto da consciência da criança. "Pela primeira vez, a criança vê suas próprias ações". O jogo de papéis possibilita que a criança seja ao mesmo tempo ela mesma e outra pessoa: suas ações são, simultaneamente, ações de outra pessoa cujo papel assumiu (Elkonin, 1987a, p.99).

> Assim, as ações próprias da criança se objetivam na forma de ações de outra pessoa e, com isso, facilita-se sua conscientização, seu controle consciente. A criança controla com dificuldades suas próprias ações; porém as controla de maneira relativamente mais fácil quando elas estão, por assim dizer, exteriorizadas e dadas na

forma de ações de outra pessoa. Por isso o papel, executado pela criança, tem uma importância excepcional na conscientização de suas ações, ao pôr-se diante de seu olhar interior e a ajudá-la a tomar consciência delas.

Essa peculiaridade da tomada de consciência por meio das ações com os objetos e o papel na brincadeira também se visualiza na situação objetal na brincadeira que se diferencia da situação objetal em qualquer outra atividade; sobretudo, porque os objetos com que a criança atua na brincadeira não são como os da realidade, mas postos como substitutos: um pau pode ser o cavalo, um pedaço de papel, um prato etc. A ação com esses objetos auxilia a criança a separar a ação do objeto com o qual esta ação habitualmente está relacionada na vida real e auxilia a criança a tomar consciência da ação como tal. "Na brincadeira, a *transferência dos significados de um objeto ao outro* é um momento secundário, derivado e puramente técnico. O central, por sua importância, é o papel e as regras que nela contém". Logo, na brincadeira, "a correlação entre o papel e as regras, a correlação entre o próprio comportamento e a conduta do outro é, justamente, o determinante" (ibidem).

Outra questão importante da qual fala Elkonin (1998) e seus colaboradores refere-se às funções do adulto e sua importância na direção da brincadeira e no próprio aparecimento do jogo de papéis. Para desvelar essa questão, o autor calcou-se novamente na pesquisa genético-experimental. Na comprovação do grau de influência e do quanto o adulto dirige e, intencionalmente, produz o jogo de papéis na criança, foi organizando experimentos com três grupos de crianças: crianças consideradas normais e em transição das ações objetais para o jogo de papéis; crianças com insuficiente desenvolvimento intelectual, cujo jogo de papéis não ocorre sem a mediação dos adultos; crianças normais no aspecto intelectual, mas portadoras de deficiências físicas: visão e audição.

No primeiro grupo de crianças de até dois anos de idade, o experimentador narra uma história a elas, para que essas usassem os brinquedos a sua volta ao reproduzirem a narração. Essa proposta não foi alcançada com êxito. "Supõe-se que não bastava a narração para que as crianças dessa idade começassem a atuar com os brinquedos, sendo preciso mostrar-lhes as ações mencionadas no relato" (Elkonin, 1998, p.254). Para confirmar essa tese, foi retomado o experimento, não se limitando apenas a contar uma história, mas o experimentador também atuava, representava-a à vista das crianças. A maior parcela das crianças que participou do experimento realizou, com exatidão, o modelo indicado. Todos os demais experimentos transcritos por Elkonin (ibidem) apenas comprovaram que a transição das ações objetais ao jogo de papéis está diretamente relacionada com a direção dos adultos nos jogos. Nesse processo de transição, a ação muda de sentido: "a ação com a colher transforma-se em alimentação da boneca; a ação com o pente, em penteado, e assim por diante". Outras possibilidades das condições para a transição são: em primeiro plano, "[...] a atribuição de várias ações, e não apenas de uma, a um mesmo personagem (a mamãe dá de comer, passeia, põe na cama para dormir, lê, lava; o médico ausculta, receita remédios, dá injeção etc.)"; e, secundariamente, "[...] com a adoção do papel do personagem que figura no argumento do jogo" (ibidem, p.258).

De todas essas questões postas sobre a função do adulto nesse processo transitório, a hipótese fundamental levantada é que qualquer transição requer "[...] a direção dos adultos, e cada uma delas requer modos especiais de direção". A ideia de espontaneidade do desenvolvimento do jogo de papéis pelas crianças sustenta-se no fato de os adultos não se aperceberem da direção que exercem, mesmo que, na maioria das vezes, de maneira inconsciente (ibidem, p.259).

No segundo grupo de crianças, com desenvolvimento intelectual insuficiente, efetuou-se uma pesquisa experimental na escola especial. As crianças tinham entre quatro e seis anos e, numa pesquisa prévia, observou-se que, na atividade independente, elas mostravam interesse pelos brinquedos, mas apenas por seu aspecto exterior e não a possibilidade de executar alguma ação lúdica com eles. Esse interesse era passageiro e as ações pobres e estereotipadas. A maior parte dos experimentos deu-se na atividade conjunta: primeiramente, apenas com instruções orais da brincadeira, mas apenas tais instruções não garantiam o desenvolvimento das ações lúdicas com os objetos, tendo em vista que essas crianças ainda não tinham a fala articulada, logo, não compreendiam pela via puramente oral. Outra tentativa foi dar direção às ações lúdicas e a adoção de um papel. Sob a direção dos adultos, houve um progresso em relação à conduta lúdica. "A relação entre o papel e as ações com ele relacionadas não surge de maneira espontânea, e cabe aos adultos descobri-lo para a criança" (Elkonin, 1998, p.262). Todas as hipóteses levantadas pelos pesquisadores foram no sentido de evidenciar a carga de intencionalidade e de direção produzidas pelo adulto durante o desenvolvimento do jogo de papéis.

No terceiro grupo de crianças, com deficiência física – audição e visão – evidencia-se uma categoria especial: qualquer tipo de atividade, ação ou forma de conduta requer uma direção pedagógica, um trabalho conjunto e contínuo do adulto com a criança. O cotejo dos dados reunidos mostrou o convencionalismo e a falta da situação imaginária. Em vez de uma ação lúdica, tem-se uma típica ação objetal. Isso se deve à falta de acúmulo da experiência social e, em decorrência disso, há um atraso no desenvolvimento. Por isso é necessário *ensinar a criança a brincar*. O surgimento da brincadeira nessas crianças deve-se ao desenvolvimento da atividade objetal e da fala. A fala no desenvolvimento da atividade objetal cumpre a função de sinalizador para atuar e, com o aparecimento da palavra, como meio de significar o objeto, o que possibilita a criação de uma situação lúdica especial: a reprodução das ações de outra pessoa e a utilização de objetos substitutivos (ibidem, p. 270).

A formação experimental das premissas do jogo protagonizado nas crianças de tenra idade que se desenvolvem normalmente e nas crianças de idade pré-escolar que apresentam um atraso mental em seu desenvolvimento, assim como as observações do desenvolvimento dos elementos do jogo em crianças cegas e surdas-mudas, evidenciam a presença de regras gerais de desenvolvimento do jogo relacionadas com a aprendizagem lógica das ações objetais e com o destaque do adulto como modelo e agente das formas humanas de atividade e de relações. Tudo isso acontece sob a direção de adultos e não de maneira espontânea.

As questões apontadas anteriormente foram no sentido de demonstrar a função do adulto na direção do jogo de papéis. Elkonin (1987a, p.84-5) esclarece que a função do adulto, mais especificamente, do professor na Educação Infantil, não é uma tarefa fácil. Acredita que é muito difícil organizar e estimular a brincadeira: jogo de papéis. "Estas dificuldades estão ligadas, antes de tudo, à organização do jogo, porque o papel e as funções do pedagogo não são tão claras e não estão tão definidas como em outras tarefas". Essas dificuldades se colocam como barreira para a promoção dessas atividades e é preferível, muitas vezes, organizar tarefas que, em seu transcurso, sejam mais tranquilas e fáceis.

Com o esclarecimento da natureza psicológica da brincadeira, e em específico, do jogo de papéis, é possível "não somente compreender sua importância para o desenvolvimento da criança, como também dar-nos a chave para dominar o processo do jogo, para aprender a dirigi-lo conscientemente, para utilizá-lo como meio de educação e desenvolvimento da criança pré-escolar" (ibidem, p.85). Cumpre agora, portanto, compreender essa natureza psicológica do jogo de papéis, ou seja, as premissas psicológicas em que se baseia a adoção de papel pela criança e como se processa o desenvolvimento do conteúdo do papel representado no jogo pela criança. Vigotski opina sobre a investigação de Elkonin, afirmando que "[...] nesse novo caminho, encontramos renovada e enriquecida a sua ideia de que o jogo é um papel em desenvolvimento" (apud Elkonin, 1998, p.4).

Novamente, a forma experimental foi a escolhida por Elkonin (1998, p.271) e organizada em três séries de jogos experimentais: a) primeira série: jogos de "si mesmo" – a educadora propõe que cada participante seja quem é; jogos de "adulto" – é proposto pela educadora que uma das crianças a represente e ela será a menina; jogos de "companheiro" – a educadora continua como educadora e as crianças irão representar outros colegas da turma; b) segunda série: jogos em que se altera a sucessão das ações quando a criança interpreta seu papel; c) terceira série: jogos em que se altera o sentido do papel.

Do cotejo dos jogos de "si mesmo", observou-se que as crianças negam brincar de *si mesmas* e não justificam o porquê. Simplesmente, parecem não ver sentido nesse jogo. As de idade mediana (5 e 6 anos) também negam, porém sugerem outra proposta de brincadeira. As crianças mais velhas aceitam brincar de *si mesmo* e ainda apresentam algum conteúdo para o jogo, dão forma ao conteúdo, reproduzindo alguma atividade diária ou de rotina escolar. Com base nesses dados, Elkonin (ibidem, p.275) induz a conclusão de que a brincadeira só é possível se houver imaginação. Ao final da idade pré-escolar, as crianças começam a compreender que *brincar é representar o homem*, e sem essa representação a brincadeira não existe. Desse primeiro experimento, é possível supor que: primeiro, "[...] o jogo é a interpretação de um papel assumido pela criança. Esse é o motivo principal do jogo"; segundo "[...] durante o desenvolvimento muda a maneira de a criança compreender o seu papel".

Nos jogos de "adulto", as crianças, tanto as mais novas quanto as mais velhas, entusiasmaram-se e começaram logo a brincar quando lhes proposto o papel de educadora. Desse experimento, é possível extrair algumas deduções em relação ao desenvolvimento do conteúdo do papel: às crianças menores, representar um papel significa dar de comer às crianças, deitá-las e levá-las para passear. A criança executa as ações. Não há relações entre a educadora e as crianças, apenas indicações sobre o caráter dos atos e a utilização dos objetos que estão na brincadeira; as crianças mais velhas incluem mais elementos da relação *educadora-crianças*. "A educadora não se limita a operar com os objetos: coloca as xícaras na mesa, serve o café e as empadas às crianças, mas, além disso, dirige-as e orienta-as". Surgem observações e indicações de como executar tais e tais ações: "Primeiro tem de lavar a boca e depois deitar-se para dormir". Há uma mudança do conteúdo no papel da educadora que embasa-se na "[...] passagem da representação das ações da educadora, na qual as crianças servem somente de fundo à atividade da educação, para a representação das relações entre a educadora e as crianças" (Elkonin, 1998, p.281).

Nos jogos de "companheiro", as crianças menores demonstram a mesma atitude que nos jogos de "si mesmo". Só as crianças maiores assumem os papéis de qualquer outra criança, imitando ações e ocupações típicas ou traços característicos da conduta da criança representada. O que se destaca nesse experimento é a adoção à representação do papel de qualquer pessoa, apreendendo, ao mesmo tempo, os traços característicos da atividade desenvolvida por essa pessoa e o conteúdo do papel se desenvolve em íntima relação com o caráter dessa apreensão, que vai desde a escolha das ações objetais exteriores características dessa pessoa até as suas relações com as demais pessoas (ibidem).

Dessa primeira série de experimentos, explicitados brevemente, algumas deduções puderam ser inferidas, de acordo com os apontamentos de Elkonin (ibidem, p.284-5): a) o característico da brincadeira é que a criança assuma um papel. Sem isso não há como brincar. Aparece o papel, aparece a brincadeira. Não importa se ela assume o papel de um adulto, criança ou até mesmo animais. O importante é a criança criar uma situação lúdica com transferência do significado de alguns objetos para outros; b) a brincadeira consiste em reconstruir as relações sociais existentes entre as pessoas; c) o sentido da brincadeira muda de acordo com grupos de idade: nas crianças mais novas, "[...] o sentido está nas ações da pessoa cujo papel interpretam; para as de idade mediana, nas relações dessa pessoa com os outros; e para as mais velhas, nas relações típicas da pessoa cujo papel representam". Embora a essência interna da brincadeira consista em reconstruir as relações entre as pessoas, as crianças não estão conscientes disso. "As relações estão encobertas pelas ações, pelos traços típicos do comportamento de outra criança etc."; d) cada papel oculta certas regras de ação determinadas ou de conduta social; e) uma das condições psicológicas para que surja a brincadeira e para a adoção de um determinado papel "[...] é a manifestação de certas relações que sejam reais para a criança".

Na segunda série de experimentos – os jogos nos quais se altera a sucessão das ações –, o experimentador tenta alterar a sucessão das ações na interpretação dos papéis assumidos pelas crianças. É demonstrado por Elkonin (1998, p.295-302) que um mesmo tema ou argumento da brincadeira, ou seja, "[...] ao ser reconstituída pelas crianças uma mesma esfera de atividade, o lugar central no jogo infantil é ocupado, de fato, por diversos aspectos da realidade". Os dados obtidos desses experimentos podem ser compreendidos em quatro níveis de desenvolvimento do jogo: 1) o conteúdo central da brincadeira é principalmente formado por ações com objetos dirigidas ao companheiro da brincadeira; os papéis são determinados pelo caráter das ações; e as ações são compostas por uma série de operações que se repetem. A ordem dessas ações não é essencial ainda; 2) o conteúdo central continua sendo a ação com o objeto, porém vem em primeiro plano a correspondência da ação lúdica com a ação real; os papéis agora são denominados pelas crianças, que repartem as funções. A representação do papel reduz-se a executar as ações de acordo com o papel dado; a lógica das ações está relacionada com a sucessão observada na vida real; a alteração da continuidade das ações não é aceita, mas não se argumentam os motivos da não aceitação; 3) o conteúdo fundamental da brincadeira começa a ser a interpretação do papel e a execução de suas ações, especialmente as ações que transmitem o caráter das relações com os outros participantes na brincadeira; os papéis já estão bem delineados e destacados. Antes de começarem a brincar, as crianças já nomeiam os papéis e estes determinam e encaminham o comportamento da criança; a lógica e o caráter das ações são determinados pelo papel assumido; e a infração da lógica das ações não é aceita, justificando-se que *na vida não é assim*; 4) o conteúdo essencial da brincadeira é executar ações relacionadas com a atitude adotada em face de outras pessoas, em que os papéis são interpretados por outras crianças; esses papéis são claramente definidos e durante toda a brincadeira se observa na criança uma nítida linha de conduta, sua fala tem um caráter teatral determinado; as ações são múltiplas e variadas, desenvolvidas de acordo com a ordem da lógica real; e a infração da lógica das ações e das regras é repelida.

O fundamental dessa série de experimentos é a atitude da criança frente à alteração da ordem das ações cumpridas: "pode-se dizer que a sequência das ações no papel assumido tem para a criança força de lei, a qual deve subordinar suas ações. Qualquer tentativa de alterar a sequência e introduzir um elemento de convencionalidade provoca um revolto protesto por parte das crianças e, às vezes, faz com que o jogo se interrompa" (Elkonin, 1987a, p.94).

Os níveis aqui apresentados são fases de desenvolvimento, nos quais se observa que, embora as crianças estejam divididas por grupos de idades, não são elas que determinam a evolução da brincadeira, e sim a experiência e a variedade do conteúdo das brincadeiras. É aqui que se encontra a fonte do desenvolvimento e enriquecimento da brincadeira: a realidade circundante.

A terceira série de experimentos centrou-se nas brincadeiras em que se altera o sentido do papel. Para isso, conduziram-se dois experimentos diferentes. Convém explicá-los. No primeiro, às crianças foi proposto brincarem de *viagem de bonde*. Ofertou-se uma bolsa de cobrador com dinheiro, bilhetes e um boné e preparou-se um local para o maquinista. No desenrolar da brincadeira, propôs-se às crianças que invertessem os papéis: o maquinista venderia as passagens e o cobrador conduziria o bonde. Aqui, a ação da criança está relacionada com o seu papel, mediante os objetos com que se executam as ações. No segundo experimento, desenvolveram-se jogos com regras: "O lobo e as lebres", "O gato e os ratos". Propôs-se que as lebres capturassem o lobo, os ratos o gato. Aqui, as ações estão ligadas ao papel de maneira direta ou mediante a regra, preparada de antemão, do jogo (Elkonin, 1998).

De modo conciso, apresentaremos os resultados desses experimentos. Destacamos que o fundamental desses jogos foi a atitude da criança em face ao papel assumido. A própria natureza da brincadeira está presente de maneira encoberta, o *como se*: a criança atua *como se* fosse motorista. Essa natureza deu margem a alguns psicólogos considerarem a brincadeira como um distanciamento da realidade. As pesquisas dos psicólogos soviéticos, em especial a de Elkonin que aqui estamos exibindo, demonstraram que o "[...] jogo não é o reino da pura invenção, mas uma reconstituição original da realidade vivida, reconstituição feita pela criança ao dar forma aos papéis dos adultos" (ibidem, p.315).

Nesses experimentos, podemos complementar que foram realizados a partir das indicações de Vigotski (apud Elkonin, 1998, p.4, grifos nossos) de que "a *imaginação nasce no jogo* é algo que você expõe como absolutamente certo, convincente e central por seu significado: antes do jogo não há imaginação. Mas acrescente outra regra mais, a imitação". A atitude da criança ao atuar *como se* demonstra que, em sua situação lúdica, já está em evidência a imaginação e, ao reconstituir as ações dos adultos, ela os *imita*.

> Acredito que sempre que houver uma situação imaginária no jogo, há regras – não regras que são formuladas antes do jogo e mudam ao curso do mesmo, mas regras que são a base da situação imaginária. Consequentemente, imaginar que uma criança pode se comportar em uma situação imaginária sem regras, exemplo, como ele se comporta em uma situação real é simplesmente impossível. Se a criança está brincando de mãe, ela se comportará conforme as regras da maternidade. O papel que a criança desempenha, e sua relação com o objeto se o objeto apresenta mudança em seu significado, irá sempre contra as regras, exemplo, a situação imaginária sempre contém regras. (Vigotski, 2002, p.8)

Elkonin comprovou essa tese a partir de seus experimentos, dos quais quatro níveis podem ser visualizados: 1) a brincadeira é antes das metonímias; 2) as crianças menores atuam conforme os papéis denominados e não aceitam a substituição dos atributos ou objetos que não estejam relacionados com o papel – *o maquinista não vende passagens*. Com o desenvolvimento da brincadeira, há uma aceitação maior da proposta, entretanto, no desenrolar da atividade, novamente mudam os papéis, tendo sua atitude diante do papel ainda relacionada com a ação real; 3) as crianças aceitam a proposta e atuam conforme as novas denominações, porém não conseguem se portar como tal. Há uma contradição entre o nome e o modo de atuar. "Entre a criança e o papel está a realidade com suas leis e apresenta-se na forma de ações e relações que a refletem nos traços mais essenciais"; 4) último nível, que corresponde às crianças mais velhas, elas recebem com risos a proposta e adotam uma atitude irônica, em que, mesmo estando em desacordo com o papel e a discrepância da ação, essa ação deixou de determinar o nome e não se identifica com o adulto cujo papel interpreta (Elkonin, 1998).

Se, por meio da brincadeira, é criada a situação imaginária, e dela se desenvolvem a imaginação e a imitação, o centro dessa situação imaginária é o papel assumido pela criança. São as condições da ação que tornam necessária a imaginação e dão origem a ela.

> O papel assumido determina o conjunto das ações realizadas pela criança na situação imaginária. Também é o adulto, cuja atividade a criança reproduz. Assim, o objeto da atividade da criança no jogo é o adulto, o que o adulto faz, com que finalidade ele faz e as relações que estabelece, ao mesmo tempo, com outras pessoas. Daí podem inferir-se também hipoteticamente as motivações principais do jogo: agir como um adulto. Não ser adulto, mas agir como um adulto. (ibidem, p.204)

Ao assumir o papel de motorista, por exemplo, na brincadeira, a criança não está reproduzindo um determinado motorista, mas um motorista *em geral*. A criança generaliza na brincadeira as funções sociais correspondentes dessa atividade e suas regras de comportamento. Por isso, o motivo da criança não está em reproduzir a pessoa em si, mas a ação e a relação com o objeto que esta pessoa executa. É uma atividade generalizada (Elkonin, 1987a; Leontiev, 1988b).

No final da idade pré-escolar, é possível perceber o desenvolvimento do jogo criativo de papéis, em que as crianças aceitam brincar mesmo que contrariamente às verdadeiras relações sociais. Contudo, essa situação não significa a ideia de que, quando a criança brinca, vive em um mundo imaginário, e que as leis desse mundo são contrárias às leis do mundo real. No *mundo da brincadeira* existem regras rígidas, que refletem as relações sociais entre as pessoas e os objetos, um mundo de realidade. Na análise das atitudes da criança perante o papel assumido na brincadeira, Elkonin (1998) esclarece que a criança, ao assumir um papel, busca na realidade uma certa regra de conduta que reflete a lógica da ação real e das relações sociais. Justamente por isso, a criança resiste ao ter de alterar a lógica e o sentido das ações. Essa tese da regra de conduta apontada por Vigotski (apud Elkonin, 1998, p.4) foi de que "as regras são escola de vontade".

A tese sobre as *regras* auxilia a reforçar a ideia de que na brincadeira, por mais que se diga que a criança é livre, é uma liberdade ilusória (Vigotski, 2002, p.8). A liberdade que se subtende que exista ao brincar é expressa: a) pelo fato de a criança poder escolher o tema da brincadeira, como também suas ações com os objetos; b) pela carga de emocionalidade, que lhes é inerente, experimentando, na brincadeira, uma enorme satisfação. O paradoxo dessa liberdade constitui o seguinte: por mais que a criança seja livre para escolher o tema e as suas ações com os objetos, essas ações já trazem marcado o destino concreto conferido a esses objetos e o tema traz consigo as formas de ações e de conduta. Na brincadeira, a criança não é totalmente livre, justamente porque essa liberdade se encontra dentro dos limites do papel assumido e, dentro desse papel, já estão incluídas as regras de comportamento (Elkonin, 1987a).

Diante disso, a brincadeira, *a priori*, não é uma atividade prazerosa, tendo em vista que ao assumir o papel, por exemplo, do maquinista, terá de cumpri-lo com exatidão. Esta é a limitação dos impulsos imediatos, subordinando-os à função assumida, e essa capacidade de dominá-los na brincadeira provoca, pela primeira vez na criança, a subordinação às regras. Ao "subordinarem-se às regras, as crianças renunciam o que elas querem, desde a sujeição às regras até a renunciação da ação impulsiva, espontânea, no que constitui um caminho ao prazer máximo no jogo" (Vigotski, 2002, p.16). O prazer encontra-se no resultado, quando a criança assume seu papel e o realiza com maestria. "Assim, pois, a brincadeira constitui uma peculiar escola de limitação dos impulsos imediatos, escola de perseverança (claro que relativa) e de subordinação às obrigações que se tem assumido" (Elkonin, 1987a, p.98).

Para comprovar a tese de que, durante o desenvolvimento da brincadeira, a criança acata as regras de conduta do papel assumido, Elkonin (1998) realizou alguns experimentos. A situação lúdica estava em desenvolvimento entre as crianças e o experimentador entrava e criava alguma situação em que a criança teria de deixar o brinquedo para que ocorresse o desenvolvimento da brincadeira, por exemplo: no jogo de papéis de *mamãe e filhinhas*, cada menina teria uma boneca e, em um dado momento, deveriam levá-las à escola. O papel da mãe era de entregar sua boneca, com o qual estava brincando, para poder seguir a brincadeira, ou seja, a filhinha ir à escola. Esse experimento expressava uma nítida contradição: a necessidade de acatar a regra derivada do papel e o súbito desejo da criança em continuar com o brinquedo.

Os dados cotejados demonstraram quatro fases de como, no desenvolvimento do jogo de papéis, começam a desenvolver-se as regras de comportamento: a) na primeira fase do desenvolvimento dessa brincadeira, em geral, com crianças menores, não há nem regras e nem papel a seguir. Por vezes, as crianças agem conforme o impulso direto ou o desejo momentâneo; b) a regra ainda não está claramente apresentada, e, logo, prevalece ainda o desejo de atuar com o brinquedo; c) a regra começa a prevalecer, mas é infringida quando surge alguma outra ação atrativa e ainda triunfa o desejo súbito de realizar essa outra ação. Portanto, a regra não determina toda a conduta; d) a conduta é determinada pelos papéis assumidos, no qual se revela claramente a regra dessa conduta. Entre a regra e o desejo de realizar uma nova ação prazerosa, a regra predomina. Essas fases não estão destacadas por grupos de idade, e sim fases de desenvolvimento da estabilidade subordinadas às regras no jogo de papéis. O experimento confirmou "[...] a nossa conjectura inicial de que o papel está organicamente vinculado à regra de conduta, e de que a regra vai, pouco a pouco, destacando-se como núcleo central do papel representado pela criança" (Elkonin, 1998, 324).

A linha que caracteriza essa hipótese é a seguinte:

> Quanto menor é a criança tanto mais direta e de conteúdo deverá ser a relação entre as regras às quais ela subordina suas ações e o papel que assume para si. Porém o tema e o papel se desenvolvem de forma paulatina, permanecendo somente o nome dos papéis ou a síntese convencional dos temas e, finalmente, na denominação do jogo que adquire um caráter condicional, por exemplo, [...] "a corrida dos sorveteiros". Aqui, entre as regras as quais se submetem as crianças e o nome do jogo existe uma relação bem longínqua ou, inclusive, puramente convencional. (Elkonin, 1987a, p.87)

A principal mudança que se observa nesse processo é a transição da situação lúdica: se, na fase inicial, o componente principal é a reprodução da ação em que a criança se atribui um papel social generalizado, uma situação lúdica com regras latentes, essa é transformada em jogos com regras em que essa situação imaginária e o papel estão subentendidos em forma latente. Na realidade, um se desenvolve a partir do outro. O jogo com regras surge a partir do jogo de papéis com situação imaginária. Isso pode ser evidenciado, como bem menciona Leontiev (1988b, p.138), no desenvolvimento dos jogos de papéis, que têm como premissas: o envolvimento de mais de uma pessoa na brincadeira, cuja base são as relações sociais, e têm como elemento mais importante a subordinação do comportamento da criança durante o jogo a certas regras implícitas de ação. Essas são pré-condições para o surgimento da consciência do princípio da própria regra do brinquedo, e é sobre essa base que surgem também os *jogos com regras* cujo conteúdo fixo não é mais o papel e a situação lúdica, mas a regra e o objetivo (ibidem).

Esse experimento, como outros desenvolvidos por Elkonin (1998) vieram no sentido de comprovar a tese de Vigotski (2002, p.16) de que, no jogo de papéis, "a criança renuncia seu impulso imediato, coordenando cada ato de seu comportamento com as regras do jogo". Ao dominar as regras na brincadeira, a criança aprende a dominar seu próprio comportamento, aprende a controlá-lo, aprende a subordiná-lo a um propósito definido. Elkonin (1998, p.420, grifos nossos) assim sistematiza suas investigações:

> Há fundamento para supor que, ao representar um papel, o modelo de conduta implícito neste papel, com o qual a criança compara e verifica a sua conduta, parece cumprir simultaneamente duas funções no jogo: por uma parte, interpreta o papel; e, por outra, verifica o seu comportamento. A conduta arbitrada não se caracteriza apenas pela presença de um modelo, mas também pela comprovação da imitação do modelo [...]. Todo o jogo está em poder de uma ideia cativamente e impregnada de excitação, mas já contém todos os componentes fundamentais da conduta arbitrada [...]. É precisamente por isso que se pode considerar que o jogo é a *escola de conduta arbitrada*.

Como vimos no decorrer da exposição, o típico do jogo de papéis é a subordinação à regra relacionada com o papel que a criança assume. Para compreender os mecanismos psicológicos de sujeição à regra lúdica na atitude da criança face ao jogo, Elkonin (ibidem) recorreu aos jogos dinâmicos com regras, que, diferentemente dos jogos de papéis, têm um fim didático pedagógico, já que se apresentam tarefas didáticas concretas. Foram organizados cinco grupos de jogos: 1º) jogos-exercícios elementares e jogos imitativo-operacionais; 2º) jogos dramatizados de argumento determinado; 3º) jogos de argumento com regras simples; 4º) jogos com regras sem argumento; 5º) jogos esportivos e jogos-exercícios orientados para determinadas conquistas.

Sobre o primeiro grupo – jogos-exercícios elementares e jogos imitativo-operacionais – foram desenvolvidos experimentos dedicados a evidenciar a importância do argumento e do papel na subordinação à regra. Para isso, Elkonin organizou uma série de jogos que abarcavam crianças da primeira infância e da idade pré-escolar. Citaremos dois experimentos com o desenvolvimento desses jogos para ilustrar a compreensão de Elkonin (ibidem), denominados de "revezamentos" e de "locomotiva".

No primeiro jogo, as crianças, em pé ao longo de uma parede, devem sair correndo, ao sinal de "um, dois, três", na direção da experimentadora. O que se vê, é um jogo em que a regra é muito elementar e, na essência, resume-se a começar o movimento a um sinal dado. Esse jogo, na verdade, implica obediência ao impulso direto de correr para a experimentadora, à regra de começar a correr a um sinal dado. Vigotski (2002, p.16) havia apontado nessa questão de que "[...] jogar constantemente cria demandas nas crianças para agirem contra o impulso imediato". Essa hipótese de Vigotski foi comprovada e aprofundada por Elkonin por meio experimental.

Os resultados desse experimento comprovaram a hipótese de que a conduta das crianças da primeira infância, via de regra, era, por um lado, sair correndo antes que fosse dado o sinal ou não se mexiam do lugar nem mesmo quando o sinal já fora dado e, por outro, o impulso direto de correr vence ou se freia e, então, a criança não corre. A dificuldade principal está em se conter quando se ouve a voz de comando. "Entre o impulso de correr e a regra ainda não há, propriamente, nenhum conflito" (Elkonin, 1998, p.361).

Nas crianças a partir dos quatro anos, o quadro muda de figura. As crianças cumprem corretamente, em seu aspecto fundamental, a regra simples que lhes sugerem. Apenas em alguns casos, houve um conflito entre o impulso de sair correndo e a regra, com a particularidade de que triunfa essa última. As crianças mais velhas cumprem corretamente a missão. Isso comprova que a linha geral do desenvolvimento da obediência à regra, *vai da transgressão como consequência do triunfo do impulso direto de correr*, que nas crianças pequenas o sentido do jogo está em correr para a experimentadora, "até o acatamento real da regra e do conflito, também consciente, com o impulso, igualmente compreendido pela criança" (ibidem, p.363-4).

O que se observa nesse tipo de jogo é o movimento e a correria. Para a criança, esse é o sentido fundamental: correr. Esse experimento demonstra apenas as características da conduta da criança face à obediência da regra. Para tentar compreender qual é o diferencial da subordinação da criança face à regra, Elkonin (ibidem) apresenta o segundo experimento: "locomotiva". A experimentadora pergunta: "Querem brincar de locomotivas?" A experimentadora será a locomotiva e apitará *piii*. A criança, ao ouvir o apito, deverá correr até a locomotiva e *engatar*. A característica do jogo é a mesma, conter o impulso direto de correr até a experimentadora em função da regra de começar a correr com o sinal dado. Entretanto esse jogo adquire outro caráter: as crianças apitam, imitam o som da locomotiva, reproduzem movimentos singulares com os pés e dobram os joelhos, nomeiam o movimento de marcha e não de corrida e chamam-se a si mesmas de locomotivas. "As crianças não querem simplesmente correr: elas querem correr como locomotivas. Dizem-se: Sou uma boa locomotiva" (ibidem, p.367). Nesse experimento aparece e se confirma a primeira hipótese do estudo de Elkonin (ibidem) sobre o acatamento das regras.

Acontece algo como um alheamento de suas ações, como uma objetivação dessas ações, donde promana a possibilidade de as comparar e avaliar e, como consequência, é maior a de as dirigir. Assim parece-nos que a introdução do argumento acelera a objetivação das ações e ajuda a dirigi-las. Nisso se apoia o mecanismo fundamental que faz com que a introdução do argumento ou a dramatização eleve a capacidade de dirigir as ações e, por conseguinte, o acatamento das regras.

A respeito dos jogos do segundo grupo – jogos dramatizados de argumento determinado –, Elkonin (1998) esclarece que neles há sempre uma certa regra subentendida no papel. Esse tipo de jogo sempre contém uma regra, porém oculta, e é como se a encontrasse no conteúdo das ações do papel que a criança interpreta na brincadeira. Sobre ele já escrevemos anteriormente, no que tange à alteração das relações entre as regras e o papel, ocorre o mesmo na descrição do jogo "O lobo e as lebres". Ao se propor às crianças que as lebres capturassem o lobo, evidenciava-se que o conteúdo das ações estava relacionado ao papel de maneira direta ou mediante a regra (ibidem).

O terceiro grupo – jogos de argumento com regras simples –, podemos ilustrá-lo citando o jogo de "gato e rato". A regra é simples: a criança esconde-se enquanto outra criança a procura: uma é o rato e a outra o gato. O gato mia e caça o rato. Ele quer encontrar o rato porque está com muita fome. O rato deve ficar caladinho para que o gato não o encontre. Os resultados desse experimento assim se apresentam: com as crianças menores, o gato saiu miando procurando o rato, o rato escondeu-se por alguns minutos, mas, ao ouvir o gato, saiu correndo, porque o sentido estava em não se deixar caçar pelo gato. "Esse novo sentido emana das relações entre o rato e gato". Por isso, a criança que incorporou o rato não queria que o gato a apanhasse e fugia. Esse novo sentido comunica um novo caráter às suas ações no jogo (ibidem, p.370).

Com as crianças maiores, inverte-se a situação. O sentido do jogo está na interpretação do papel: o rato não ser pego pelo gato, por isso permanece calado. Esse recurso é o resultado derivado do papel assumido: não se deixar capturar pelo gato.

Sintetizando. O argumento muda no jogo o sentido que ele tem para a criança. "Se, no jogo se percebe algum sentido oposto à regra, é que não se a acata; e se o sentido do papel interpretado pela criança inclui alguma regra, isso leva a acatá-la". Significa que a regra funde-se com o papel e não sai dele. "Nas etapas seguintes, desmembram-se a regra e o papel e o sentido do jogo para a criança reside precisamente em interpretar o papel de acordo com as regras" (Elkonin 1998, p.371-2).

No quarto grupo – jogos com regras sem argumento – foi desenvolvido um experimento com o jogo "esconde-esconde". A regra é a mesma do jogo anterior: uma criança se esconde enquanto a outra a procura. Entretanto, nesse jogo, o sentido é apenas cumprir a regra.

Para as crianças mais novas, o sentido do jogo está apenas em esconder-se, não importando se as encontrem ou não. "As crianças escondem-se, não para esconder-se e ficar caladas, mas para que as encontrem; procuram delatar-se, assomam a cabeça, remexem-se, riem e alegram-se quando quem as busca as encontra" (ibidem, p.370). Não há, consequentemente, para essas crianças, a subordinação à regra, enquanto, com as crianças mais velhas, há subordinação completa à regra desse jogo.

Nesses experimentos, observaram-se dois aspectos fundamentais em relação ao argumento e, por conseguinte, ao papel em face da influência desses nas regras do jogo. O primeiro aspecto "[...] é a mudança do sentido do jogo para a criança, com o que se lhe descobrem as relações entre os que jogam, e isso dá lugar a que se cumpram as funções histriônicas que também incluem certas regras de comportamento" e o segundo aspecto "[...] é a objetivação das próprias ações que contribuem para o seu maior controle" (ibidem, p.372).

Os do quinto grupo – jogos esportivos e jogos-exercícios orientados para determinadas conquistas – podem ser resumidos em *jogos com regras explícitas*, como xadrez, futebol e outros infantis, como amarelinha etc. Elkonin (ibidem) divide em dois grupos os jogos com regras: o primeiro são os jogos cuja regra é apresentada à criança pelo adulto; o segundo são os jogos transmitidos tradicionalmente de geração em geração de crianças, com diversas regras. Entretanto, mesmo os jogos considerados puramente com regras contêm uma situação imaginária. "Por exemplo, o que significa jogar xadrez? Criação de uma situação imaginária. Por quê? Porque o cavaleiro, o rei, a rainha, e os outros podem se mover apenas de modos específicos, porque cobrindo e pegando peças são puramente conceitos do jogo de xadrez" (Vigotski, 2002, p.8).

Para compreender como é o processo de desenvolvimento da obediência à regra lúdica pelas crianças, o autor analisou o processo de aprendizagem das regras em ambos os grupos de jogos. O primeiro grupo consistia no jogo de "adivinhar", em que a regra principal consiste em ocultar, para quem está na berlinda, o segredo da ação pensada. O segundo grupo refere-se ao jogo de "amarelinha", que não precisa de apresentações.

Citemos um exemplo. No jogo de "adivinhar", o experimentador fica na berlinda e as crianças, uma de sete anos e outra de três, combinam qual será a ação a ser adivinhada. O que se evidenciou nesse experimento é que, para a criança menor, a regra de não poder falar entra em contradição com o desejo de ajudar o experimentador e, mesmo conhecendo a regra, não a acata e submete-se ao desejo.

Para a criança maior, a regra se coloca em destaque: não falar o que pensaram. Porém, há uma luta entre o acatamento da regra e o impulso de apontar a ação pensada. Embora elas não apontem diretamente, olham fixamente para o objeto pensado e sentem-se aliviadas quando o experimentador finalmente adivinha e já não precisam mais se conter.

No jogo de "amarelinha", vigora, de maneira geral, cinco momentos de aprendizagem das regras: no primeiro, para as crianças menores, o sentido do jogo consiste em jogar a pedrinha e saltar, sem levar em consideração as regras em si do jogo. Ela apenas aprende alguns elementos da situação lúdica; no segundo, quando as crianças já assimilaram o elementar desse jogo e algumas regras, observa-se que elas já se preocupam em saltar até o fim do jogo e não deixar cair a pedra. Surge a regra vigente: fazer movimento correto. Se a criança pular bem, ela ganha; no terceiro, com todas as regras restritivas (não pode pisar na linha; arremessar a pedra fora do quadrado é falta) já expostas, as crianças sabem das regras, mas não atendem a todas, porque o sentido principal está na continuidade correta das ações, na observância do plano geral do jogo e na ordem de saltar; o quarto e o quinto momento são similares: o curso do jogo corresponde exatamente às regras e subordina-se a elas. As crianças vigiam o respeito às normas. O fundamento do jogo está precisamente nas regras. A motivação, agora, da brincadeira não está no papel em si ou na situação imaginária, mas cada vez mais transferida aos resultados. Esses dois últimos momentos, perante as atitudes das crianças frente às regras, são registrados, fundamentalmente, na idade escolar.

Com base nos experimentos aqui arrolados, podemos apresentar quais foram as conclusões apresentadas por Elkonin (1998, p.372).

> Os experimentos realizados [...] evidenciaram que já na primeira fase da idade pré-escolar é possível o acatamento da regra lúdica, livre de conteúdo histriônico; nas fases mais adiantadas da idade pré-escolar, os jogos com regras preparadas ocupam um lugar bastante considerável e, por último, na idade escolar, relegam-se para segundo plano os jogos de argumento protagonizados.

Ao analisar o processo evolutivo do jogo protagonizado, já indicamos que, de fato, em cada jogo há certas regras determinantes das relações histriônicas, entre os que jogam e que refletem as relações reais entre as pessoas cujos papéis as crianças representam no jogo. Se o conteúdo do jogo protagonizado está diretamente ligado à vida real dos adultos que rodeiam a criança e é determinado diretamente por ela, o conteúdo do jogo com regras e as relações refletidas nele não estão ligado de maneira tão direta com as relações reais em que vive e atua a criança. Embora os jogos com regras também estivessem indubitavelmente associados em sua origem à atividade laboral coletiva, é difícil ver atualmente essa ligação.

Elkonin (1998), ao concluir sua análise sobre a brincadeira, postula que a passagem dos jogos de argumento, com distribuição de papéis, em que sempre há uma regra latente, para os jogos com regras se dá por meio de intervenção e aprendizagem. Com base nos dados retirados, há suficiente clareza para deduzir que "quando a regra se toma por entidade convencional, isso é indício de que a criança já está preparada para ir à escola" (ibidem, p.396).

O processo evolutivo do desenvolvimento do jogo, apresentado no decorrer dessa exposição – sua gênese, características e formação –, baseado em experimentos e realizados sob a direção de adultos, confirmam a tese de que, na transição de um período a outro, o adulto é de fundamental importância.

Ao apresentarmos como as investigações de Elkonin revelaram o desenvolvimento da brincadeira, aduzimos, com base nele, que ela resulta de direção pedagógica: "A tarefa do pedagogo consistirá em não manter artificialmente as crianças nos estágios já superados e, ao contrário, favorecer a diferenciação da regra dentro do papel, por meio do desenvolvimento paulatino da situação lúdica, a diminuição dos objetos utilizados" (Elkonin, 1987a, p.89). Elkonin possibilita inferir que, por meio da brincadeira, o professor deve, conhecida a zona de desenvolvimento real, avançar para a zona de desenvolvimento proximal, interferindo, sim, no desenvolvimento e aprimoramento das brincadeiras, até chegar a sua forma mais evoluída, jogo de papéis. Nesse sentido, Elkonin (ibidem, p.102), tenciona algumas sugestões possíveis no encaminhamento do jogo de papéis, sem esquecer que sua finalidade última é priorizar ações que valorizem a sociedade comunista.

Na escolha do tema do jogo, o pedagogo deve estimular aqueles que trazem a possibilidade de introduzir um conteúdo, sobre a base do qual seja possível a educação comunista. Quando as crianças trazem para o jogo reminiscências de relações já envelhecidas, a tarefa do pedagogo consiste em fazê-lo novo por seu conteúdo. Deve pensar detidamente sobre quais relações devem ser substituídas para excluir do jogo tudo o que tenha uma influência educativa negativa.

Na direção do jogo, o pedagogo deve esforçar-se para saturar o papel com ações que caracterizam a atitude comunista do homem perante as outras pessoas e perante as coisas. Deve ajudar as crianças a preencher de conteúdo os papéis assumidos no jogo, esforçando-se por conseguir que as regras de comportamento estejam, na medida do possível, ligadas ao papel por seu conteúdo e não sejam apenas convencionais.

Na direção do jogo, o pedagogo deve também prestar atenção à distribuição dos papéis entre as crianças, cuidando para que não haja uniformidade. É indispensável fazer com que as crianças menos ativas que cumprem em geral papéis secundários assumam papéis principais e estimular as crianças acostumadas a brincar nos papéis principais a cumprirem também funções menos importantes no jogo. Quando se elegem os acessórios para o jogo não se deve sobrecarregá-los com detalhes supérfluos; há que se limitar aos objetos indispensáveis e suficientes para cumprir as ações que se depreendem do papel dado.

Os dados aqui apresentados também demonstram o quanto Elkonin se apoiou nas teses de Vigotski, e as confirmou e aprofundou ao realizar as investigações experimentais. O caminho percorrido nessas investigações demonstrou que: "Pode-se afirmar também que o desenvolvimento dos jogos na idade pré-escolar vai desde os que têm argumento desenvolvido e papéis com regras latentes até os jogos com regras patentes" (Elkonin, 1998, p.358).

Pelo exposto, podemos retomar a tese de Elkonin sobre que a mudança nos motivos e incentivos na ação tem certa carga de emocionalidade que provoca a criança nos momentos de transição de uma atividade à outra. Uma peculiaridade desse processo é que, no desenvolvimento do jogo de papéis, a criança deposita sua emoção ao compenetrar-se no papel do adulto, mas não deixa de ser criança. Apontamos anteriormente que, no início, esse processo é inconsciente, ela quer reproduzi-lo, mas no momento em que a criança passa a reproduzi-lo, a olhar o adulto por meio do papel que assumiu, começa a comparar-se emotivamente com ele e percebe que ainda não é adulto. "Dá-se conta de que é criança, por meio do jogo, de onde emana a nova razão de chegar a ser adulto e exercer de fato suas funções" (Elkonin, 1998, p.405). Isso que dizer que se na atividade do jogo, a criança joga sem, muitas vezes, perceber os motivos, isso muda radicalmente em outras formas de atividade. "Pode-se afirmar que motivos, incentivos e ações pertencem a uma esfera mais abstrata e se tornam acessíveis à consciência apenas na fase de transição" (Vigotski, 2002, p.5).

Desse sentimento de ter novas razões para ser adulto, no final da idade pré-escolar, essas razões adquirem uma forma concreta: o "desejo de ir à escola e começar a realizar um trabalho social sério e apreciado pela sociedade. Para a criança, esse é o caminho para a idade adulta" (Elkonin, 1998, p.405). Isso significa que, ao passar à idade escolar, outra atividade será a dominante – a atividade de estudo – entretanto "a brincadeira não desaparece, mas ela dissemina atitudes através da realidade. Ela mantém sua própria continuação pelas instruções e trabalhos da escola [atividades compulsórias baseadas em regras]" (Vigotski, 2002, p.23).

Atividades secundárias: o desenho, a modelagem, a construção e o trabalho

Tendo como escopo analisar as atividades da criança em seus períodos e características, abordamos no período pré-escolar *outras atividades* que são realizadas por ela, levando em consideração a multiplicidade ativa e variada de sua vida. Seu desenvolvimento vem marcado como um processo unitário de experiências, que requer a compreensão de que as atividades nele desenvolvidas precisam ser ricas e variadas, mas também socialmente mediadas.

Ao longo do período pré-escolar, as brincadeiras de papéis mantêm-se no *status* de atividade principal, mas, ao mesmo tempo, Elkonin (1969b) ressalta que essa atividade não é a única. Outras atividades vão tomando espaço e configuram-se como representativas das linhas acessórias do desenvolvimento:

> As crianças nesta idade têm uma vida muito ativa e variada: desenham, modelam, constroem, olham os livros ilustrados e escutam os contos dos adultos, observam os fenômenos da natureza, servem a si mesmas (se vestem sozinhas, recolhem os brinquedos), realizam obrigações simples dos adultos, por iniciativa própria fazem brinquedos de papelão e madeira para elas e para outras crianças. Cada um desses tipos de atividade tem suas particularidades e exerce uma influência sobre o desenvolvimento da criança. (Elkonin, 1969b, p.515)

Com o desenvolvimento das imensas possibilidades dadas na idade pré-escolar, abrem-se também diversas possibilidades de aprendizagem e sistematização de conhecimentos, já que o mundo *descortina-se* perante a criança, tornando-se cada vez mais alvo de sua atenção e reflexão, tornando-a consciente desse processo e de si mesma a partir da relação com este mundo (Martins, 2007).

O aperfeiçoamento do desenho começa a despertar na criança maior interesse já na primeira infância. Projeta nele as distintas experiências adquiridas por meio da manipulação e da observação dos objetos e do que lhe transmitem os adultos. O traço característico do desenho na primeira infância é o de não projetar o resultado, este não está claro para ela e poderá ser somente vislumbrado no transcorrer da atividade. O não planejamento e não projetar o resultado estão presentes na primeira infância em quase todas as atividades que desenvolve, portanto, não somente no desenho, mas na modelagem, na construção e até mesmo nas formas elementares de trabalho. Essa dificuldade de planejar é o primeiro desafio psíquico que é imposto à criança, o qual implica a construção de representações mentais acerca dos objetos e fenômenos que fazem parte da realidade objetiva (Martins, 2007). Para Elkonin, "somente pouco a pouco, e sob a direção dos adultos, a criança aprende a planejar um fim determinado para sua atividade" (1969b, p.515).

A assertiva de Elkonin sobre a *aprendizagem* do planejamento revela como a criança na idade pré-escolar transforma essas atividades em um processo de planejamento e procura, minimamente, o resultado que espera. Entra em cena o segundo desafio: objetivar tais representações. "Agora, a criança já vai desde a representação do objeto até sua materialização objetiva" (ibidem).

Na base desse processo, as relações entre o projeto e sua realização se desenvolvem da seguinte maneira: "Os resultados se aproximam cada vez mais do projeto, se fazem cada vez mais reais, ou seja, se tem mais em conta as possibilidades de realizá-lo de acordo com as próprias forças e habilidades" (ibidem). É nas atividades expostas acima que a criança começa a ter consciência de suas forças e habilidades e são nessas atividades que se engendram as possibilidades de planejar ante a criança um trabalho sistemático para aprender algo que ainda não sabe.

Sintetizando. Se, em um primeiro momento, a criança se interessa pelo processo em si das atividades, sem ter consciência da importância dos conhecimentos ou resultados que estão em questão, sob o processo de educação, dirigido pelos adultos, a criança na idade pré-escolar começa a perceber e tomar consciência de que tais atividades não têm apenas um resultado externo ou um fim em si mesmo, mas são por meio delas que pode adquirir novos conhecimentos e hábitos. O processo de começar *a tomar consciência* é fundamental na idade pré-escolar e é a base para a fase escolar. Isso pode ser ilustrado durante a atividade de desenhar, conforme apresentado por Mukhina (1996, p.179): se uma criança desenha e procura fazer um desenho bonito, está brincando, não está realizando uma atividade produtiva. "Mas quando, nas aulas de desenho, propõe-se a desenhar melhor do que antes, traçar as linhas retas ou colorir bem o desenho, suas ações ganham caráter de aprendizagem". É no esteio dessas atividades que há uma especial influência no desenvolvimento dos processos psíquicos da criança. Novamente, pelo exemplo do desenho, é possível ir desenvolvendo a função psicológica superior. "A percepção da cor e a forma dos objetos se fazem mais exatas; se realiza a abstração da forma e a cor dos objetos". Por meio de outras atividades, como a modelagem, por exemplo, a criança aperfeiçoa a percepção do volume das coisas, relaciona as distintas partes dos objetos. Todos estes tipos de atividade vão fazendo que a criança vá conhecendo a realidade da qual faz parte; aprendendo a separar e sintetizar praticamente as qualidades e os signos dos objetos. "Sobre esta base, aparecem representações gerais da forma, do tamanho, do volume, da cor, da qualidade dos objetos, o que leva a criança a compreender o aspecto mais geral e abstrato" (Elkonin, 1969b, p.516).

O caráter significativo dessa mudança de comportamento, ao realizar alguma atividade, está na relação da criança com o adulto. A maior parte dos conhecimentos e hábitos é adquirida nessa relação. A aprendizagem é um processo que se engendra nessa relação.

Formada a base de natureza mais sistemática da aprendizagem, segundo Elkonin (ibidem), na segunda metade da idade pré-escolar, já é possível planejar um ensino sistematizado, de cunho específico para a aquisição de conhecimentos e habilidades, que tem por objetivo servir de embasamento para o período vindouro.

As atividades de tipos de *trabalho* ocupam um lugar particular na vida da criança. Com o desenvolvimento cada vez mais acentuado da independência, a criança se satisfaz, praticamente, por poder realizar algumas tarefas cotidianas. A criança se satisfaz ao realizar trabalhos que são úteis, socialmente, para a vida da família e da coletividade escolar.

O processo de desenvolvimento de realização de atividades voltadas para o trabalho evolui em dependência com o desenvolvimento das brincadeiras de papéis, que podem e devem ser mediadas pelos adultos. Num primeiro momento, a criança pode se negar a recolher seus brinquedos, essas ações não lhe satisfazem, mesmo que o adulto lhe diga que isso é importante. Mas se a tarefa de recolher os brinquedos for mediada dentro de uma brincadeira, a situação se converte e a criança aceita fazer a tarefa que está implícita na brincadeira. Posteriormente, recolher os brinquedos, ajudar a professora na sala, ganha um sentido social útil, que foi apreendido pela criança no processo do brincar e, agora, ajudar os adultos é uma tarefa consciente.

O trabalho exerce uma influência educadora extraordinária sobre as crianças, ensina a cumprir obrigações determinadas, a ter uma atividade com um fim determinado e lhe faz tomar parte na vida coletiva. Inclusive o simples guardar (de brinquedos) das crianças nos jardins de infância, quando bem organizados, produzem obrigações de trabalho que têm por objetivo assegurar a ordem do conjunto e ligam a criança a isso. Da mesma maneira acontece com as obrigações elementares de trabalho na família. A criança, ao prestar aos adultos a ajuda que pode, torna-se membro responsável do grupo de trabalho familiar e aprende a trabalhar para os demais. No trabalho se formam as qualidades morais das crianças, que compreende os motivos sociais da atividade e aprende a sentir respeito e carinho para a produção. (Elkonin, 1969b, p.516, grifos nossos)

Versamos, até o momento, de forma sintética, alguns pressupostos de Elkonin, embasados também em outros estudiosos deste, sobre o desenvolvimento das atividades produtivas que se realizam na idade pré-escolar e que tem por objetivo otimizar o desenvolvimento da criança sob a direção do adulto e de um trabalho sistemático que o promova.

O desenvolvimento da linguagem e dos processos psíquicos

Com a efetivação de formas de atividades variadas, a ampliação do círculo de relações com as pessoas e o conteúdo dessas relações com os adultos, a linguagem da criança desenvolve-se intensamente desde a primeira infância. A ampliação das relações sociais exige um bom domínio dos meios de comunicação, ou seja, da linguagem. Esse processo provoca um salto qualitativo na ampliação do vocabulário da criança, por exemplo, que se forma sob a base dessas relações: "[...] aos três anos, as crianças já sabem em torno de 800 a 1.000 palavras, aos quatro este número habitualmente se duplica, aos cinco aumenta mais de três vezes e aos seis anos a criança já sabe mais de 3.500 palavras" (Elkonin, 1969b, p.517). A ampliação do vocabulário não abarca apenas substantivos, mas também verbos, pronomes, adjetivos e toda a gama complexa do sistema linguístico do idioma materno, que corresponde ao domínio de *palavras significativas* (Elkonin, 1974). O aumento do vocabulário, para Mukhina (1996, p.234), "[...] não teria tanta importância em si se não viesse acompanhado de uma capacidade maior para construir frases de acordo com as regras gramaticais". Assim, para Elkonin (1974), o vocabulário é um sistema em construção e só pode ser compreendido na relação das palavras em orações de acordo com as regras gramaticais. Portanto, para o desenvolvimento da linguagem da criança, maior interesse é dominar a aquisição da estrutura gramatical do idioma materno para poder compreender o que realmente a linguagem, como um todo, representa no desenvolvimento da criança, principalmente nos processos psíquicos.

A linguagem representa um sistema vasto de meios alocados para interação social e desenvolvido pela humanidade no curso de desenvolvimento histórico. Representa para a criança uma realidade concreta como todos os outros objetos, uma realidade que a criança domina de acordo com os mesmos princípios usados no domínio de outros objetos, isto é, utilizando os meios linguísticos praticamente na sua atividade verbal. (ibidem, p.117)

Somadas as explanações acima, não resta dúvida do quanto a promoção do desenvolvimento da linguagem como um todo é uma das mais importantes tarefas a serem mediadas junto às crianças. Desde os momentos iniciais da vida da criança, ela se depara com a linguagem em sua tripla função: "como meio de existência, transmissão e assimilação da experiência histórico social dos homens; como meio de comunicação ou intercâmbio de influências interpessoais que, direta ou indiretamente, orientam as ações realizadas"; e, por último "como ferramenta do pensamento, como substrato da atividade intelectual humana, pela qual se torna possível o planejamento de atividades, sua realização e a comparação de seus resultados às finalidades propostas" (Martins, 2007, p.65).

Elkonin (1974), ao estudar sobre a linguagem, explora o desenvolvimento das formas e funções desta e postula que uma das principais funções é a da comunicação. O autor expõe que a linguagem na primeira infância surge na criança como um meio de comunicação para socializar-se tanto com os adultos quanto com outras crianças, estando diretamente relacionada a sua atividade e às situações vivenciadas. A comunicação, nesse contexto, é estabelecida pela motivação por alguma situação concreta e nas ações concretas e pode ser caracterizada como *linguagem situacional* – de situação. Nesses termos, a linguagem é situacional, haja vista que é constituída das respostas às perguntas dos adultos ou perguntas emitidas ao adulto em relação às tarefas que surgem durante a atividade e como questões que surgem durante a familiarização com objetos e fenômenos circunvizinhos.

A passagem para o período pré-escolar envolve mudanças no âmbito de sua atividade e em suas relações com os adultos, e a criança se torna mais independente. Há amplo desenvolvimento de suas habilidades como: atuação criativa nas brincadeiras, atividade imaginária nos desenhos, pinturas e colagem, formas elementares de construção e de atividade física. "A formação das formas criativas e produtivas de atividade preparam a base para um desenvolvimento intensivo da vida coletiva das crianças; isto é utilizado no caminho para a formação da coletividade das crianças, unida pela atividade e intenções comuns" (ibidem, p.111).

Nesse rico processo, a criança familiariza-se com a vida e atividade dos adultos e entra em contato com diferentes os objetos que pode alcançar; a narração de livros lidos a ela pelos adultos e a exploração de desenhos e objetos vão ocupando espaço nesse processo. Essas novas relações com os adultos e o desenvolvimento da atividade dominante vão designando novas funções e formas da linguagem que se tornam extremamente diversificadas. Todo esse processo descrito provoca na criança novas necessidades de comunicação com os adultos, o que conduz, inevitavelmente, a um domínio intensivo do idioma, do conteúdo verbal e da estrutura gramatical: "A criança domina todas as formas básicas do idioma falado, característico de um adulto". Com base nessas condições, o resultado desse processo é que a linguagem da criança se torna mais *coordenada*. Entretanto, esse grau de relação vai depender, em primeiro lugar, da situação na qual a interação acontece e do conteúdo da interação (Elkonin, 1974, p.113).

Para o desenvolvimento da linguagem na idade pré-escolar, é característico que, nesta etapa, ao colocar-se em comunicação com outras pessoas, apareçam novas tarefas para ela [a criança], comunica aos demais o que tem visto ou escutado, assim como também seus projetos ou vivências. Estas novas tarefas motivam que comece a se desenvolver na criança a *linguagem coordenada*, que surge ao saber expor seus pensamentos de uma maneira coerente e ao saber contar o que percebeu, formando orações perfeitamente enlaçadas e relacionadas. (Elkonin, 1969b, p.518).

Partindo dessas considerações, Elkonin (1974) afirma ser errônea a ideia de Rubinstein sobre o desenvolvimento da linguagem coordenada, na qual, segundo a opinião desse autor, esta se desenvolve somente na idade escolar. Embasa-se nos experimentos de Gvozdev, que indica que, antes do terceiro ano de vida, a criança já reflete em sua fala todas as formas básicas da linguagem coordenada. A criança é capaz de dominar elementos gramaticais diariamente sociáveis a ela, contudo, os elementos gramaticais de estilo literário e as normas destes elementos, estes sim, serão dominados no período escolar.

Na opinião de Elkonin (1974, p.118), Rubinstein subestima a influência do estilo sociável diário da linguagem no desenvolvimento da forma coordenada. Durante sua interação social, a criança, em suas narrações, sempre se lembra de uma pessoa definida, normalmente familiar (pais, pessoas conhecidas, colegas). Nesse sentido, esse estilo inclui em si mesmo amplas possibilidades para a formação da linguagem coordenada, porque essas narrações não se formam em orações separadas, desconexas entre uma ou outra, mas representa uma narração coordenada – uma história, uma notícia etc.: "Dentro dos limites do estilo sociável diário, é observada uma diminuição nos aspectos situacionais da linguagem, e há uma mudança para a compreensão essencialmente baseada em meios linguísticos".

No esforço pelo entendimento sobre o processo de desenvolvimento da linguagem coordenada em crianças pré-escolares, Elkonin (ibidem) cita uma especial investigação de Leushina. Em suas pesquisas, a autora diferencia a linguagem em duas formas: *situacional* e *contextual* – de contexto.

a linguagem situacional não reflete, totalmente, o conteúdo de um pensamento quando expressado em formas verbais. Seu conteúdo só fica claro ao interlocutor quando ele levar em consideração esta situação sobre a qual a criança está narrando, e também quando ele leva em consideração os gestos, movimentos, imitação, entonações etc. A linguagem contextual difere daquela, pois seu conteúdo é revelado no próprio contexto, e assim fica compreensível ao ouvinte, independente ou não se ele leva em conta uma determinada situação. (Leushina apud Elkonin, 1974, p.113)

No esclarecimento das características da linguagem coordenada, as investigações experimentais de Leushina foram imprescindíveis. Elkonin (ibidem) descreve essas investigações e demonstra que às crianças era solicitado que narrassem histórias seguindo as exigências de tarefas e de interação social. No desenvolver dessa investigação, enquanto as crianças mais novas estavam narrando histórias previamente ouvidas, eram introduzidas, no meio da fala, figuras e a criança continuava a história com base nessas figuras.

Por suposto, a linguagem se revelava *situacional*. Entre as crianças mais velhas que narravam temas de sua cotidianidade e continuavam contando mesmo com o aparecimento de figuras, observava-se que o contexto se mantém, portanto a linguagem era *contextual*. Na base dessa descrição, Leushina "[...] demonstrou que, para as mesmas crianças, a linguagem pode ser mais situacional ou mais contextual, dependendo da natureza das tarefas e as condições de interação social" (apud Elkonin, 1974, p.113). Expliquemo-nos. A linguagem situacional é perfeitamente compreensível pelos interlocutores da narração da criança, mas não o é pelos que se encontram à margem dessa situação. O experimento de Leushina demonstrou que é a influência de situações que exige da criança uma linguagem mais clara e à medida que o interlocutor se coloca na narração situacional, intercalando explicações, orientando sua narração, a criança começa a demonstrar interesse por detalhar e explicar a situação para que se torne mais compreensível ao interlocutor. Na medida em que a criança consegue descrever a situação com maior número de detalhes e situar o interlocutor na situação, tornando-a compreensível, podemos dizer que a criança dominou a linguagem contextual. Mukhina (1996, p.240) ressalta que a linguagem situacional não é de nível inferior: "[...] em uma comunicação direta, o adulto também recorre a ela. Com o tempo, de acordo com as condições e com o caráter da comunicação, a criança utiliza de forma mais perfeita e mais oportuna ora a linguagem situacional, ora a contextual".

Sob esses dados, Elkonin (1974, p.115) reitera que a característica específica básica da linguagem situacional é seu caráter *sociável* e, com o domínio dessa situação, faz que a criança desenvolva a linguagem contextual, que permite, ao final da idade pré-escolar, ambas as formas da linguagem coexistirem e a criança vai utilizar qualquer forma dependendo da tarefa determinada e as condições de interação. Assim,

> não é a palavra, mas a oração (linguagem coordenada) que é a unidade da linguagem e, por conseguinte, o desenvolvimento da lin-

guagem coordenada faz o papel principal no processo do desenvolvimento linguístico da criança pré-escolar. Durante o seu desenvolvimento, as formas da linguagem coordenada sofrem reestruturação. A troca para a linguagem contextual – coordenada – permanece firmemente associada à aquisição do vocabulário e da estrutura gramatical da linguagem; o domínio no idioma materno é pré-requisito à utilização voluntária de todos os seus meios.

Importante ressaltar que essa atitude dinâmica ante o idioma, além da assimilação intensa do vocabulário e das particularidades formais, apresenta o desenvolvimento da atenção perante os *sons* da linguagem. Em relação a esse aspecto, Elkonin (1969b, p.517) explica que as crianças, quando já pronunciam corretamente os sons, dizem com frequência que não podem pronunciar uma determinada palavra que contém determinado som. E muitas vezes, na tentativa de aprender esses sons difíceis, não gostam quando os adultos imitam seus defeitos de pronunciação, e se alegram e dizem aos demais quando aprendem a pronunciar um som que antes não dominavam.

Na prática da comunicação verbal com os adultos, o domínio da estrutura gramatical ocorre também foneticamente. As atividades desenvolvidas nesse período, as *invenções* de palavras complexas, de som para rimar que a criança começa a manipular, são de extrema importância para poder compreender e dominar o som, a forma material das palavras, principalmente porque "[...] durante esta atividade o complexo do som é liberado do significado léxico e aparece ante a criança em termos de seu aspecto material; e, por conseguinte, refina a orientação da criança para este aspecto da linguagem" (Elkonin, 1974, p.154).

As primeiras expressões sonoras da criança estão associadas com o choro e o balbucio logo nos primeiros meses de vida. A importância dessas expressões, da qual fala Elkonin (ibidem, p.158), é que, no processo da pronúncia do som, a percepção audível e o aparato articulatório são aperfeiçoados: "Isto conduz a uma oportunidade de imitar os sons da língua que a criança ouve na fala dos adultos que a cerca". Como se infere, essa relação da criança com os adultos se reflete no domínio da estrutura gramatical e do aspecto fonológico da linguagem.

Nessa angulação, a percepção do conteúdo fonêmico perpassa pela compreensão inicial das palavras e das instruções pronunciadas pelos adultos. Essa percepção ainda não está totalmente desenvolvida na criança neste período, mas sim a estrutura rítmico--melódica comum de uma palavra ou frase. Elkonin (1974, p.158) assinala que "Durante esta fase de desenvolvimento, uma palavra é percebida pela criança como um som único (não dividido) que possui uma estrutura rítmico-melódica definida". Esse processo sofre uma radical transformação quando, pelo desenvolvimento intensivo do vocabulário ativo e pelo domínio da pronúncia correta das palavras, coaduna-se o desenvolvimento da percepção fonêmica. O autor em questão reforça que o domínio da composição sonora da linguagem ocorre juntamente com a expansão e compreensão da palavra inteira. Isso indica que a quantidade de sons pronunciados corretamente pela criança está relacionada com o repertório de palavras utilizadas ativamente.

Assim, a audição fonêmica é duas vezes apreendida durante o domínio do aspecto fonológico da linguagem. Primeiro, serve como uma base para uma imagem; depois como resultado de ação. A condição principal para o domínio do aspecto fonológico da linguagem é uma diferenciação precisa do som apresentado em relação ao som realmente pronunciado pela criança. (ibidem, p.166)

O aspecto fonológico da linguagem promove também o desenvolvimento da consciência da criança, por meio da qual ela começa a se orientar nas relações complexas das formas gramaticais e também nas relações de uma forma de som para outro. Para compreender esse processo, Elkonin (1974) apoiou-se nas investigações de Galperin sobre a formação da atividade mental. Segundo Galperin, a formação da atividade mental perpassa pelas seguintes etapas: 1) dominar a tarefa; 2) dominar operações com objetos; 3) aprender operações no esquema da linguagem falada; 4) transferir operações para um plano mental; 5) a formação final da atividade mental; e 6) a fase mais importante depois de se familiarizar com a tarefa, o domínio da atividade com um objeto sob as condições de máxima atividade completa. Ao transportar esse entendimento de Galperin à análise dos sons da linguagem falada, Elkonin (1974, p.174) revela que:

> O objeto da atividade de uma criança na análise do som da palavra é os sons da fala; a única ação que pode ser executada junto com isto é a pronúncia. Só por escrito, quando cada som é descrito por uma letra (objeto material), várias atividades práticas com os sons tornam-se possíveis. Escrever é uma atividade com sons, nos quais eles [os sons] aparecem em sua forma mais materializada. Porém, acarreta várias dificuldades. Essencialmente, estas dificuldades surgem devido ao fato de que as crianças de idade pré-escolar podem nem mesmo saber as letras ainda e, consequentemente, a materialização do processo de análise designando sons individuais com letras é impedido.

Com base no exposto, Elkonin (ibidem, p.141) sintetiza, da mesma forma, que o domínio da atividade objetiva da criança não é possível sem a formação da atividade com os objetos, "exatamente da mesma maneira o domínio da linguagem não é possível sem a formação da atividade da linguagem como objeto material em sua forma concreta". Nesses termos, inferimos, embasados no autor, que o objeto material, por exemplo, a linguagem falada, pode ser considerada como portadora de toda a riqueza da linguagem, tornando-se um objeto da atividade e da consciência da criança e, portanto, "[...] no mundo que cerca a criança há poucos objetos tão importantes quanto a linguagem, que ela se confronta antecipadamente, e que constantemente a cerca".

Os apontamentos que levantamos no decorrer dessa exposição conduzem à consideração de que, durante o período escolar, o desenvolvimento das formas e funções da linguagem está diretamente relacionado com o domínio da estrutura gramatical e da composição e compreensão fonética do idioma materno. Elkonin (1974) ressalta, embasado em estudos de base prática e teórica realizados, que todo o processo de apropriação integral da linguagem, tanto falada quanto escrita, não pode ser pela via da mera repetição mecânica e nem acumulação de formas linguísticas separadas. Uma das fontes principais desse processo é a relação social entre adulto e criança, que possibilita cada vez mais a apropriação de formas linguísticas novas, e o papel desse adulto é colocar a criança frente a tarefas cada vez mais complexas e orientá-la para a forma sonora do idioma. O autor enfatiza que se prestou muito pouca atenção sobre essa questão da forma sonora do idioma; por um lado, havia os que julgavam que a criança seria incapaz de se orientar por essa forma e, por outro, os que acreditavam que essa forma de orientação surgiria espontaneamente no curso do desenvolvimento infantil.

Na contramão desse discurso, Elkonin (1974) enfatiza que no processo de aprendizagem da língua materna, deixar que ocorra espontaneamente essa aprendizagem representaria grandes dificuldades para a criança. Ao dominar as formas sonoras do idioma, é possível a transição para formas mais elaboradas. Nesse caminho, as investigações demonstram que a *instrução*, por exemplo, na narração de alguma história, tem um papel importante para o desenvolvimento das formas de expressão da criança e também há um salto nas tarefas, no conteúdo e nas condições de interação quando ela passa a dominar as formas gramaticais cada vez mais elaboradas.

> Na idade pré-escolar, [as crianças] começam a compreender as regras da prosódia, as quais criam a possibilidade de um ensino especial da pronunciação e de um trabalho particular para corrigir as insuficiências da linguagem. Observando a fonética do idioma, inclusive sem ajuda dos adultos, as crianças começam a distinguir e diferenciar sons isolados da linguagem, o que é muito importante para o estudo posterior da leitura e da escrita, que exige indispensavelmente decompor a palavra em sons. (Elkonin, 1969b, p.517)

Esse alcance perante a assimilação da estrutura gramatical do idioma faz que a criança aprenda a utilizar todos os tipos fundamentais de orações, inclusive com o sistema morfológico e as conjugações, e comece a compreender as distintas formas gramaticais. As crianças começam a *praticar* o idioma em suas construções de palavras, empregando sufixos, independentemente se estão ou não de acordo com a palavra correta. Essa formação de palavras *novas* cimenta o terreno para, posteriormente, na atividade escolar propriamente dita, aprenderem de maneira consciente, as leis e normas do idioma materno. Isso implica a necessidade do ensino dos sons da linguagem e de uma posição ativa das crianças rente às formas e estruturas do idioma, para que, ao final da idade pré-escolar, elas aprendam a ler com facilidade. "Quando o ensino se organiza bem, a aprendizagem da leitura é acessível aos pré-escolares maiores" (ibidem, p.518).

Nesse sentido, a formação da composição sonora representa uma das condições prévias mais essenciais para a nova fase na aprendizagem da leitura e escrita. Por isso, nesse processo de aprendizagem, é necessário que a criança não só ouça corretamente e pronuncie as palavras separadas e os sons contidos nelas, mas, em especial, a criança deve ter uma compreensão clara sobre a composição fonética do idioma, para ter condições de analisar a composição sonora das palavras. Por essa senda, Elkonin (1974) teoriza que para o final da idade pré-escolar, se houve essa sistematização na organização do ensino, a criança tem condições de ouvir, compreender e pronunciar corretamente as palavras e seus fonemas.

> Não há dúvida que, entretanto, a alfabetização não pode ser simplesmente apreendida de forma mecânica no sistema existente de desenvolvimento da linguagem em instituições pré-escolares. Requer reais mudanças, primeiramente, no programa e organização do trabalho relacionado ao domínio da estrutura gramatical e à composição sonora do idioma. A designação do conteúdo correto e a organização deste tipo de trabalho em instituições pré-escolares requer pesquisa intensiva dos problemas relativos à psicologia do domínio da linguagem por crianças em idade pré-escolar. (Elkonin, 1974, p.182)

Discutimos, até aqui, o processo de investigação de Elkonin, sob a via da apropriação da linguagem como um dos signos principais que precisa ser mediada para que se efetive. Além das características explicitadas anteriormente sobre a linguagem, esta tem um papel importante na regulação da própria conduta e na organização do pensamento. Umas das formas de linguagem que alcança tal importância é a *linguagem explicativa*.

> Novas tarefas de socialização surgem, possibilitando à criança que manifeste suas impressões ao adulto, obtidas fora do contato direto com adultos. A *linguagem explicativa* aparece como um tipo de monólogo-história sobre o que foi experimentado e observado, intenções para jogo e trabalho completado, um filme de crianças observadas, histórias ouvidas, relações com amigos, e tudo aquilo que aconteceu na vida e na atividade da criança fora da sua associação direta com adultos. Na base do desenvolvimento da vida no coletivo, surge uma necessidade para chegar a acordo sobre intenções comuns na atividade, distribuição de funções, controle no cumprimento de regras etc. Dependendo da natureza da atividade coletiva, emergem os problemas de instrução, avaliação etc. Nesta base, o desenvolvimento da linguagem dialógica continua com o aparecimento de suas formas novas: comandos, avaliações, acordos para atividade etc. (ibidem, p.112, grifos nossos)

A linguagem explicativa, nesses termos, pode ser compreendida como a necessidade da criança em explicar ao colega o conteúdo e o funcionamento da brincadeira e exige que se siga a ordem explicada e garanta a compreensão do interlocutor. Esse tipo de linguagem, embora muito peculiar na idade pré-escolar, promove o desenvolvimento social e intelectual da criança por exigir a organização de seu pensamento ao dirigir a explicação, bem como o controle da conduta em sua ação perante a atividade.

No desenrolar da atividade, quer seja intelectual ou prática, a linguagem cumpre uma função reguladora objetivamente. Em relação às funções da linguagem que acompanham a atividade prática, Elkonin (ibidem, p.129) reitera que a linguagem vem cumprir, primariamente, a função de formular o problema em um momento de dificuldade e, secundariamente, a função de planejar o curso de ação. "No princípio, a linguagem é incluída enquanto perdurar a atividade, mas com a idade, ela se concentra no começo da atividade, representando, então, um modelo de planejamento interno".

Nesse processo, ocorrem mudanças na atividade, conforme explica Elkonin (ibidem, p.130). Ao fim da idade pré-escolar, surgem duas fases na atividade da criança: "primeiro, a adoção de uma solução e planejamento expressos verbalmente; e segundo, a execução prática da solução e plano adotados". Seguindo essa linha, é possível que durante esse período escolar a função da linguagem seja a *função intelectual*: uma representação do planejamento e regulação da atividade prática. "Agora, a criança fixa na linguagem o fim de suas ações, as dificuldades aparecem ao realizá-las, as causas de suas dificuldades, assinala a maneira de eliminá-las e planeja ações posteriores" (Elkonin, 1969b, p.518).

O aprimoramento das formas de atividade acompanha esse período, como: as formais mais complicadas de jogo, de desenho, de modelagem, de construção e de trabalho, *servem de base para a reconstrução de toda a atividade mental da criança*. No decorrer dessas atividades, a criança depara-se com dificuldades que deve superar e sob a mediação do adulto, ela expõe suas questões para as causas de tais dificuldades. A expressão da necessidade de compreender as causas e questionar a respeito disso demonstra "[...] *a orientação inicial da criança nas relações causais*, uma etapa importante para o desenvolvimento do pensamento" (ibidem, p.320, grifos originais). As perguntas emitidas pelas crianças vão demonstrando cada vez mais seu interesse em conhecer os fenômenos da natureza e da vida social que a rodeiam. O papel do adulto nesse processo é mediar, instigar e provocar as crianças perante esses fenômenos, lançando indagações e suposições sobre estes, a fim de inseri-las nas possibilidades das generalizações dos conhecimentos científicos.

Nos pré-escolares menores, as generalizações se embasam principalmente na função dos objetos e na maneira de utilizá-los. No curso da idade pré-escolar, a generalização se eleva a um nível superior. Como resultado da comparação dos objetos na generalização, entram signos mais fundamentais. Sobre esta base, os pré-escolares mais velhos, assimilam alguns conceitos genéricos, tais como: animais domésticos e selvagens [...]. Aparece a diferenciação e a classificação ampla dos fenômenos da realidade (ibidem, p.521).

Nesse excerto, observamos o processo de abstração e generalização dos conceitos por meio do aprimoramento do pensamento e da linguagem: "O conceito surge quando uma série de atributos torna a sintetizar-se e, quando a síntese abstrata obtida se torna forma basilar de pensamento, com o qual a criança percebe e toma conhecimento da realidade que acerca" (Vygotski, 2001, p.169). Para tal processo de formação de conceitos, a palavra tem papel decisivo.

A palavra sempre se refere não a um objeto isolado qualquer, senão a *todo um grupo ou toda uma classe de objetos*. Devido a isso, em cada palavra subjaz uma generalização. Do ponto de vista sociológico, o significado da palavra é antes de tudo uma generalização. Como é fácil ver, a generalização é um *ato verbal extraordinário do pensamento* que reflete a realidade de forma radicalmente distinta de como a refletem as sensações e as percepções imediatas. (ibidem, p.20-1)

A base do desenvolvimento do pensamento é peculiarmente formada no ambiente pré-escolar, em que, pela generalização dos conceitos e com a atividade organizada na instituição da qual participa, a criança vai adquirindo conhecimentos que são responsáveis por formar tal base. Entretanto, esse processo não pode ser visualizado apenas como uma simples expansão de ideias ou aumento quantitativo de conhecimentos; juntamente com as mudanças no conteúdo, acontece também a reestruturação do caráter da atividade mental e, com isso, novas formas de pensamento desenvolvem-se (Elkonin et al., 1974).

Para realizar a investigação do processo de pensamento até a sua forma superior, Elkonin et al. (ibidem, p.208) enfatizam que, em muitos casos de resolução de problemas práticos, a criança desse período não chega a deduções altamente desenvolvidas, todavia essa atividade é de natureza intelectual tanto pelo caminho seguido, de mediação, ao estabelecer relações entre os objetos, quanto às generalizações advindas das experiências prévias.

A vida de uma criança não começa com solução de problemas teóricos. Ela satisfaz suas necessidades presentes, manipula e joga com vários objetos e, no processo destas atividades simples, consegue saber da realidade circundante. Baseadas nisto estão as generalizações iniciais que permitem à criança empregar mediações, aproximações intelectuais para resolver certos problemas práticos elementares. Assim, são observadas as formas mais simples do tipo de pensamento visual-motor até mesmo em uma criança pré-escolar. De qualquer modo, este pensamento ainda é diretamente relacionado com a sua atividade objetiva. Dentro desta atividade, porém, nenhum problema intelectual especial tem sido ainda identificado, e a criança não formou ainda métodos especiais para a sua solução.

O desenvolvimento visual-motor está presente na criança antes da idade pré-escolar propriamente dita e está ligado a soluções intelectuais dos tipos mais simples de problemas práticos na atividade da criança. O pensamento visual-figurativo é o segundo processo do pensamento e o terceiro, o verbal.

As três formas de pensamento estão ligadas à formação da linguagem. A relação entre o pensamento e a linguagem nos dá condições para compreendermos a estrutura e a organização. Em um primeiro momento do desenvolvimento da criança, a linguagem não está diretamente relacionada com o desenvolvimento do pensamento, como bem define Vygotski (1995, p.172). É como se ambos os processos transcorressem independentemente: parece que o pensamento se desenvolve por um caminho e a linguagem por outro. Porém, no processo do desenvolvimento da criança, mediado pelas ferramentas sociais e pela comunicação com os adultos, essas linhas, que parecem ter seguido caminhos diferentes, "[...] se encontram, se cruzam e é então quando se interceptam mutuamente. A linguagem se intelectualiza, se une ao pensamento e o pensamento se verbaliza, se une à linguagem".

Em face aos estudos aqui apresentados sobre o desenvolvimento do pensamento e da linguagem, podemos inferir que ambos se coadunam em um processo unitário e integral, consubstanciado pelo nexo interfuncional existente entre as diferentes funções psicológicas.

Conjuntamente, o desenvolvimento das formas mais elaboradas da linguagem e do pensamento provoca um salto qualitativo no desenvolvimento dos processos psíquicos da criança como um todo.

Discutir o desenvolvimento dos processos psíquicos da criança, ou seja, o desenvolvimento das funções psicológicas superiores na idade pré-escolar, significa, antes de tudo, compreender esse processo sempre regido de saltos e superações, que se alteram no decorrer do desenvolvimento da criança. Esses saltos ocorrem, neste período, notadamente, na atividade conjunta com o adulto, mediada por signos e ferramentas, em que ocorre a *superação* das funções elementares. Portanto, o papel do signo, em especial a linguagem, e das ferramentas culturais é de suprema importância para o processo de internalização das funções psicológicas superiores na idade pré-escolar. A criança, nesse período, já traz consigo um acúmulo de experiência social, da relação com o adulto, que se internalizou em forma de conhecimentos.

O desenvolvimento das funções psicológicas superiores na criança perpassa, como enfatizamos, pela apropriação das objetivações genéricas. Assim, "[...] o domínio de meios externos da conduta cultural e do pensamento, o desenvolvimento da linguagem, do cálculo, da escrita, da pintura [...]" (Vygotski, 1995, p.34) são processos que atuam sobre o psiquismo e o comportamento, como produtos da cultura, tornando-os *especificamente humanos*.

> a cultura origina formas especiais de conduta, modifica a atividade das funções psíquicas, edifica novos níveis no sistema do com-

portamento humano em desenvolvimento. É um fato fundamental e cada página da psicologia do homem primitivo que estuda o desenvolvimento psicológico cultural em sua forma pura, isolada, nos convence disso. No processo do desenvolvimento histórico, o homem social modifica os modos e os procedimentos de sua conduta, transforma suas inclinações naturais e funções, elabora e cria novas formas de comportamento especificamente humanas.

Logo, o desenvolvimento das funções psicológicas abrange as formas superiores de conduta, que se coadunam pelo domínio dos meios externos do desenvolvimento cultural e do pensamento – como a linguagem, operações matemáticas e o desenho – e pelo desenvolvimento de funções psicológicas superiores – como a percepção, atenção voluntária, a memória lógica, a formação de conceitos – que se tornam basilares à formação da personalidade e, consequentemente, ao domínio da própria conduta.

Toda essa gama de apropriação de conhecimentos em relação aos objetos naturais e às realizações humanas produzem, simultaneamente, o desenvolvimento das funções psicológicas. Elkonin (1969b, p.518) destaca que, na primeira infância, a percepção da criança está incluída na atividade com os objetos: "Raramente se pode ver uma criança de idade anterior à escolar que mire os objetos ou suas imagens durante um longo tempo, sem atuar simultaneamente com eles" (ibidem). Posteriormente, na idade pré-escolar, a percepção vai separando-se, paulatinamente, das ações com os objetos e "[...] começa a formar-se como um processo relativamente independente, com um fim determinado, com tarefas especiais e meios de ação particulares", como: distinguir e encontrar um objeto entre uma série deles, apontar signos, partes ou qualidades do objeto, indicar o objeto no total. Sob a direção dessas tarefas, uma particularidade se torna fundamental: a palavra.

Se, no começo, a percepção da criança se apoia nos gestos indicadores dos adultos, que lhe estimulam a seguir com os olhos sua mão, posteriormente, desaparece pouco a pouco a necessidade deste ponto de apoio, que se substitui pela palavra. Utilizando a palavra, pode-se dirigir o olhar da criança ao lugar necessário e por meio dele o pequeno fixa os resultados da percepção. Por isto, para o desenvolvimento da percepção na idade pré-escolar, tem uma significação fundamental o desenvolvimento da linguagem. (ibidem)

As atividades desenvolvidas neste período também produzem mudanças no âmbito da memória. Com a aprendizagem de cantigas, versos e brincadeiras de rimas, por exemplo, a criança recorda tais feitos com relativa facilidade, mesmo que de maneira involuntária. Nesse momento, ainda não tem condições de planejar essas tarefas conscientemente ao fixar ou querer recordar algo e, portanto, ainda utiliza os meios para este fim: "Os processos de fixação e recordação estão incluídos preferencialmente em alguma ou outra atividade da criança" (Elkonin, 1969b, p.519).

Nesse período, começa a desenvolver tarefas de fixar na memória e recordar voluntariamente, bem como o emprego de meios auxiliares, ainda que elementares, para resolução de tais tarefas. Ilustremos o que isso quer dizer. Se a correta pronunciação de algumas palavras é um quesito necessário para desempenhar um papel na brincadeira, as crianças de idade pré-escolar média procuram planejar alguma tarefa especial, como por exemplo, "[...] fixar na memória tais palavras e escolher os meios próprios para isso: repetir em voz alta as que pronunciam os adultos, repeti-las para si, repassá-las e inclusive estabelecer uma conexão de sentido entre elas" (ibidem).

Observamos, assim, que a linguagem é um dos signos mais utilizados pela criança para poder fixar e recordar voluntariamente alguma tarefa. Contudo, Elkonin (1969b) reitera que embora esse processo de fixação, recordação voluntária e utilização de meios especiais para isso, nesse período, ocorram de maneira esporádica, mesmo assim, são de extrema importância para o desenvolvimento da *memória voluntária* da criança. Isso se expressa pela *fixação do vocabulário* que progride qualitativamente, no qual a criança passa a utilizar a memória, que começa a ter um caráter voluntário, ao recordar as novas palavras aprendidas e outras formas verbais.

A complexificação das relações sociais da criança, ao longo desse período, encabeça novas formações como a da personalidade e da conduta. Tais formações estão entrecruzadas com o desenvolvimento das FPS, que no processo da vida e da atividade da criança, ela elabora em uma série de estímulos e signos artificiais. Isso "[...] orienta a conduta social da personalidade; os estímulos e os signos assim formados se convertem no meio fundamental que permite ao indivíduo dominar seus próprios processos de comportamento" (Vygotski, 1995, p.215).

Importa destacar, todavia, que as funções psicológicas não se desenvolvem independentemente, cada vez mais, estão inter-relacionadas e se coadunam no processo do desenvolvimento cultural e controle da conduta.

Como se pode notar até aqui, o desenvolvimento da personalidade, a gênese e o vir a ser da conduta e dos processos psíquicos pressupõem relações sociais mediadas, isso quer dizer que *passamos a ser nós mesmos através dos outros*, e não somente em relação à formação da personalidade nem ao seu conjunto, mas em relação à história de cada função isolada. Nisso radica a "[...] essência do processo do desenvolvimento cultural expresso em forma puramente lógica. A personalidade vem a ser para-si o que é em-si, através do que significa para os demais. Este é o processo de formação da personalidade" (Vygotski, 1995, p.149).

Esse processo destaca-se, primeiramente, na negação à realização dos desejos imediatos da criança; se, na primeira infância, a criança age segundo suas vontades e desejos, para que renuncie, há que substituir tal desejo por outro superior. Já na idade pré-escolar, a criança consegue esperar por seus desejos, submete-se às exigências do adulto e realiza tarefas que lhe são desagradáveis, mas necessárias para cumprir algum objetivo. Essas mudanças não ocorrem simplesmente por alterações de idade ou porque a criança, por si só, resolveu mudar. Essa renúncia aos desejos e submissão a regras denotam um longo período de influência direta de atividades realizadas sob a direção dos adultos. Na brincadeira, por exemplo, como apresentamos anteriormente, é visível a *renúncia aos desejos passageiros* em benefício de fins mais elevados. Percebemos que a criança renuncia a determinadas ações que lhe chamam atenção frente a outros menos atrativos, "porque assim lhe exige o papel que se desenvolve no jogo. As exigências para cumprir bem seu papel subordinam os desejos imediatos da criança" (Elkonin, 1969b, p.521).

As atividades de trabalho, por exemplo, são de grande importância para o domínio da própria conduta, exigindo da criança uma renúncia ao que deseja fazer em algum dado momento, e subordine-se a executar tal tarefa. A realização dessas tarefas também propicia o desenvolvimento da *consciência moral* da criança, que desenvolve intensivamente as regras de conduta e estas começam a se generalizar em valores morais por intermédio dos adultos: "A aparição destes valores morais primários que determinam a atitude a uma pessoa é uma premissa indispensável para a educação moral na idade pré-escolar" (ibidem, p.522).

Toda essa formação possibilita que a criança comece a *tomar consciência* do lugar que ocupa entre os demais,

> assim como de suas possibilidades e habilidades, se formam no processo de relações com os adultos e com as demais crianças, como resultado da generalização dos valores que estes fazem de suas possibilidades e habilidades, e da valoração que o mesmo dá a seus atos e normas de conduta. Conjuntamente com o desenvolvimento de sua independência, *aparece nas crianças,* pouco a pouco *a tendência a tipos mais sérios de atividades,* e, em primeiro lugar, *ao estudo.* A aparição desta tendência mostra o final da idade pré-escolar e o começo de um novo período do desenvolvimento infantil. (ibidem, p.522, grifos originais)

A problemática aqui desenvolvida teve o intuito de apresentar algumas ideias defendidas por Elkonin, as quais abrem possibilidades de reflexão, cada vez mais concreta, do papel do adulto e do ensino no processo de desenvolvimento da criança no período pré-escolar.

A seguir, apresentamos a dinâmica e as características do período escolar, em especial o primário, nos termos de Elkonin, sobre a *atividade de estudo*.

Atividade de estudo

Voltemos à relação criança-objeto social, mas reconfigurada. Assimilar os modos socialmente elaborados de ações com os objetos é preponderante; entretanto, essas ações serão generalizadas em conteúdos e conhecimentos científicos.

Markova e Abramova (1986, p.105) expõem como a atividade de estudo pode ser estruturada, partindo das contribuições de Elkonin e Davidov:

> A atividade [de estudo] é fundamental na idade escolar menor (dos sete aos dez anos). A particularidade consiste em que seu resultado é a transformação do próprio aluno, enquanto que o conteúdo da atividade [de estudo] consiste em dominar os modos generalizados de ação na esfera dos conceitos científicos. Esta hipótese foi desenvolvida nos trabalhos de D. B. Elkonin e V. V. Davidov e seus colaboradores, durante o estudo das possibilidades evolutivas da assimilação de conhecimentos.

A atividade de estudo reúne investigações advindas da experiência como professor de séries iniciais e psicólogo atuante nas questões educacionais de Elkonin (1969c, 1973, 1986c, 1987b, 1999a, 1999c, 2004a). Este revisou os fundamentos e encaminhamentos de como era compreendida essa atividade no campo do desenvolvimento psíquico e da personalidade e percebeu que essa formação era desconsiderada. Em seus estudos, revelou que o ingresso da criança na escola marca o começo de um novo período da vida dela, na qual muda fundamentalmente sua situação perante a sociedade; isso reflete diretamente no conteúdo e no caráter de sua atividade: a criança começa a realizar uma atividade socialmente importante e *séria*.

O estudo, isto é, aquela atividade em cujo processo transcorre a assimilação de novos conhecimentos e cuja direção constitui o objetivo fundamental do ensino é a atividade dominante nesse período. Durante este, tem lugar uma intensa formação das forças intelectuais e cognitivas da criança. A importância primordial da atividade de estudo está determinada, ademais, porque por meio dela se mediatiza todo o sistema de relações da criança com os adultos que a circundam, incluindo a comunicação pessoal na família. (Elkonin, 1987b, p.119)

Por conseguinte, a atividade de estudo é fundamental, tendo em vista que, além das mudanças nas relações da criança com a sociedade, a escola tem como principal objetivo conduzir a apropriação de conhecimentos, a formação das qualidades fundamentais da personalidade e dos distintos processos psíquicos. Esse lugar ocupado pela criança na sociedade, em especial, na família, muda. A mudanças processadas no interior da família estão relacionadas com as novas obrigações postas a ela. "Os pais e os demais membros da família facilitam as condições indispensáveis para que as crianças cumpram suas obrigações de estudo". A forma como a criança se comporta perante essas novas obrigações e o cumprimento delas determina a atitude da família com a criança. "Se o escolar estuda e se comporta bem, estão contentes com ele, o recompensam, o valorizam, se orgulham dele; caso contrário, o censuram e o estimulam para que corrija os defeitos no estudo". Essas são algumas características da criança no novo período de vida. Essa nova situação está intrinsecamente ligada com o trabalho realizado no período anterior, ou seja, está determinado pela educação e o ensino na idade pré-escolar. A necessidade por tipos mais sérios de atividades já se manifestava no período anterior, quando a criança começava a demonstrar interesse pelas obrigações do estudo e a realizar as atividades com maior exatidão. Observa-se a mudança nos *motivos* da atividade. Agora, os motivos se voltam a realizar as exigências e obrigações conferidas à criança (Elkonin, 1969c, p.523).

Para formular as características e a dinâmica do novo período, Elkonin (1987b) parte das generalizações teóricas de Vigotski (2001) sobre a significação da atividade de estudo. Tomando a conhecida tese vigotskiana sobre o papel fundamental do ensino para o desenvolvimento psíquico das crianças e ressaltando que nem todo o ensino revela tal significação para o desenvolvimento, mas somente um *bom ensino*, ele realizou, juntamente com outros psicólogos, investigações sobre a influência do ensino no desenvolvimento psíquico, tomando por base os aspectos do conteúdo, dos métodos e da organização.

Elkonin, juntamente com Galperin e Zaporozhéts (1987) sistematizam estes aspectos ao caracterizar as condições do sistema de ensino e educação da URSS. Revelam que os métodos que regiam o ensino escolar naquele país não eram suficientemente eficazes, pela precariedade do êxito à assimilação de conhecimentos, justificada pela redução da influência pedagógica à mera descrição verbal e demonstração de modelos. A principal falha dos métodos era a fraqueza teórica. Para compreender sobre a defasagem nos métodos de ensino, El'konin (1999b) analisou as ideias pedagógicas dominantes no tocante, por exemplo, à formação de professores e constatou que não aprofundavam o conhecimento da psicologia geral e infantil. Em suas análises, ressaltou que a compreensão do desenvolvimento psíquico da criança pelo professor faz que este apreenda o desenvolvimento intelectual da criança como decorrente da aprendizagem e que o ensino sistematizado de conteúdos eleva o nível do pensamento abstrato e complexifica as operações mentais.

Com o objetivo de converter esse processo não organizado e espontâneo de assimilação de conhecimentos em um processo dirigido e sistematizado, Elkonin et al. (1987) elucidam que era necessário superar as concepções pedagógicas naturalistas e assegurar que os métodos e programas de ensino trouxessem em seu bojo a compreensão histórico-cultural do processo de aprendizagem.

Para justificar essa análise, Elkonin et al. (ibidem, p.301-2) recorreram às investigações de Vigotski e Leontiev, sobre a diferenciação radical entre os animais e o homem, com o objetivo de romper as tendências naturalistas e frisar uma concepção histórico-cultural sobre a aprendizagem.

No caso do homem, a aprendizagem não transcorre por adaptação às condições obtidas de existência, e sim através da assimilação da experiência social, acumulada pelas gerações precedentes. Também se diferenciam radicalmente os efeitos que sobre o desenvolvimento exercem estes tipos de aprendizagem: no primeiro caso se reduzem à simples exercitação das possibilidades existentes desde o nascimento do animal; no segundo caso, adquirem o caráter de formação, durante a vida, de capacidades totalmente novas, produto da apropriação, pelas crianças, de operações generalizadas que lhes transmitem os adultos. Em relação a isto, durante a estruturação dos programas é indispensável levar em consideração não somente a complexização paulatina dos procedimentos empíricos, mas, em primeiro lugar, o ensino dos procedimentos generalizados de ação com este material, elaborados pela humanidade.

Frente ao exposto, podemos inferir como Elkonin e seus colegas pensavam a organização do conteúdo e, ao mesmo tempo, como deveriam ser estruturados os métodos de ensino. É preciso compreender a formação de ações, considerando que os "[...] processos psíquicos internos representam ações ideais, em particular, mentais, formadas como produto das ações externas, materiais, e que recebem sua forma definitiva como resultado de consecutivas transformações e sintetizações" (Elkonin et al., 1987, p.301-2).

Convém esclarecer que a compreensão da formação por etapas das ações, como exposto acima, sobre o processo de estudo está baseada nas ideias de Elkonin, registradas em seu diário científico no início da década de 1960, em quem postula, dialeticamente, que a formação do plano interno ocorre primeiro externamente e por influência e mediação direta de outra pessoa (Elkonin, 2004a).

Assim sendo, para atingir essa formação, existe um mecanismo de aprendizagem que é indispensável para adquirir os novos conhecimentos e desenvolver novas capacidades: a formação de conexões temporais. Essas conexões se formam em decorrência do processo de formação de sistemas de conceitos, que começa a ser apreendido desde o período pré-escolar. Para Elkonin (1969c, p.534), os conceitos não são apropriados de forma isolada, eles se formam em uma relação estreita com outros conceitos: "Sobre esta base se consegue uma classificação dos objetos e fenômenos da realidade, aparece a compreensão inicial da amplitude dos conceitos, se aprendem as relações mútuas entre os mais gerais e os concretos, a diferença entre os signos fundamentais e secundários das coisas e dos fenômenos". Assim, a apropriação de conceitos e suas inter-relações se generalizam em conhecimento científico.

O conhecimento sobre as coisas se forma como resultado das ações com estas coisas. As mesmas ações, à medida que se formam se convertem em capacidades e, à medida que se automatizam, em hábitos. Eis aqui por que o tipo de *organização e a formação por etapas das ações objetais constituem o processo central de assimilação de novos conhecimentos, capacidades e hábitos* (Elkonin et al., 1987, p.304, grifos originais).

No período escolar, organizar as ações para assimilar novos conhecimentos é colocar ante os alunos aspectos da realidade que constituem o conteúdo da ciência e que orientará as ações destes durante o estudo. A necessidade dessa tarefa é que os aspectos da realidade, suas propriedades e inter-relações não estão dados pelo imediato. Destarte, o professor deve delinear um caminho para que ocorra a apropriação desse conhecimento.

O caminho a ser delineado, ou seja, a etapa inicial da assimilação do conhecimento científico consiste em revelar às crianças as propriedades da realidade, cujo estudo constitui o conteúdo de cada área do conhecimento. Esse é o processo inicial de assimilação: aproximação com o objeto de estudo. Logo, é necessário mediar o processo de atividade material em mental e, posteriormente, sua sistematização e automatização: a transformação da base orientadora da ação em conhecimentos, conceitos, e a mesma ação em capacidade e hábito. Aqui se encontra a essência do método e da organização do ensino. (ibidem).

Trocando em miúdos. A atividade mental é a unidade entre atividade material e intelectual. As crianças, nesse período escolar, realizam tarefas práticas ou por meio de jogos para promover alguma atividade intelectual. Portanto, a atividade mental é a capacidade de *pensar*, de realizar esforços mentais em atividades práticas e intelectuais, porque ambas precisam ser externalizadas na atividade mental e, destarte, todo esse processo é *ensinado*: "Nestas crianças é indispensável formar, especialmente, os métodos de atividade mental, começando pelos mais simples, passo a passo, sem pressa, passar a outros cada vez mais complicados" (Elkonin, 1969c, p.324).

Para alcançar tal êxito na atividade mental, o professor precisa ensinar operações mentais para que as crianças realizem as tarefas planejadas e consigam assimilar os conhecimentos e conceitos. O processo de

> qualquer operação mental começa quando o estudante, que ainda não sabe operar independentemente, segue as explicações e exemplos do professor, formando previamente uma ideia muito incompleta do que tem que aprender. Esta é *a etapa de orientação inicial*, em que se conhece pela primeira vez a operação que se deve fazer. A etapa seguinte é *a execução prática da operação*, utilizando objetos reais ou as imagens que os substituem. Na *terceira etapa*, a operação se realiza sem atuar praticamente com os objetos, porém, *utilizando a linguagem em voz alta*. A *quarta etapa se realiza mentalmente* (utilizando somente a linguagem interna). Finalmente, na *quinta etapa*, tem lugar o estabelecimento definitivo da *operação mental com o desaparecimento de algumas relações* que agora já são desnecessárias. (Elkonin, 1969c, p.326)

No exposto estão delineadas as etapas da formação das operações mentais de Galperin, já discutidas na seção anterior. Elkonin (ibidem, p.527) enfatiza a importância do desenvolvimento dessas operações mentais relacionadas com os conteúdos que precisam ser ensinados nesse período. As operações mentais, todavia, também estão diretamente relacionadas com a formação de *métodos de estudo mais gerais*: "[...] saber escutar as explicações do professor, observar os experimentos, controlar como se desenvolve o próprio trabalho, submeter todos os atos às tarefas de estudo planejadas etc.". Esses métodos de estudo pelos quais a criança aprende são primeiramente organizados e mediados pelo professor, que dirige a atenção e a execução de cada tarefa, com o aprimoramento desses métodos, a criança consegue dominar os métodos e meios da atividade mental. "Quando se tem uma boa direção por parte do professor, ao final da idade escolar primária, as crianças chegam a dominar em grande medida os métodos de trabalho mental e aprenderam a organizar por si mesmas sua atividade de estudo" (ibidem, p.527).

Para chegar à conclusão sobre as operações mentais, Elkonin (1973) investigou o processo de ensino da leitura e da escrita, introduzindo algumas possibilidades de se alfabetizar. Ao revisar os fundamentos teóricos dos métodos de alfabetização, em especial os dominantes na URSS, observou que C. Uchinski (1824-1870) iniciou um método fonético para ensinar a ler e escrever. Desde essa iniciativa, foram muitos teóricos que se debruçaram na melhoria desse método. A fim de contribuir para os fundamentos e encaminhamentos no ensino da leitura e da escrita, apoiou-se nos estudos da psicologia e da linguística, introduzindo um programa de pesquisa para aperfeiçoar o processo de alfabetização.

Segundo as proposições de Elkonin (1969c, p.530, grifos originais), na escola, o idioma materno torna-se objeto de um estudo especial e organizado e isso induz a própria linguagem da criança a tornar-se um objeto de organização consciente.

> *Ao aprender ler e escrever*, o escolar tem conhecimento da estrutura sonora do idioma: aprende a dividir as palavras em sons que as compõem, a comparar sons entre si; estabelece como muda a significação das palavras ao modificar-se seu som. No curso do ensino da leitura e da escrita, tem lugar uma abstração da forma sonora do idioma.

Essas sistematizações da leitura e da escrita estiveram no seio das investigações teóricas e práticas de Elkonin (1973, p.522), este explica que "[...] ler é uma criação da forma sonora da palavra na base da representação gráfica". A ênfase, portanto, de seus trabalhos é ensinar a correta pronúncia das palavras, enfatizar a forma e a estrutura dos sons da língua. Para tal êxito, é importante, desde a primeira infância, formar: a) o *ouvido fonemático* – a discriminação auditiva do som da fala; b) a *percepção fonemática* – compreensão das diferentes funções dos fonemas. Com o desenvolvimento desses dois aspectos, a criança começa a desenvolver tanto a habilidade de discriminar a forma sonora da palavra inteira quanto distinguir individualmente os sons. Destaca também que esse processo exige da criança um amplo desenvolvimento da *percepção e da atenção*, porque as exigências da aprendizagem da leitura, pela formação do ouvido fonemático, requer que se desenvolva a *atenção visual e auditiva* (Elkonin, 1969c).

A par dessas formações, a aprendizagem da leitura e da escrita, tendo por base a forma sonora da linguagem, é possível encaminhar o trabalho seguindo o modelo de operações mentais das teses de Galperin. A primeira etapa, que é a orientação inicial, deve primar por operações práticas com objetos, *materializar o som*, apoiando-se em ações externas utilizando um alfabeto em peças, com ajuda de figuras e objetos que possam auxiliar na compreensão sonora de cada palavra que representa a figura. Para executar praticamente esta operação, a criança começa a representar esses sons não unicamente no campo visual e com figuras, mas com os símbolos que representam este som: as letras. Em seguida, ainda com o auxílio de alguma representação material, a criança deve ouvir e perceber os sons da fala pronunciados pelo professor e, em seguida, reproduzir esse som em voz alta, comparando sons, discriminando-os em diferentes palavras. Esse processo possibilita à criança começar a operar mentalmente os sons das palavras, já que se apropriou internamente da forma sonora da palavra, e pode reproduzi-los não somente nos sons ensinados, mas em diferentes situações. Esse complexo sistema sobre a natureza do desenvolvimento da análise sonora como uma forma para introduzir a criança na alfabetização foi testado nos laboratórios dirigidos por Elkonin, nas escolas experimentais e em outros países que também começaram a adotar tal sistema: "A operação da análise do som e do desenvolvimento do ouvido fonemático sobre esta base parece ser pré-requisito essencial para o ensino da leitura" (Elkonin, 1973, p.571).

As pesquisas desenvolvidas por Elkonin e equipe esclarecem a compreensão teórica do processo psicológico da leitura e fornecem uma base prática para o desenvolvimento de um método possível para o ensino da leitura. Esse método, por operações mentais, pode ser utilizado para o ensino dos diferentes conteúdos e conceitos dos fenômenos que precisam ser apropriados pelas crianças nesse período.

Com o aprimoramento e domínio cada vez mais aguçado da leitura e da escrita, outros aspectos do idioma começam a tornar-se foco de estudo: estudar a ortografia e a gramática, para aprender a "[...] utilizar mentalmente a forma gramatical das palavras", com isso a estrutura da linguagem da criança começa a embasar-se nas leis do idioma. O saber ler e escrever exige a ampliação dos conhecimentos e as exigências perante a fixação, conservação e reprodução na memória desses conhecimentos, provocando um salto qualitativo no desenvolvimento dessa função psicológica (Elkonin, 1969c, p.530).

É necessário frisar que a atividade de estudo, que é a atividade dominante no período escolar primário, não se resume à assimilação de conhecimentos – a atividade de estudo não é sinônimo de assimilação de conhecimentos (Elkonin, 1986c) –, abrange a totalidade da vida da criança em todas as facetas: *a criança também vive* (Elkonin, 2004a). Ainda ocupam lugar importante nesse processo o *jogo* e o *trabalho* (Elkonin, 1969c). Embora o jogo tenha se tornado uma atividade secundária no período escolar, este ainda ocupa e desempenha um importante papel em seu desenvolvimento: as crianças demonstram interesses pelos mais variados jogos, como os esportivos, de movimentos e de regras.

Agora aparecem, pela primeira vez, os jogos em que há competição entre os distintos grupos (as crianças se reúnem em "grupo").

> Nestes jogos, as crianças aprendem a submeter os interesses individuais aos coletivos. Aparece interesse por jogos intelectuais regulamentados: a dama, o xadrez, adivinhas, charadas, quebra-cabeças etc. Os jogos de argumento adquirem formas e conteúdos novos. [...] Nestes jogos, as crianças se colocam em situações de heróis queridos, manifestam as qualidades próprias destes, compenetram-se em seus ideais e sentimentos. Estes jogos (sobretudo os coletivos) são um meio importante para a educação moral. Neles, a criança aprende praticamente a conduta e exigências que tem a sociedade. Estas exigências se tornam (a princípio no jogo e depois fora dele) regras internas da conduta própria. (Elkonin, 1969c, p.528)

Em relação ao trabalho, subentende-se como uma forma de relação educativa importante, que se desenvolve desde o período anterior, para a educação comunista. Essa importância está relacionada com o conteúdo e como ele se organiza. O principal objetivo da família, por exemplo, é desempenhar alguma tarefa ou ajuda real, com obrigações a cumprir e exigir responsabilidade no cumprimento do dever.

> A boa organização do trabalho dos escolares na família tem uma grande importância para o estudo. As investigações demonstram que os escolares que na família cumprem obrigações de trabalho estudam melhor dos que estão livres de tarefas domésticas (Slavina). Isso se explica porque o estudo também é um trabalho que exige qualidades determinadas da personalidade: sentimentos de dever e responsabilidade, saber submeter sua conduta às tarefas sociais, vencer as dificuldades, organizar a atividade etc. Estas qualidades se tornam traços constantes da personalidade se a vida da criança, na escola e na família está organizada como é necessário para educar estas qualidades. Precisamente o trabalho na família tem uma importância fundamental para a educação destas qualidades. (ibidem, p.529)

Um dos pontos destacados por Elkonin (1984) sobre as relações do ensino com o trabalho produtivo é que essa educação laboral é uma das condições básicas e a fonte do desenvolvimento multilateral do ser humano. O autor enfatiza ainda que a criança, desde o período pré-escolar, é parte da sociedade e deve se incluir no trabalho com os adultos, por ser uma das relações mais diretas da criança com a sociedade. Com base nisso, acreditamos ser essencial repensar qual a importância depositada na educação laboral atualmente. Para termos condições de compreendermos isso, é necessário um estudo sobre as relações sociais existentes com as que eram possíveis na ex-URSS, o que, por ora, não nos cabe aprofundar.

Dando continuidade, observarmos que o valimento depositado no adulto para o desempenho do compromisso perante as atividades escolares é fundamental na formação da personalidade. O desenvolvimento da personalidade, nesse período, está aliado à formação da coletividade, que já deve ser desenvolvida desde o espaço pré-escolar. Formar para a coletividade pressupõe educar a criança a sentir-se como membro de um conjunto, vinculando-se ao todo social, para viver uma vida comum. O papel da coletividade na vida pessoal das crianças é formar tanto para se tornar membro quanto tomar consciência de suas obrigações perante o coletivo, tomando consciência de seu pertencimento à *coletividade*. Essa coletividade pode ser expressa no cumprimento das obrigações da classe pela criança e submeter sua conduta às exigências desse coletivo. Isso fomenta qualidades volitivas da personalidade do escolar como o empenho, a decisão, o domínio de si mesmo, a disciplina etc. "A base para que se formem estas qualidades valiosas da personalidade é uma boa organização da vida coletiva das crianças e, para isso, é indispensável que esta organização esteja dirigida pela escola e pelo professor" (Elkonin, 1969c, p.536).

Convém esclarecer que *participar do coletivo*, nessa época, implicava estabelecer relações interpessoais, díades. "Defendia-se uma relação ativa com o meio, que não se formava somente na adolescência, mas antes; as escolas soviéticas já trabalhavam em prol de reações e atitudes coletivas desde a educação infantil". O que se expressa aqui é uma atitude de defesa ao definir sua intencionalidade, desde a educação infantil, visto que o trabalho educativo não se "resumia às atividades de vida cotidiana [em hábitos alimentares, de higiene, de convívio social], mas à constituição de uma nova sociedade, de um novo homem, de uma nova personalidade" (Barroco, 2007b, p.262).

As teses aqui desenvolvidas demonstram que as investigações sobre a atividade de estudo supõem que seu objeto principal, como sistema, deve ser a assimilação da experiência social organizada por parte da criança, que compreende tanto os conhecimentos historicamente acumulados quanto os valores morais necessários para se viver em uma dada sociedade. Elkonin debruçou-se no estudo do aspecto externo e objetal da atividade, como possibilidade concreta de compreender o plano interno da criança mediante a análise das ações e operações, dos meios e procedimentos de assimilação dos conteúdos e revelou como a dialética do plano externo e interno provoca novas formações psíquicas e da personalidade. Com base nessas ideias, conclui que

> A formação exitosa da atividade [de estudo] exige a reorganização substancial do processo de ensino. A experiência da reorganização do processo de ensino no primeiro grau experimental, com o fim de formar a atividade [de estudo], demonstrou que já neste grau podem formar-se alguns elementos da atividade [de estudo] e que, neste caso, o processo de assimilação transcorre de uma maneira fundamentalmente diferente e mais efetiva. (Elkonin, 1986c, p.101)

Em face dos resultados apresentados, podemos inferir que os estudos de Elkonin sistematizam um pensamento sobre a estrutura da atividade de estudo, a qual deve elevar-se a fim de promover um bom desenvolvimento psíquico na criança. É o olhar de um psicólogo sobre a educação escolar, que reflete a dinâmica escolar de maneira global, querendo compreender os métodos, a organização e os conteúdos que compõem a base da estrutura da atividade de estudo.

Atividade de comunicação íntima pessoal e atividade profissional

Neste tópico, iremos discorrer sobre as duas atividades que compreendem o período do início da adolescência e a entrada no período adulto no desenvolvimento humano. É um período de trânsito da infância à juventude e caracteriza-se pelo aprimoramento, em um primeiro momento, das relações sociais e, posteriormente, a busca por se estabelecer na atividade profissional.

Entretanto Elkonin (1987b) alerta que a identificação da atividade dominante, no período que compreende a adolescência, apresenta grandes dificuldades. Vygotski (1996) elaborou um arcabouço teórico sobre esse período, postulando que as tendências psicológicas consideravam tão somente as mudanças no estado emocional. Reduziam o desenvolvimento psíquico a uma mera "[...] emocionalidade, a impulsos, imaginações e demais produtos semivisionais da vida emocional" (ibidem, p.49), com isso, justificavam-na como um período de crise. Seus estudos abriram possibilidades de discutir a adolescência para além dos parâmetros considerados até então e apresentaram alguns caminhos para investigações posteriores realizadas por Elkonin e colegas ao evidenciarem que o período da adolescência constitui-se de intenso desenvolvimento intelectual e das funções psicológicas superiores, sob a base das relações humanas e de trabalho, e influenciam diretamente na formação da personalidade.

Essas bases deram possibilidade a Elkonin, juntamente com Dragunova, investigarem a dinâmica e as características desse período até a entrada na idade adulta. Elkonin (1987b) apoiou-se nessas possibilidades e apontou as dificuldades de se investigar esse período em decorrência de que: a) o adolescente continua tendo como atividade fundamental o estudo. Os adultos exigem-lhe essa postura responsável perante o estudo; b) justifica que, como não ocorre, explicitamente, alterações nas condições de vida e da atividade principal, a causa da passagem para a adolescência foi fundamentada nas mudanças que ocorrem no próprio organismo, especialmente na maturação sexual.

Elkonin (1969c, p.539) explica, no bojo dessas duas dificuldades, que a atividade de estudo não se dissemina nesse novo período, apenas torna-se secundária e submete-se a anseios mais amplos, aliados aos interesses sociais. Em relação à segunda questão, o autor expõe que há sim mudanças fundamentais em nível fisiológico no adolescente, ocorre a *maturação sexual*, mas, na realidade, a maturação sexual e as facetas do desenvolvimento físico "[...] não têm influência determinante na formação da personalidade do adolescente". Segundo o mesmo autor, na formação de sua personalidade, o que é determinante são as mudanças na situação social, a complicação da atividade escolar, a ampliação e o aprofundamento das relações com as demais pessoas, a crescente independência, o aumento das exigências dos adultos frente ao adolescente, assim como o aumento relativo de sua responsabilidade em consequência do aumento de suas forças físicas e de suas possibilidades morais e volitivas.

Como se vê, o que está em foco é a decisiva influência que têm as condições sociais no desenvolvimento do adolescente. Dragunova (1985) sistematiza esse pensamento ao apresentar o quanto essas condições refletem diretamente na própria estrutura interna do adolescente. "*O passo da infância para a idade adulta* constitui o conteúdo fundamental e a diferença específica de todos os aspectos do desenvolvimento neste período, ou seja, o físico, mental, moral e social". Ocorre, em todos os aspectos, uma estruturação *de formações qualitativamente novas*: aparecem elementos de adulto como resultado da transformação do organismo, da autoconsciência, do tipo de relações com os adultos e os companheiros, dos modos de interação social com eles, dos interesses, da atividade de estudo, do conteúdo das instâncias ético-morais que mediatizam a conduta, a atividade e as relações (ibidem, p.120, grifos originais).

Nessa definição, observamos que a autora considera o desenvolvimento da atividade de estudo, mas, segundo Elkonin (1969c, p.537), as relações sociais ampliam-se pela participação da criança em espaços fora da escola. Essas novas condições sociais mudam fundamentalmente a vida do adolescente na coletividade. Ao participar desses espaços e ao realizar atividades sociais, ocorre "uma variada e rica experiência de relações com as pessoas, forma novas qualidades da personalidade, educa seu modo de organização e coletivismo, o ensina a ter uma atitude consciente com respeito aos atos de conduta própria e de seus colegas". Todas essas alterações no âmbito das relações sociais provocam uma mudança na atividade dominante, que se caracteriza pelo estabelecimento de relações pessoais íntimas entre os adolescentes: esta atividade foi chamada de comunicação. Sua diferença com outras formas de interação, que tem lugar na colaboração de trabalho com os companheiros, consiste em que seu conteúdo fundamental é o outro adolescente como indivíduo com determinadas qualidades pessoais (Elkonin, 1987b, 120). Ocorre, portanto, um amplo desenvolvimento da atividade coletiva, em que, cada vez mais, o adolescente vai aperfeiçoando-se como membro ativo da coletividade.

Em todas as formas de atividade coletiva dos adolescentes se observa a subordinação das relações a um especial "código de companheirismo". No que concerne à comunicação pessoal, as relações podem estabelecer-se e se constituem sobre a base do respeito mútuo, mas também de uma completa confiança e comum vida interior. Esta esfera da vida comum com o companheiro ocupa, no período da adolescência, um lugar especialmente importante. A formação das relações no grupo de adolescentes sobre a base do "código de companheirismo" e, em especial, daquelas relações pessoais nas quais este "código" está dado na forma mais expressa, tem grande importância para a formação da personalidade do adolescente. O "código de companheirismo" reproduz, por seu conteúdo objetivo, as normas mais gerais das inter-relações existentes entre os adultos na sociedade dada.

Logo, ao participar da vida coletiva, tomando parte dos assuntos, das atividades que compõem essa vida, suas tarefas práticas, há um amplo desenvolvimento das relações sociais não somente com os colegas, como também com adultos; com isso, começam a se espelhar em seus *ideais*: "[...] como *imagem de um indivíduo determinado*, em quem veem a personificação das qualidades da personalidade mais valiosas para eles e como *imagem generalizada*, que inclui um conjunto de traços morais e psicológicos ideais" (Elkonin, 1969c, p.544).

Essa personificação é uma forma concreta para se apropriar das relações humanas e isso influi diretamente na formação da personalidade do adolescente, tendo em vista o desenvolvimento intenso da atividade social, começando a assimilar "[...] determinados modelos e valores, a construir relações satisfatórias com os adultos e seus pares, por último, até si mesmo (faz projetos sobre sua personalidade e seu futuro com intenções de realizar planos, fins e tarefas)" (Dragunova, 1985, p.120). Nesses termos, ao observar as qualidades da personalidade dos demais, começa a desenvolver nele *a consciência de si mesmo*. A nova formação é resultado das mediatizações sociais, influenciadas diretamente pelos adultos. Ante o exposto, Elkonin argumenta que

> A atividade de comunicação é aqui uma forma peculiar de reprodução, nas relações entre coetâneos, das relações existentes entre as pessoas adultas. No processo de comunicação tem lugar a orientação aprofundada para as normas que regem estas relações e seu domínio.
> Desta forma, pois, existem bases para supor que a atividade dominante neste período de desenvolvimento é a atividade de comunicação, que consiste no estabelecimento de relações com os companheiros sobre a base de determinadas normas morais e éticas que mediatizam os atos dos adolescentes. Todavia não se trata somente disto. Construída sobre a base da completa confiança e comum vida interna, a comunicação pessoal constitui aquela atividade dentro da qual se formam os pontos de vista gerais sobre a vida, sobre as relações entre as pessoas, o próprio futuro; em uma palavra, se estrutura o sentido pessoal da vida. Com isso, na comunicação, se forma a autoconsciência como *consciência social transladada ao interior* (L. Vigotski). Graças a isto, surgem as premissas para que se originem novas tarefas e motivos da atividade conjunta,

que se converte em atividade dirigida ao futuro e adquire o caráter de atividade profissional-de estudo. (Elkonin, 1987b, p.120-1, grifos originais)

Observamos, até o momento, que para que o adolescente adquira as premissas da responsabilidade, do compromisso e da coletividade, é necessário, antes de tudo, um amplo desenvolvimento das condições sociais de que faz parte. A própria atitude perante essas premissas provoca o interesse ao *futuro*. Estabelecem-se *interesses profissionais*, e, portanto, a atividade profissional-de estudo começa a torna-se dominante. O adolescente começa a ter uma atitude séria perante o trabalho, em realizar uma *atividade socialmente útil*. Elkonin (1969c, p.551) expõe que, na formação dos interesses profissionais, desempenha um importante papel o *ensino politécnico*. Ao serem transmitidos os conhecimentos teóricos, que são a base da produção e da prática, consegue-se estabelecer com maior profundidade a relação existente entre esses conhecimentos e a produção, possibilitando "[...] orientar-se nas mais variadas profissões e se despertam a afeição e respeito pelo trabalho criativo".

Esse novo sentido social, em que prevalece a aquisição de conhecimento, provoca exigências cada vez mais elevadas em nível de generalização e abstração. Juntamente com o amplo desenvolvimento do pensamento teórico eleva-se a linguagem. Esses conhecimentos estruturam a base de uma *ideologia científica*.

A formação de uma ideologia é um dos traços fundamentais que caracterizam o desenvolvimento da idade escolar juvenil. Nesta idade, cresce extraordinariamente o interesse pela realidade e pela possibilidade de transformá-la. Os jovens desta idade ansiosamente prestam atenção a todas as descobertas e invenções da técnica e das ciências naturais, discutem e leem muito. As discussões teóricas dos escolares dos últimos cursos se referem a muitas questões. As teorias científicas mais modernas, a utilização da energia atômica, os problemas políticos da atualidade, as questões morais, tudo isso é objeto de vivíssimas discussões entre eles. (ibidem, p.554, grifos originais)

Juntamente com o amplo desenvolvimento do pensamento teórico, da autoconsciência e dos interesses profissionais, há também o desenvolvimento da *autoeducação*, que, além de dirigir os processos psíquicos, o controle da conduta, produz uma autodeterminação voltada, especialmente, aos valores morais. As transformações ocorridas desde o início da adolescência, produzem, ao final desta, a "[...] *a necessidade de encontrar em sua atividade cotidiana, um sentido social importante e de planejar-se grandes tarefas*". Entretanto, o autor ressalta que o conteúdo concreto dessas aspirações depende fundamentalmente das *condições sociais em que vive e se educa a juventude*. Levando em consideração o contexto em que o autor desenvolveu a base de sua teoria, a sociedade comunista, essas condições estão favoráveis para o pleno e multilateral desenvolvimento do indivíduo desde seu nascimento até sua atuação prática nesta sociedade. Elas permitem a este indivíduo "[...] não somente ter ilusões sobre o futuro, mas também criar este futuro, para transformar as melhores e mais brilhantes ilusões da humanidade em realidade efetiva" (Elkonin, 1969c, p.559, grifos originais). Em síntese, é levar o indivíduo a ter aspirações sociais que estão profundamente enraizadas com todo o movimento socialista de construção do novo homem, de sociedade que não está marcada pelo *ter*, mas pelo *ser*.

A conclusão a que se chega, perante o exposto durante todo este capítulo, é que todo o desenvolvimento humano está condicionado pelas condições históricas e sociais e que o pensamento de Elkonin esteve marcado pela busca de compreensão desse desenvolvimento a serviço da construção desse *novo homem* que viria a surgir naquela *nova sociedade*. Para isso, depositou essa conquista como papel fundante da educação, em especial a escolar.

Considerações finais: da fecunda e desafiadora obra e Elkonin

Ao desenvolver a investigação que deu origem a este livro, fomos norteados por um objetivo maior: investigar a multiplicidade dos estudos realizados por Elkonin, demonstrando como foi se constituindo sua obra. Fomos mobilizados pela busca de leituras e de maior compreensão de suas elaborações teórico-metodológicas, com o intuito de apresentá-las ao leitor, uma vez que constatamos a carência de materiais a esse respeito no cenário nacional brasileiro.

Para atender ao propósito acima anunciado, julgamos ser necessário o recuo ao *passado vivo* de *homens vivos* que nos *apertam a consciência* para que compreendamos que o processo de constituição da obra de um autor se faz nas lutas travadas com seu tempo. O recuo à época soviética revelou-nos a luta com vistas às transformações que levassem a construção de uma *nova* sociedade e de um *novo* homem, o homem *comunista*. Essa luta, por ter se refletido em todas as esferas sociais, provocou, no campo das ciências humanas, em particular no chamado grupo da Escola de Vigotski, a necessidade de pensar a formação humana pela via de produzir, ler e compreender a constituição do psiquismo humano, tendo como norte metodológico o materialismo histórico e dialético. Elkonin, como integrante dessa escola, viveu oito décadas de empenho para materializar as produções teóricas sobre o desenvolvimento humano, vinculando-as, em última instância, à ação educativa.

Percebemos que essa herança marxista se efetivou nos trabalhos de Elkonin, ao discutirmos sua obra de maior expressão no Ocidente: a *Psicologia do jogo*. Nela, observamos o resultado de mais de cinco décadas de pesquisas experimentais e teóricas e uma produção de *peso* – tanto para aquela época como para nossos dias – a respeito da brincadeira infantil.

Também analisamos outras investigações de Elkonin a que tivemos acesso e observamos a profundidade e a radicalidade com que tratou seus objetos de estudo. Acreditamos que, mesmo não tendo acesso a todo o acervo bibliográfico de Elkonin, pudemos verificar, por meio dos escritos que foram levantados e analisados, como foi o trajeto de sua produção, suas críticas, seus apontamentos e inquietações e suas proposições. Notamos que seus trabalhos são resultados de estudos pautados nas hipóteses deixadas por Vigotski, a partir das quais Elkonin se embrenha em novas investigações e aprofundamentos. Os resultados de suas investigações teóricas e experimentais confirmam a pertinência das hipóteses deixadas por Vigotski.

Isso pôde ser identificado na participação ativa e até mesmo militante de Elkonin, no sentido de resistência, para manter vivas as ideias de Vigotski no período de acirramento stalinista. Esse período também implicou nas suas produções, porém, isso não comprometeu suas convicções teóricas. Trabalhou e desenvolveu estudos que foram sistematizados tempos depois e que se tornaram referencial para os educadores em geral e, em específico, das séries iniciais.

Constatamos que, nos últimos anos de vida, Elkonin demonstrou perseverança e revelou-nos sua militância, ao debruçar-se sobre os trabalhos de Vigotski, com o intuito de trazer para discussão a centralidade e a profundidade das ideias de seu professor. Também foi um momento de sistematização e publicação de muitos trabalhos desenvolvidos por Elkonin, resultado de muitos anos de estudo.

Defendemos que todo trabalho de Elkonin teve por objetivo compreender o desenvolvimento humano como expressão das relações travadas entre a realidade circundante. Esse desenvolvimento humano entendido não como resultado de herança biológica, mas como produto direto *das condições de vida e de educação*. Essa afirmação pode ser constatada nos argumentos apresentados nos capítulos precedentes, em que Elkonin se opõe ao pensamento da psicologia clássica por acreditar que esta entende o desenvolvimento psicológico da criança ocorre, aparentemente, como resultado espontâneo ou amadurecimento de habilidades inatas ou evolução ao longo do caminho de adaptação e de ajuste individual ao ambiente circundante. Contraditoriamente a estes pressupostos, esse psicólogo ressalta que a psicologia não clássica, nas proposições de Vigotski e sua escola, traduz o desenvolvimento psicológico pela via das condições concretas, aliada às matrizes filosóficas de Marx, Engels e Lenin. Seguindo essa conjectura, os estudos da Escola de Vigotski mostraram "[...] convincentemente que o desenvolvimento psicológico dos indivíduos segue um caminho de *herança social* (Engels) ou de *apropriação* (Marx) da experiência social" (Elkonin; Zaporozhéts, 1974, p.xviii).

Explicitamos, ao longo deste livro, as condições de vida e de produção de Elkonin, e como os princípios fundantes da Psicologia Histórico-Cultural auxiliaram as investigações sobre a formação e o desenvolvimento da criança desde o nascimento até ao final do período escolar. Ficou claro, em inúmeras passagens, que essa formação e desenvolvimento estão em dependência com o processo educativo sistematizado e que *os períodos de desenvolvimento sofrem influência direta das condições de vida e de educação*. Para o autor em questão, os processos e as qualidades psíquicas da personalidade têm início durante a infância e continuam transformando-se e aperfeiçoando-se ao longo de toda a vida do indivíduo. Nesse sentido, a formação da criança é um autêntico processo de desenvolvimento do psiquismo e não uma manifestação daquilo que já existe no momento de nascer, de forma oculta. Por isso, como Elkonin (1969a, p.493) frisou mais de uma vez, o desenvolvimento "[...] se realiza sob a influência determinante das condições de vida e da educação, em correspondência com o meio ambiente e sob a influência direta dos adultos".

Reconhecer que o desenvolvimento psíquico da criança é determinado pelas condições de vida e de *educação*, moveu Elkonin a aliar a psicologia infantil com a pedagogia, na solução dos problemas práticos da educação escolar. Para isso, Davidov (1988) foi um dos psicólogos que esteve junto com Elkonin para tratar da solução dessas tarefas da pedagogia colocadas na psicologia, em que os psicólogos auxiliam nas investigações para compreender como se processa o desenvolvimento e a aprendizagem humanos.

Demonstramos, também, o quanto Elkonin se pautava na compreensão do movimento e do processo histórico do desenvolvimento humano para aprofundar suas investigações sobre a psicologia infantil. Em seu entender, o processo de desenvolvimento na ontogenia revela a forma hereditária, congênita, de comportamentos fixos, instintivos e o cérebro subjacente aos sistemas funcionais. Como resultado disso, o bebê recém-nascido carrega esses traços, no entanto, a comunicação e a socialização entre a criança e o ambiente social não são determinadas na forma de mecanismo congênito, mas precisam ser reconstruídas e construídas pelos adultos. Por isso, o próprio nascimento da criança é social por natureza e o desenvolvimento psíquico desta, por natureza, social.

Elkonin não nega a existência de predisposições naturais, na forma hereditária, justamente porque são essas predisposições que determinam características no sistema nervoso e no processo de maturação da ontogênese e são condições indispensáveis para o desenvolvimento completo da criança. Entretanto, para ele, estas predisposições não são as causas motivacionais do desenvolvimento psíquico da criança.

O que abordamos, ao longo das ideias aqui desenvolvidas, esclarece a relação dialética existente entre as condições maturacionais/biológicas do desenvolvimento com as condições sociais/históricas presentes no pensamento de Elkonin. Suas teses reforçam que a maturação do sistema nervoso acontece e se realiza na presença de um ambiente social preciso e de educação. "Só pela aquisição de cultura musical social, o homem pode desenvolver as habilidades musicais, da mesma forma que o domínio do conhecimento e os modos de pensar acumulados pela sociedade podem assegurar o desenvolvimento intelectual do homem". Diante disso, o ambiente social não é somente uma condição, mas é a fonte do desenvolvimento humano. "Este ambiente contém as experiências da humanidade de séculos passados, definido em termos de ferramentas de trabalho, meio de comunicação etc., os quais a criança tem que dominar para se tornar um homem, isto é, um participante desenvolvido nas realizações sociais". Com isso, "o domínio desta experiência social é um processo extraordinariamente complexo e não pode ser obtido por uma aproximação passiva de mera contemplação da realidade circunvizinha" (Elkonin; Zaporozhets, 1974, p.xx).

O percurso adotado neste livro, dedicado à vida e obra de Elkonin, considerando-o um eminente psicólogo soviético aliado à Psicologia Histórico-Cultural, permite, é claro, muitas possibilidades de leitura do tema aqui proposto. Por isso, este livro é uma delas, e nesse sentido, evidentemente, não tem a pretensão de ser completa, de modo que está sujeita a objeções.

Finalizando, não podemos deixar de registrar que, no conjunto dos escritos de Elkonin, encontramos uma produção fecunda e desafiadora, e percebemos o quanto este autor é um clássico do pensamento psicológico, entretanto um nome praticamente desconhecido entre os pedagogos e psicólogos, sobretudo, na área infantil, no Brasil. Por isso, nossa conclusão não pretende ser mais que o fecho de uma tentativa de introduzir o leitor na fecunda e desafiadora obra de Elkonin e da tradição Histórico-Cultural.

REFERÊNCIAS BIBLIOGRÁFICAS

AARÃO REIS FILHO, D. *As revoluções russas e o socialismo soviético*. São Paulo: Editora Unesp, 2003.
ALMEIDA, S. H. V. de. *O conceito de memória na obra de Vigotski*. 2004. 149 p. Dissertação (Mestrado em Psicologia) – Pontifícia Universidade Católica de São Paulo, São Paulo, 2004.
ALVES, A. M. P.; GNOATO, G. O brincar e a cultura: jogos e brincadeiras na cidade de Morretes na década de 1960. *Revista Psicologia em Estudo*, Maringá, PR, v.8, n.1, p.111-7, jan./jun. 2003.
AMBLARD, V. M. L. B. *A construção da ludicidade sob ótica do educador infantil*. 2005. 128p. Dissertação (Mestrado em Educação) – Universidade Metodista de Piracicaba, Piracicaba, SP, 2005.
AMBRA, K. *Preparando-se para o futuro*: as regras elaboradas por crianças de 6 anos de idade durante a brincadeira de faz-de-conta de escolinha. 2005. 104 p. Dissertação (Mestrado em Educação e Psicologia) – Pontifícia Universidade Católica de São Paulo, São Paulo, 2005.
AO ANIVERSÁRIO de 80 anos de D. B. Elkonin: banco de dados. Disponível em: <http://www.voppsy.ru/issues/1984/841/841171.htm>. Acesso em: 8 ago. 2006.
ARANTES, M. M. *Educação física infantil*: concepções e práticas de professores. 2003. 95 p. Dissertação (Mestrado em Educação Física) – Universidade Estadual de Campinas, Campinas, SP, 2003.
ARAÚJO, D. S. *O papel do jogo no desenvolvimento de crianças e adolescentes de classe trabalhadora em uma perspectiva sócio-histórico-dialética*. 1996. 152p. Dissertação (Mestrado em Educação) – Universidade Estadual de Goiás, Goiânia, 1996.
ARCE, A. A brincadeira de papéis sociais como produtora de alienação no *Referência Curricular Nacional para a Educação Infantil*. In: ARCE, A.;

DUARTE, N. (Orgs.). *Brincadeira de papéis sociais na educação infantil*: as contribuições de Vigotski, Leontiev e Elkonin. São Paulo: Xamã, 2006. p.99-115.

_____. O jogo e o desenvolvimento infantil na teoria da atividade e no pensamento educacional de Friedrich Froebel. *Cedes*, Campinas, SP, v.24, n.62, p.9-25, abr. 2004a.

_____. Pedagogia da infância ou fetichismo da infância. In: DUARTE, N. (Org.). *Crítica ao fetichismo da individualidade*. Campinas, SP: Autores Associados, 2004b, p.145-68.

ARCE, A.; DUARTE, N. (Orgs.). *Brincadeira de papéis sociais na educação infantil*. Campinas, SP: Xamã, 2006.

ARCE, A., SIMÃO, R. A psicogênese da brincadeira de papéis sociais e/ou jogo protagonizado na psicologia do jogo de D.B. Elkonin. In: ARCE, A.; DUARTE, N. (Orgs.). *Brincadeira de papéis sociais na educação infantil*: as contribuições de Vigotski, Leontiev e Elkonin. São Paulo: Xamã, 2006. p.65-88.

AZEVEDO, J. I. A. C. *A criança e o brincar:* um estudo sobre a concepção das educadoras infantis. 2006. 120 p. Dissertação (Mestrado em Educação) – Universidade Regional de Blumenau, Blumenau, SC, 2006.

BARROCO, S. M. S. *Psicologia educacional e arte*: uma leitura histórico-cultural da figura humana. Maringá: Eduem, 2007a.

_____. *A educação especial do novo homem soviético e a psicologia de L. S. Vigotski:* implicações e contribuições para a psicologia e a educação atuais. 2007. 415p. Tese (Doutorado em Educação) – Faculdade de Ciências e Letras, Universidade Estadual Paulista Júlio de Mesquita Filho, Araraquara, SP, 2007b.

BASSAN, S. *A constituição social do brincar:* um estudo sobre o jogo de papéis. 1997, 105p. Dissertação (Mestrado em Educação) – Universidade Estadual de Campinas, Campinas, SP, 1997.

BELTRAME, L. M. *Professoras no cotidiano da educação infantil:* um estudo sobre suas concepções do jogo de papéis. 2003, 160p. Dissertação (Mestrado em Educação) – Universidade Federal de Santa Maria, Santa Maria, RS, 2003.

BISCOLI, M. F. *Educação e desenvolvimento da personalidade da criança:* contribuições da teoria histórico-cultural. 2005, 281p. Tese (Doutorado em Educação) – Faculdade de Ciências e Letras, Universidade Estadual Paulista, Marília, SP, 2005.

BOCK, A. M. B. A psicologia sócio-histórica: uma perspectiva crítica em psicologia. In: BOCK, A. M. B., GONÇALVES; M. G. M.; FURTADO, O. (Orgs.). *A psicologia sócio-histórica:* uma perspectiva crítica em psicologia. São Paulo: Cortez, 2001. p.15-35.

BRASIL. Ministério da Educação. Secretária da Educação Básica. *Programa ampliação do ensino fundamental para nove anos.* 2004. Disponível em:

<http://portal.mec.gov.br/arquivos/pdf/9anos>. Acesso em: 25 abr. 2008.

BRASIL. Ministério da Educação. Secretária da Educação Básica. *Lei de diretrizes e bases da educação nacional.* 1996. Disponível em: <http://portal.mec.gov.br/arquivos/pdf/ldb.pdf>. Acesso em: 28 abr. 2008.

BUGRIMENKO E. A. V Discussão comemorativa de Elkonin. *Voprosy Psychologii,* Moscou. v.3, p.111-6, 2004. Título original: V Yobilyeynie Elkoninskie Chteniya. CD-ROM.

CARMICHAEL, J. *História resumida da revolução russa.* Trad. Fausto Guimarães. Rio de Janeiro: Zahar, 1967.

CARR, E. *A revolução russa de Lênin a Stalin (1917 – 1929).* Trad. Waltensir Dutra. Rio de Janeiro: Zahar, 1981.

CERISARA, A. B. De como o Papai do Céu, o Coelhinho da Páscoa, os Anjos e o Papai Noel foram viver juntos no céu! In: KISHIMOTO, T. (Org.). *O brincar e suas teorias.* São Paulo: Pioneira, 2002. p.123-38.

CHAMBRE, H. União Soviética: 1953-1963. *Revista Civilização Brasileira,* Caderno Especial. A Revolução Russa: cinquenta anos de história, Rio de Janeiro: Civilização Brasileira, ano 3, p.47-62, nov. 1967.

CHESNAIS, F. A. *Mundialização do capital.* São Paulo: Xamã, 1996.

COSTA, A. M. C. M. *O brinquedo interessa muita gente.* 1989. 149p. Dissertação (Mestrado em Ciências Sociais) – Pontifícia Universidade Católica, São Paulo, 1989.

COSTA, D. M. V. *O trabalho com a linguagem oral em uma instituição educativa infantil.* 2007. 235p. Dissertação (Mestrado em Educação) – Universidade Federal do Espírito Santo, Vitória, 2007.

COSTA, F. L.; JARDIM, J. A. O. O bebê e o brinquedo: um estudo sobre as interações do bebê com o brinquedo. *Revista Interação,* Curitiba, p.73-91, 2001.

COSTAS. F. A. T. *O jogo protagonizado como elemento pontecializador da ação reflexiva de professores pré-escolares.* 1996. 172p. Dissertação (Mestrado em Educação) – Universidade Federal de Santa Maria, Santa Maria, RS, 1996.

COUTINHO, C. N. Problemas da literatura soviética. *Revista Civilização Brasileira,* Caderno Especial. A Revolução Russa: cinquenta anos de história, Rio de Janeiro: Civilização Brasileira, ano 3, p.199-222, nov. 1967.

DAVIDOV, V. *La enseñanza escolar y el desarrollo psíquico.* Moscú: Progreso, 1988.

DAVIDOV, V.; SHUARE, M. (Orgs.). *La psicología evolutiva y pedagógica en la URSS (antología).* Moscú: Editorial Progreso, 1987.

DEUTSCHER, I. *A Rússia depois de Stálin.* Rio de Janeiro: Agir, 1956.

_____. A revolução inacabada (1917-1967). *Revista Civilização Brasileira,* Caderno Especial. A Revolução Russa: cinquenta anos de história, Rio de Janeiro: Civilização Brasileira, ano 3, p.29-46, nov. 1967.

DRAGUNOVA. T. V. Caracteristicas psicologicas del adolescente. In: PETROVSKI, A. (Org.). *Psicologia evolutiva y pedagogica.* Moscú: Progreso, 1985. p.120-75.

DUARTE, N. A *individualidade para si:* contribuição a uma teoria histórico-social da formação do indivíduo. Campinas, SP: Autores Associados, 1993.

_____. A escola de Vigotski e a educação escolar (Hipóteses para uma leitura pedagógica da Psicologia Histórico-Cultural). In: DUARTE, N. *Educação escolar, teoria do cotidiano e a escola de Vigotski.* Campinas, SP: Autores Associados, 1996. p.75-106.(Coleção Polêmicas do Nosso Tempo).

_____. *Vigotski e o "aprender a aprender":* crítica às apropriações neoliberais e pós-modernas da teoria vigotskiana. Campinas, SP: Autores Associados, 2001.

_____. *Sociedade do conhecimento ou sociedade das ilusões?* Campinas: Autores Associados, 2003. (Polêmicas do nosso tempo).

_____. Formação do indivíduo, consciência e alienação: o ser humano na psicologia de A. N. Leontiev. *Caderno Cedes.* Campinas, SP, v.24, n.62, p.44-63, abr. 2004.

_____. "Vamos brincar de alienação?". In: ARCE, A.; DUARTE, N. (Orgs.). *Brincadeira de papéis sociais na educação infantil:* as contribuições de Vigotski, Leontiev e Elkonin. São Paulo: Xamã, 2006. p.89-98.

EL'KONIN, D. B. Some results of the study of the psychological development of preschool age. In: COLE, M.; MALTZAMN, I. *Handbook of contemporary soviet psychology.* London: Basic Books, 1969. p.163-208.

_____. Symbolics and its functions in the play of children. In: HERRON, R. E.; SMITH-SUTTON, B. (Orgs.). *Child's play.* New York: Ed. John Wiley & Sons, 1971. p.221-31.

_____. How to teach children to read. *Journal of Russian and East European Psychology,* Armonk/NY, v.37, n.6, p.93-117, nov./dec. 1999a.

_____. On the theory of primary education. *Journal of Russian and East European Psychology,* Armonk/NY. v. 37, n.6, p.71-83, nov./dec. 1999b.

_____. On the structure of learning activity. *Journal of Russian and East European Psychology,* Armonk/NY. v. 37, n.6, p.84-92, nov./dec. 1999c.

_____. The development of play in preschoolers. *Journal of Russian and East European Psychology,* Armonk/NY. v. 37, n.6, p.31 – 70, nov./dec. 1999d.

_____. Toward the problem of stages in the mental development of children. *Journal of Russian and East European Psychology,* Armonk/NY. v.37, n.6, p.11-30, nov./dec. 1999e.

ELKONIN, B. D. L. S. Vygotsky and D. B. Elkonin: Symbolic mediation and joint action. In: *Journal of Russian and East European Psychology,* Armonk/NY. v.39, n.4, p.9-19, jul./aug. 2001.

_____. Do autor. In: ELKONIN, D. B. Detskaya psichologiya. Moscou: Academia, 2007. p.7. Título original: Ot Avtora.

ELKONIN, D. B. The psychology of mastering the elements of reading. In: SIMON & J. SIMON (Eds.) *Educational psychology in the U.S.S.R.* London: Stanford C.A: Stanford University Press, 1963.

_____. The problem of instruction and development in the works of L.S. Vigotsky. *Soviet Psychology.* New York: Armonk, n.3, 1967.

_____. Característica general del desarrollo psíquico de los niños. In: SMIRNOV, A. A. et al. *Psicologia*. México: Grijalbo, 1969a. p.493-503.

_____. Desarrollo psíquico del niño desde el nacimiento hasta el ingreso en la escuela. In: SMIRNOV, A. A. et al. *Psicología*. México: Grijalbo, 1969b. p.504-22.

_____. Desarrollo psíquico de los escolares. In: SMIRNOV, A. A. et al. *Psicologia*. México: Grijalbo, 1969c. p.523-60.

_____. URSS [Psicologia da Leitura]. In: DOWNING, J. (Org.). *Comparative reading. Cross-national studies of behavior and process in reading and writing*. New York: Macmillan, 1973. p.551-79.

_____. Development of speech. In: ELKONIN, D. B.; ZAPOROZHÉTS, A. (Orgs.). *The psychology of preschool children*. Cambridge, MA: MIT Press, 1974. p.111-87.

_____. Reflexão sobre o projeto. *Kommunist*. n.3. 1984. Disponível em: <http://dob.1september.ru/articlef.php?ID=200600711>. Acesso em: 11 jan. 2008. Título Original: Razmishlieniya nad proiektom.

_____. Acerca del problema de la periodización del desarrollo psíquico en la edad infantil. In: ILIASOV I. I; LIAUDIS V. Y. (Orgs.). *Antología de la psicología pedagógica y de las edades*. La Habana: Pueblo y Educación, 1986a. p.34-41.

_____. La unidad fundamental de la forma desarrollada de la actividad lúdicra. La naturaleza social del juego de roles. In: ILIASOV I. I; LIAUDIS V. Y. *Antología de la psicología pedagógica y de las edades*. La Habana: Pueblo y Educación, 1986b. p.74-8.

_____. Las cuestiones psicológicas relativas a la formación de la actividad docente en la edad escolar menor. In: ILIASOV I. I; LIAUDIS V. Y. *Antología de la psicología pedagógica y de las edades*. La Habana: Pueblo y Educación, 1986c. p.99-101.

_____. Problemas psicológicos del juego en la edad preescolar. In: DAVIDOV, V.; SHUARE, M. (Orgs.). *La psicología evolutiva y pedagógica en la URSS (antología)*. Moscú: Progreso, 1987a. p.83-102.

_____. Sobre el problema de la periodización del desarrollo psíquico en la infancia. In: DAVIDOV, V.; SHUARE, M. (Orgs.). *La psicología evolutiva y pedagógica en la URSS (antología)*. Moscú: Progreso, 1987b. p.104-23.

_____. Epílogo. In: VYGOTSKI, L. *Obras escogidas*. Tomo IV. Madri, Visor: 1996.

_____. *Psicologia do jogo*. São Paulo: Martins Fontes, 1998.

_____. Excertos do diário científico (1960-1962). *Voprosy Psychologii*. Moscou, n.1, p.9-21. 2004a. Título original: Vdierzhki iz naychnih dnievnikov. CD-ROM.

_____. Lembranças do amigo e companheiro. In: GOLDER, M. (Org.). *Leontiev e a Psicologia Histórico-Cultural:* um homem em seu tempo. São Paulo: Xamã, 2004b. p.77-85.

_____. *Banco de Dados*. Disponível em: <http://www.psy.msu.ru/people/elkonin.html>. Acesso em: 5 ago. 2006.

_____. *Banco de Dados*. Disponível em: <http://www.voppsy.ru/issues/1985/853/853185.htm>. Acesso em: 8 ago. 2006a.

_____. *Banco de Dados*. Disponível em: <http://www.psyedu.ru/>. Acesso em: 08 ago. 2006b.

_____. *Banco de Dados*. Disponível em: <http://ru.wikipedia.org/wiki>. Acesso em: 07 abr 2006c.

_____. Prefácio. In: ELKONIN, D. B. *Detskaya psichologiya*. Moscou: Academia, 2007. p.3-6. Título Original: Predislovie.

ELKONIN, D. B.; ZAPOROZHÉTS, A. V. Foreword. In: ELKONIN, D. B.; ZAPOROZHÉTS, A. (Orgs). *The psychology of preschool children*. Cambridge, MA: MIT Press, 1974. p.15-23.

ELKONIN, D. B.; ZAPORÓZHETS, A.; GALPERIN, P., Los problemas de la formación de conocimientos y capacidades en los escolares y los nuevos métodos de enseñanza en la escola. In: DAVIDOV, V.; SHUARE, M. (Orgs.). *La psicología evolutiva y pedagógica en la URSS (antología)*. Moscú: Progreso, 1987. p.300-15.

_____. Problems in the psychology of activity. *Journal of Russian and East European Psychology*, Armonk/NY. v. 33, n.4, p.12-32, jul./aug. 1995.

ELKONIN, D. B.; ZAPOROZHÉTS, A. V.; ZINCHENKO, V. P. Development of Thinking. In: ELKONIN, D. B., ZAPOROZHÉTS, A. (orgs.) *The psychology of preschool children*. Cambridge, MA: MIT Press, 1974. p.186-255.

ENGELS, F. O papel do trabalho na transformação do macaco em homem. In: MARX. K.; _____. *Obras escolhidas*, v.2. São Paulo: Alfa-Omega, [s. d.] p.267-80.

_____. A origem da família, da propriedade privada e do Estado. In: MARX. K.; ENGELS, F. *Obras escolhidas*, v.3. São Paulo: Alfa-Omega, [s. d.] p.7-143.

FACCI, M. A periodização do desenvolvimento psicológico individual na perspectiva de Leontiev, Elkonin e Vigostski. *Cedes*, Campinas, SP. v.24, n.62, p.64-81, abr. 2004.

FEITOSA, G. M. *Anton Makarenko e a formação do novo homem soviético*. 2007 (monografia) Especialização em Trabalho e Educação pela Universidade Estadual de Maringá.

FERREIRA, J. O socialismo soviético. In: FERREIRA, J.; AARÃO REIS FILHO, D.; ZENHA, C. (Orgs.). *O século XX*. v.2. Rio de Janeiro: Civilização Brasileira, 2000, p.79-108.

GARAUDY, R. Marxismo do século XX. *Revista Civilização Brasileira*. Caderno Especial. A Revolução Russa: cinquenta anos de história. Rio de Janeiro: Civilização Brasileira, ano 3, p.1-9, nov. 1967.

GOLDER, M. *Leontiev e a psicologia histórico-cultural*: um homem em seu tempo. São Paulo: Xamã, 2004.

_____. Daniil B. Elkonin (1904-1984). In: GOLDER, M.; GONZÁLEZ, A. H. *Freud en Vigotsky:* inconsciente e lenguaje. Buenos Aires: Ateneo Vigotskyano de la Argentina e Fundación de Investigaciones Sociales y Políticas, 2006. p.86-93.

HAKKARAINEN, P.; VERESOV, N. Editor's Introduction. *Journal of Russian and East European Psychology*, Armonk/NY. v. 37, n.6, p.3-10, nov./dec. 1999.

HOBSBAWM, E. *Era dos extremos:* o breve século XX. São Paulo: Companhia das Letras, 1995.

HUIZINGA, J. *Homo ludens:* o jogo como elemento da cultura. 5.ed. São Paulo: Perspectiva, 2005.

IASI, M. *Aula de voo e outros poemas.* São Paulo: CPV, 2000.

JAPIASSU, R. O. V. *Jogos teatrais na pré-escola:* o desenvolvimento da capacidade estética na educação infantil. 2003. Tese (Doutorado em Educação) – Universidade de São Paulo, São Paulo, 2003.

JARDIM, J. A. O. *O jogo protagonizado:* Um estudo sobre o desenvolvimento do jogo protagonizado em um grupo de crianças de educação infantil. 2002. 213p. Dissertação (Mestrado em Psicologia) – Universidade Federal do Paraná, Curitiba, 2002.

JUDEUS na União Soviética, 1917-1991. Disponível em: <http://www.chazit.com/cybersio/arhj/urss.html>. Acesso em: 26 jul. 2008.

KISHIMOTO, T. M. (Org.). *O brincar e suas teorias.* São Paulo: Thompson, 2002a.

_____. O jogo e a educação infantil. In: _____. (Org.). *Jogo, brinquedo, brincadeira e a educação.* 6.ed. São Paulo: Cortez, 2002b. p.13-44.

KOSIK, K. *Dialética do concreto.* 7.ed. Trad. Célia Neves e Alderico Toríbio. São Paulo: Paz e Terra, 2002.

LARA, A. M. B. *Pode brincar na escola?* Algumas respostas da educação infantil. 2000. 283p. Tese (Doutorado em Educação) – Faculdade de Ciências e Letras, Universidade Estadual Paulista, Marília, SP, 2000.

LAZARETTI, L. M. *Daniil B. Elkonin (1904 – 1984) e a Psicologia do jogo*: Considerações sobre o autor e sua obra. 2006. 65p. Trabalho de Conclusão de Curso (Especialização em Teoria Histórico-Cultural). Departamento de Psicologia, Universidade Estadual de Maringá, Maringá, PR, 2006.

LEAL, L. L. L. *O brincar da criança pré-escolar:* estudo de caso em uma escola municipal de educação infantil. 2003. 208p. Tese (Doutorado em Educação) – Universidade Federal de São Carlos, São Carlos, SP, 2003.

LEMOS, E. M. S. *Jogo na aprendizagem.* 2002. 146p. Dissertação (Mestrado em Educação) – Universidade de Passo Fundo, Passo Fundo, RS, 2002.

LEONTIEV A. A. Recordações de D. B. Elkonin. *Voprosy Psychologii.* Moscou, n.1, p.124-25, 2004. Título Original: Vospominaniya o D. B. Elkoninie. CD-ROM.

LEONTIEV, A. N. *O desenvolvimento do psiquismo.* São Paulo: Moraes, [s. d.]

_____. Uma contribuição à teoria do desenvolvimento da psique infantil. In: VIGOTSKII, L. S.; LURIA, A. R.; LEONTIEV, A. N. *Linguagem, desenvolvimento e aprendizagem.* Trad. Maria Penha Villalobos. São Paulo: Ícone, Edusp, 1988a. p.59-83.

_____. Os princípios psicológicos da brincadeira pré-escolar. In: VIGOTSKII, L. S.; LURIA, A. R.; LEONTIEV, A. N. *Linguagem, desenvolvimento e aprendizagem.* Trad. Maria Penha Villalobos. São Paulo: Ícone, 1988b. p.119-43.

LÍSINA, M. La génesis de las formas de comunicación en los niños. In: DAVIDOV, V. V.; SHUARE, M. (Orgs.). *La psicología evolutiva y pedagógica en la URSS (antología).* Moscú: Editorial Progresso, 1987. p.274-98.

LUEDEMANN, C. da S. *Anton Makarenko:* vida e obra – a pedagogia na revolução. São Paulo: Expressão Popular, 2002.

LUKÁCS, G. Carta sobre o stalinismo. *Revista Civilização Brasileira.* Caderno Especial. A Revolução Russa: cinquenta anos de história. Rio de Janeiro: Civilização Brasileira, ano 3, p.29-46, 1967.

LURIA, A. R. Vigotskii. In: VIGOTSKII, Lev Semenovitch; LURIA, Alexander Romanovich; LEONTIEV, A. N. *Linguagem, desenvolvimento e aprendizagem.* Trad. Maria Penha Villalobos. São Paulo: Ícone, Edusp, 1998. p.21-37.

MAIAKOVSKI, V. A plena voz. *Revista Civilização Brasileira.* Caderno Especial. A Revolução Russa: cinquenta anos de História. Rio de Janeiro: Civilização Brasileira, ano 3, p.305-11, nov.1967.

MAKARENKO, A. S. *Poema pedagógico.* v.1. Trad. Tatiana Belinski. 2.ed. São Paulo: Brasiliense, 1986a.

_____. *Poema pedagógico.* v.1 e 3. 2.ed. Trad. Tatiana Belinski. São Paulo: Brasiliense, 1986b.

MARCILIO, M. L. A roda dos expostos e a criança abandonada na história do Brasil (1726-1950). In: FREITAS, Marcos Cezar (Org.). *História social da infância no Brasil.* São Paulo: Cortez, 1997. p.55-76.

MARKOVA, A. K., ABRAMOVA, G. S. La actividad docente como objeto de la investigación psicológica. In: ILIASOV I.. I.; LIAUDIS V. Y. *Antología de la psicología pedagógica y de las edades.* La Habana: Pueblo y Educación, 1986. 104-9.

MARKUS, G. *A Teoria do conhecimento no jovem Marx.* Rio de Janeiro: Paz e Terra, 1974.

MARTINS, E.; SZYMANSKI, H. Brincando de casinha: significado de família para crianças institucionalizadas. *Estudos de Psicologia (Natal),* v.9, n.1, jan/abr. 2004.

MARTINS, L. M. Da formação humana em Marx à crítica da pedagogia das competências. In: DUARTE, N. (Org.). *Crítica ao fetichismo da individualidade.* Campinas, SP: Autores Associados, 2004. p.53-74.

_____. A brincadeira de papéis sociais e a formação da personalidade. In: ARCE, A. e DUARTE, N. (orgs.). *Brincadeira de Papéis Sociais na educação infantil:* as contribuições de Vigotski, Leontiev e Elkonin. São Paulo: Xamã, 2006, p.89-98.

_____. Especificidades do desenvolvimento afetivo-cognitivo de crianças de 4 a 6 anos. In: ARCE, A.; MARTINS, L. M. (Orgs.). *Quem tem medo de ensinar na educação infantil?* Em defesa do ato de ensinar. Campinas, SP: Alínea, 2007, p.63-92.

MARTINS, L. M.; ARCE, A. A educação infantil e o ensino fundamental de nove anos. In: ARCE, A.; MARTINS, L. M. (orgs.). *Quem tem medo de ensinar na educação infantil?:* em defesa do ato de ensinar. Campinas, SP: Alínea, 2007, p.37-62.

MARX, K. *Manuscritos econômico-filosóficos e outros textos escolhidos.* São Paulo: Abril Cultural, 1978. (Coleção *Os Pensadores*).

_____. *O capital:* crítica da economia política. v.1. 15.ed. Trad. Reginaldo Sant'Anna. Rio de Janeiro: Bertrand Brasil, 1996.

MARX, K.; ENGELS, F. *Textos sobre educação e ensino.* São Paulo: Moraes: 1983.

_____. *A ideologia alemã (I – Feuerbach).* 16.ed. Tradução de José Carlos Bruni e Marco Aurélio Nogueira. São Paulo: Hucitec, 1987.

_____. *Obras escolhidas.* v. 1, 2, 3. São Paulo: Alfa-Omega, [s. d.]

MELLO, M. A.; CAMPOS, D. A Teoria Histórico-Cultural de Vigotsky em foco: reflexões acerca de seu aparato conceitual, metodológico e histórico nas práticas educativas. In: ABRAMOWICZ, A.; PASSOS, C. L.; OLIVEIRA, R. M. A. *Desafios e perspectivas das práticas em educação e da formação de professores.* São Carlos: Pedro & João Editores, 2007. p.41-58.

MOCHIUTTI, S. *Educação infantil e cultura lúdica:* a prática pedagógica das professoras do NPI. 2007. 165p. Dissertação (Mestrado em Educação) – Universidade Federal do Pará, Belém, 2007.

MUKHINA, V. *Psicologia da idade pré-escolar.* Tradução Claudia Berliner. São Paulo: Martins Fontes, 1996.

NAZAROV, B. A.; GRIDNEVA, O. V. Luzes e sombras na história do teatro soviético. *Revista Civilização Brasileira,* Rio de Janeiro: Civilização Brasileira, ano 3, Caderno Especial, n.1, p.223-42, nov. 1967.

NETTO, J. P. *O que é Stalinismo?* São Paulo: Brasiliense, 1981. (Coleção Primeiros Passos).

_____. *O que é Marxismo?* São Paulo: Brasiliense, 1986. (Coleção Primeiros Passos).

OBOUKHOVA, L. A teoria de Vigotski: o novo paradigma na investigação do desenvolvimento infantil. In: CONFERÊNCIA INTERNACIONAL: o enfoque da Teoria Histórico-Cultural em questão, 1. 2006, Santo André. *Anais...* Santo André, 2006. p.16-25. Tradução: Flávia da Silva Ferreira Asbahr.

PASQUALINI, J. C. *Contribuições da Psicologia Histórico-Cultural para a educação escolar de crianças de 0 a 6 anos:* desenvolvimento infantil e ensino em Vigotski, Leontiev e Elkonin. 2006. 206p. Dissertação (Mestrado em Educação) – Faculdade de Ciências e Letras, Universidade Estadual Paulista, Araraquara, SP, 2006.

PETROVSKI, A. (Org). *Psicologia evolutiva y pedagogica*. Moscú: Progresso, 1985.

PIMENTEL, A. Vygotsky: uma abordagem histórico-cultural da educação infantil. In: OLIVEIRA-FORMOSINHO, J.; KISHIMOTO T. M.; PINAZZA, M. A. (Orgs.). *Pedagogia (s) da Infância:* dialogando com o passado construindo o futuro. Porto Alegre: Artmed, 2007. p.219-48.

PLEBANI, S.; RAUSCH, R. B. O papel do faz de conta no desenvolvimento infantil numa perspectiva histórico cultural. *Revista Divulgação Cultural*, Blumenau, ano 24, n.76, p.96-107, jan./abr. 2002.

RIVIÈRE, A. *La Psicologia de Vygotski*. Madri: Visor, 1985.

ROCHA, M. S. P. *Não brinco mais:* a (des) construção do brincar no cotidiano educacional. Rio Grande do Sul: Unijuí, 2000.

ROSSETO, A. J. Jr. *Jogos e brincadeiras na educação infantil:* um balanço das dissertações e teses defendidas nos programas de pós-graduação em educação. 2003. 172 p. Dissertação (Mestrado em Educação) – Pontifícia Universidade Católica, São Paulo, 2003.

ROSSLER, J. H. O papel da brincadeira de papéis sociais no desenvolvimento do psiquismo humano. In: ARCE, A.; DUARTE, N. (Orgs.). *Brincadeira de papéis sociais na educação infantil:* as contribuições de Vigotski, Leontiev e Elkonin. São Paulo: Xamã, 2006. p.51 – 64.

SANT'ANA, R. B.; RESENDE, C. A.; RAMOS, L. C. O interacionismo social e a investigação da brincadeira infantil: uma análise teórico-metodológica. *Revista Brasileira de Crescimento e Desenvolvimento humano*, v.14, n.3, p.11-26, 2004.

SCHNEIDER, M. L. *Brincar é um modo de dizer:* um estudo de caso em uma escola pública. 2004. 283p. Dissertação (Mestrado em Educação) – Universidade Federal de Santa Catarina, Florianópolis, 2004.

SENA, S. *O jogo como precursor de valores no contexto escolar*. 2007. 242p. Dissertação (Mestrado em Educação) – Universidade Estadual Paulista Julio de Mesquita Filho, Presidente Prudente, SP, 2007.

SHUARE, M. *La psicología soviética tal como yo la veo*. Moscú: Progresso, 1990.

SIGOLI, C.; FERREIRA, D. A brincadeira de faz-de-conta e a formação de professores. *Série Estudos e Documentos*, São Paulo, v.33, n.33, p.200-8, 1995.

SILVA, M. K. *O lúdico na formação humana*. 2002. 70p. Dissertação (Mestrado em Educação) – Universidade Regional de Blumenau, Blumenau, SC, 2002.

SILVA, S. P. *A formação do administrador e o modo de pensar administrativo*. 2006. 141p. Dissertação (Mestrado em Educação) – Universidade Católica de Goiás, Goiânia, 2006.

SISTEMA D. B. ELKONIN – V. V. DAVIDOV. *Banco de Dados*. Disponível em: <http://www.centr-ro.ru/>. Acesso em: 8 ago. 2006.

SZUNDY, P. T. C. Os jogos no ensino-aprendizagem de lê para crianças: a construção do conhecimento através de jogos de linguagem. 2001. 162p. Dissertação (Mestrado em Linguística) – Pontifícia Universidade Católica, São Paulo, 2001.

TROTSKI, L. O que foi a Revolução de Outubro? Revista Civilização Brasileira, Caderno Especial. A Revolução Russa: cinquenta anos de história, Rio de Janeiro: Civilização Brasileira, ano 3, p.133-56, nov. 1967.

TULESKI, S. C. Vigotski: A construção de uma psicologia marxista. Maringá: Eduem, 2002.

_____. A Unidade Dialética entre Corpo e Mente na Obra de A. R. Luria: Implicações para a Educação Escolar e para a Compreensão dos Problemas de Escolarização. 2007. 363p. Tese (Doutorado em Educação) – Universidade Estadual Paulista, Araraquara, SP, 2007.

VASCONCELOS, M. S. (Org.). Criatividade: psicologia, educação e o conhecimento do novo. São Paulo: Moderna, 2001.

_____. Ousar brincar. In: ARANTES, V. (Org.) Humor e alegria na educação: alternativas teóricas e práticas. São Paulo: Summus, 2006. p.57-74.

VENGER, A. L. D. B. Elkonin e a psicologia russa atualmente. Voprosy Psychologii. Moscou, n.1, p.103-10, 2004. Título Original: D. B. Elkonin i segodnyashnyaya rossiíckaya psixhologiya. CD-ROM.

VICTOR, S. L. Aspectos presentes na brincadeira de faz-de-conta da criança com síndrome de down. 2000. 132p. Tese (Doutorado em Educação) – Universidade de São Paulo, São Paulo, 2000.

VIEIRA, T. Aspectos motivacionais e cognitivos do uso de objetos em jogo de faz-de-conta. Revista Psicologia: Teoria e pesquisa, Brasília, v.10, n.2, p.231-48, maio/ago. 1994.

VIEIRA, T. C.; A.; MARTINS, E. Concepções do brincar na psicologia. In: Carvalho, A.; Salles, F.; Guimarães, M.; (Orgs.). Brincar (es). UFMG, 2005.

VIGOTSKI, L. S. La imaginación y el arte en la infancia Cidade del México: Hispánicas, 1987. (Ensayo Psicológico).

_____. A formação social da mente. São Paulo: Martins Fontes, 1998a.

_____. Psicologia da arte. Trad. Paulo Bezerra. São Paulo: Martins Fontes, 1998b.

_____. Teoria e método em psicologia. São Paulo: Martins Fontes, 1999.

_____. A construção do pensamento e da linguagem. Trad. Paulo Bezarra. São Paulo: Martins Fontes, 2001.

VIGOTSKII, L. S.; LURIA, A. R.; LEONTIEV, A. N. Linguagem, desenvolvimento e aprendizagem. Trad. Maria Penha Villalobos. São Paulo: Ïcone; Edusp, 1988.

VYGOTSKI, L. S. El desarrollo de los procesos psicológicos superiores. Trad. Silvia Furió. Barcelona: Crítica, 1979.

_____. Obras escogidas. Tomo 3. Trad. Lydia Kuper. Madrid: Visor, 1995.

_____. Obras escogidas. Tomo 4. Trad. Lydia Kuper. Madrid: Visor Dist. S. A., 1996.

_____. Play and its role in the mental development of the child. *Psychology and Marxism Internet Archive*. Disponível em: <http://www.marxists.org/archive/vygotsky/works/1933/play.htm>. 2002. Acesso em: 20 jan.2006.

WAJSKOP, G. Brincar na pré-escola. 6.Ed. São Paulo: Cortez, 2005.

ZINCHENKO, V. P. Algumas contribuições para o retrato de D. B. Elkonin. *Voprosy Psychologii*, Moscou, n.1, p.43-27. 1994. Título original: Shtrihi k Portretu D.B. Elkoninina. CD-ROM.

_____. Um mistério da compreensão criativa (Para o centenário de D. B. Elkonin). *Voprosy Psychologii*. Moscou. n.1, p.22-34. 2004. Título original: Zagadka Tvopchieskoto Ponimaniya (K Stoletiyo D. B. Elkonina).

ANEXOS
LISTAGEM DAS PUBLICAÇÕES DE ELKONIN

a) Ano Livros publicados

(1) 1957 Questões psicológicas da brincadeira e do ensino na idade pré-escolar (Organizador).
(2) 1960 Psicologia infantil.
(3) 1962 Questões da psicologia da atividade de estudo dos escolares nas séries iniciais (organizado em parceria com Davidov).
(4) 1964 A psicologia das crianças pré-escolares (organizado em parceria com Zaporozhéts).
(5) 1965 Psicologia da personalidade e as atividades da criança pré-escolar (organizado em parceria com Zaporozhéts).
(6) 1966 As possibilidades etárias na aprendizagem dos conhecimentos (Organizando em parceria com Davidov).
(7) 1967 As características do período da adolescência *(organizador).*
(8) 1978 A psicologia do jogo.

b) Ano Capítulos de Livros

(9) 1932 Desenvolvimento da coletividade nas crianças.
(10) 1956 O desenvolvimento psíquico da criança: do nascimento ao ingresso na escola.

(11) 1956 Característica geral do desenvolvimento psíquico das crianças.
(12) 1956 Desenvolvimento psíquico dos escolares.
(13) 1960 Algumas conclusões sobre o estudo do desenvolvimento psíquico das crianças em idade pré-escolar.
(14) 1964 Desenvolvimento da linguagem.
(15) 1964 Desenvolvimento do pensamento (em parceria com Zaporozhéts e Zinchenko).
(16) 1965 Psicologia da brincadeira na idade pré-escolar.
(17) 1965 O desenvolvimento da personalidade da criança pré-escolar.
(18) 1966 As possibilidades intelectuais dos escolares nas séries iniciais e o conteúdo de ensino.
(19) 1967 O problema, o método e a organização da pesquisa.
(20) 1967 Atividade de estudo: o lugar da atividade de estudo na vida dos adolescentes – alunos do quinto ano.
(21) 1967 Maturidade, seu conteúdo e formas de manifestação no início da adolescência (em parceria com Dragunova).
(22) 1967 Sobre a análise da teoria de J. Piaget quanto ao desenvolvimento do pensamento infantil (em parceria com Galperin).
(23) 1969 A relação do ensino e o desenvolvimento psíquico.
(24) 1973 URSS – Psicologia da leitura.
(25) 1974 Sobre o problema do controle da dinâmica etária no desenvolvimento psíquico.
(26) 1975 A psicologia da brincadeira na idade pré-escolar.
(27) 1976 Questões atuais da investigação sobre a periodização do desenvolvimento psíquico nas crianças.
(28) 1979 Os principais temas da psicologia moderna de crianças em idade escolar.
(29) 1979 As questões essenciais da psicologia do brincar na primeira infância.
(30) 1983 Problemas da psicologia infantil nos trabalhos de A. N. Leontiev.
(31) 1983 Lembranças do amigo e companheiro.
(32) 1984 Epílogo e comentários (Tomo IV das *Obras Escolhidas de L.S. Vigotski*).

c) Ano   Artigos em revistas científicas

(33) 1929 Ação local da corrente elétrica contínua na inervação espinhal do músculo.
(34) 1931 Experiência de inclusão das crianças no trabalho livre.
(35) 1947 Questões psicológicas da brincadeira para os pré-escolares.
(36) 1948 Questões psicológicas da brincadeira pré-escolar.
(37) 1949 As brincadeiras criativas do pré-escolar.
(38) 1951 Alguns problemas sobre a atividade nervosa superior e a psicologia infantil.
(39) 1951 O pensamento do escolar (ensino primário).
(40) 1956 Conferência sobre a psicologia da personalidade.
(41) 1956 Algumas questões da psicologia quanto à alfabetização.
(42) 1957 O problema da instalação, sua teoria e fatos.
(43) 1958 O significado educativo do enredo no jogo de papéis.
(44) 1958 A concepção sobre a formação das ações mentais e a crítica de J.A. Samariny.
(45) 1959 A reforma da escola e o desafio da psicologia (em parceria com Leontiev e Galperin.).
(46) 1960 A psicologia a serviço da educação comunista.
(47) 1960 A experiência da investigação psicológica numa classe experimental.
(48) 1961 Questões psicológicas da formação da atividade de estudo na idade escolar.
(49) 1961 Investigação psicológica da aprendizagem dos conhecimentos na escola primária.
(50) 1962 Análise experimental do ensino primário para a leitura.
(51) 1963 Sobre a teoria da educação primária.
(52) 1963 Questões sobre a formação de conhecimentos e capacidades nos escolares e os novos métodos de ensino na escola (em parceria com Zaporozhéts e Galperin).
(53) 1963 Quanto à questão da formação da percepção fonemática nas crianças em idade pré-escolar (em parceria com Zhurovoy).
(54) 1964 Os problemas da psicologia quanto às brincadeiras infantis.

(55) 1965 Algumas características psicológicas da personalidade do adolescente (em parceria com Dragunova).
(56) 1966 Questões fundamentais da teoria sobre a brincadeira infantil.
(57) 1966 O simbólico e sua função nas brincadeiras.
(58) 1966 O problema da aprendizagem e do desenvolvimento nos trabalhos de L.S. Vigotski.
(59) 1970 Condições psicológicas para o ensino em desenvolvimento.
(60) 1971 Sobre o problema da periodização do desenvolvimento psíquico na infância.
(61) 1973 Ainda sobre os mecanismos psicológicos do ensino inicial da leitura.
(62) 1973 Sobre o ABC – cartilha experimental.
(63) 1974 Melhoria na qualidade de trabalho nas escolas rurais e os desafios da psicologia.
(64) 1976 O brincar: seu lugar e papel na vida e no desenvolvimento das crianças.
(65) 1976 Contribuição de L.S. Vigotski na elaboração da psicologia da brincadeira.
(66) 1978 Conquistas e desafios para o futuro desenvolvimento da psicologia infantil na união soviética.
(67) 1979 O direito das crianças à uma infância feliz e caminhos do desenvolvimento dos conhecimento psicológico.
(68) 1980 Diagnóstico psicopedagógico: problemas e desafios.
(69) 1984 Reflexões sobre o projeto.

d) *Ano Produções de outra natureza*

(70) 1931 Estudos sobre os reflexos condicionais.
(71) 1938 ABC – cartilha: livro didático da língua russa para a escola primária Mansi.
(72) 1939 Instruções metodológicas sobre a cartilha e o livro didático da língua russa, referentes ao 2º ano primário das escolas de Mansi e Khanty.
(73) 1940 Quadros para aulas de conversação na língua russa (em parceria com P. N. Zhulevy.).

(74) 1940 Linguagem oral e escrita dos escolares (manuscrito).
(75) 1946 Primeiro livro sobre língua russa para escolas do extremo norte.
(76) 1946 Instruções metodológicas sobre o primeiro livro didático da língua russa para as escolas do extremo norte.
(77) 1946 O desenvolvimento das atividades construtivas para as crianças em idade pré-escolar (manuscrito).
(78) 1949 A brincadeira e o desenvolvimento psíquico da criança em idade pré-escolar.
(79) 1950 Língua russa: material didático para o 2º ano das escolas do extremo norte.
(80) 1951 Questões psicológicas sobre a preparação de artilharia.
(81) 1952 Fundamentos psicológicos da assimilação das técnicas do tiroteio (tiro de guerra).
(82) 1955 Características da interação entre o primeiro e segundo sistema de sinais dos pré-escolares.
(83) 1955 Questões sobre o desenvolvimento psíquico das crianças pré-escolares (escrito em parceria com Zaporozhéts).
(84) 1957 Os jogos de papéis das crianças em idade pré-escolar.
(85) 1957 A formação da ação mental na análise sonora das palavras nas crianças pré-escolares.
(86) 1958 O desenvolvimento da linguagem na idade pré-escolar.
(87) 1959 A formação da ação mental quanto à variação da palavra e seu significado para a alfabetização.
(88) 1959 As etapas de formação da ação da leitura inicial.
(89) 1959 A formação da ação na leitura silábica.
(90) 1961 ABC – cartilha (experimental).
(91) 1963 Problematizações psicológicos quanto à construção dos currículos escolares (em parceria com Davidov).
(92) 1966 Quanto à questão da metodologia e das técnicas de estudo no desenvolvimento psíquico das crianças.
(93) 1968 O problema da periodização do desenvolvimento psíquico.
(94) 1969 O problema da aceleração do desenvolvimento psíquico das crianças.

(95) 1969 Alguns aspectos do desenvolvimento psíquico na adolescência.
(96) 1969 Questões do desenvolvimento psíquico (em parceria com Lisina.).
(97) 1969 ABC – cartilha (livro experimental). Parte 1.
(98) 1971 Sobre os mecanismos psicológicos de superação da centralização.
(99) 1971 Sobre a questão dos períodos de transição no desenvolvimento psíquico.
(100) 1971 Problemas psicológicos em relação ao ensino pelo novo currículo.
(101) 1972 ABC – cartilha (livro experimental). Parte 2.
(102) 1973 Sobre ABC – cartilha experimental.
(103) 1974 A análise psicológica de algumas dificuldades na aprendizagem pelo novo currículo.
(104) 1974 Psicologia do ensino do escolar nas séries iniciais.
(105) 1976 Como ensinar as crianças a ler.
(106) 1976 Os mecanismos psicológicos da superação da centralização no pensamento das crianças.
(107) 1977 Sobre a formação das ações objetais nas crianças.
(108) 1978 Notas sobre o desenvolvimento das ações objetais na primeira infância.
(109) 1979 A contribuição dos primeiros estudos de A. N. Leontiev sobre o desenvolvimento da Teoria da Atividade.
(110) 1981 Algumas questões do diagnóstico do desenvolvimento psíquico.
(111) 1981 L. S. Vygotsky hoje.
(112) 1983 Problemas do prognóstico e correção no diagnóstico do desenvolvimento psíquico.
(113) 1989 Trabalhos psicológicos selecionados
(114) 2004 Excertos do diário científico (1960/1962)
(115) 19? Cartas à professora iniciante (manuscrito).
(116) 19? ABC – cartilha (para crianças de seis anos) (manuscrito).

SOBRE O LIVRO

Formato: 14 x 21 cm
Mancha: 23,7 x 42,5 paicas
Tipologia: Horley Old Style 10,5/14
Papel: Off-set 75 g/m² (miolo)
Cartão Supremo 250 g/m² (capa)
1ª edição: 2011

EQUIPE DE REALIZAÇÃO

Coordenação Geral
Marcos Keith Takahashi

Impressão e acabamento

psi7 | βooκ7